Brandon Bays

The Journey™

Der Highway zur Seele

Aus dem Amerikanischen von Angelika Hansen

WILHELM HEYNE VERLAG
MÜNCHEN

HEYNE ESOTERISCHES WISSEN

Herausgegeben von Michael Görden
13/9926

Die Originalausgabe erschien unter dem Titel
THE JOURNEY™
im Verlag Thorsons/Harper Collins, U.K.

In Dankbarkeit für meine Mutter

Umwelthinweis:
Dieses Buch wurde auf
chlor- und säurefreiem Papier gedruckt.

Deutsche Erstausgabe 01/2003

Der Wilhelm Heyne Verlag ist ein Verlag der Ullstein Heyne List GmbH & Co. KG
www.heyne.de
Published by arrangement with Linda Michaels Ltd.,
International Literary Agents, New York
Printed in Germany 2003
Umschlaggestaltung: FranklDesign, München
Umschlagillustration: www.vietmeier.com
Satz: Fotosatz Völkl, Puchheim
Druck und Bindung: Ebner & Spiegel, Ulm

ISBN 3-453-86452-2

Einführung

Dies ist ein Buch über Freiheit – die Freiheit, Ihr Leben so zu leben, wie Sie es sich immer erträumt haben.

Tief in uns allen schlummert ein enormes Potenzial. Es wartet darauf, dass wir uns der Freude, der Schöpferkraft, der Freiheit und der Liebe in unserem Innern öffnen. Diese Präsenz ruft uns in jedem Augenblick nach Hause und sehnt sich danach, uns zu befreien. Doch wir alle haben Themen, von denen wir uns immer wieder gefangen nehmen oder begrenzen lassen. Wir hören das Flüstern unserer Seele, die uns ruft, doch wir sind nicht in der Lage, Zugang zu dieser inneren Größe zu finden. Stattdessen fühlen wir uns behindert oder blockiert und von unseren persönlichen Themen – Wut, Furcht, Depression, Trauer, Schmerz, Angst – in unserer Handlungsfähigkeit eingeschränkt. Es kann etwas so Einfaches sein wie eine unbestimmte Ahnung, dass das Leben mehr bieten müsste als das, was wir kennen, oder etwas so Komplexes wie das Gefühl, völlig versagt zu haben. Es kann etwas so Hemmendes sein wie eine Sucht oder etwas Lebensbedrohliches wie eine ernsthafte Erkrankung.

Unabhängig davon, wie schwerwiegend das Problem ist und wie sehr Sie in der Vergangenheit damit gekämpft haben, besteht für Sie die Möglichkeit, absolute Freiheit zu erlangen, ganz zu werden und Heilung zu finden. Sie haben die Fähigkeit, die grundlegende Ursache dieser Probleme zu erkennen, aufzulösen, loszulassen und sich selbst zu befreien, um entsprechend Ihrem höchsten Potenzial zu leben, als vollkommener Ausdruck Ihres wahren Selbst.

Durch die transformierende Erfahrung einer Tumorheilung innerhalb von sechseinhalb Wochen entdeckte ich eine grenzenlose Freude und Freiheit, die seitdem ständig bei mir sind. Sie sind das kostbarste Geschenk, das ich in meinem Leben erhalten habe. Seit jener außergewöhnlichen Heilungsreise vor neun Jahren ist es für mich ungeheuer berührend und inspirierend gewesen, zu erleben, wie meine Arbeit mit *»The Journey«* (zu Deutsch: »Die Reise«, Bezeichnung für den von Brandon Bays entwickelten Prozess) in jedem Land, in dem sie angeboten wurde, großen Erfolg hatte. Überall auf der Welt benutzen Tausende von Menschen aus allen Bevölkerungsschichten diesen Prozess, um wahre Freiheit in ihrem Leben zu erlangen. Sie finden ihre eigenen Antworten und entdecken ihre eigenen tiefsten Wahrheiten. Sie entledigen sich alter emotionaler und körperlicher Blockaden und Begrenzungen, von denen sie sich bisher zurückhalten ließen. Und sie finden endlich Heilung auf allen Ebenen ihres Seins. *Ganz gewöhnliche Menschen erleben außergewöhnliche Resultate.* Es hat den Anschein, als wüsste jeder Mensch – unabhängig von kulturellem und sozialem Hintergrund, Alter oder Erziehung –, dass es in unserem Innern eine enorme, ungeahnte Präsenz gibt, und wir alle sehnen uns insgeheim danach, sie zu erleben. Diese Präsenz ist wach, während Sie des Nachts schlafen; sie sorgt dafür, dass Ihr Herz schlägt, dass Ihre Zellen sich vermehren und Ihre Haare wachsen. Ein Teil des außergewöhnlichen Geschenks meiner eigenen Heilungsreise bestand darin, dass ich einen einfachen, doch kraftvollen schrittweisen Prozess entdeckte und erstmalig anwandte, um direkten Zugang zu dieser unendlichen Weisheit zu erlangen – eine Weisheit, die Ihnen die alten emotionalen Muster und Erinnerungen enthüllen kann, die in Ihren Zellen gespeichert sind, und eine Heilenergie freisetzen kann, die in der Lage ist, diese alten Themen ein für alle Mal aufzulösen, sodass Ihr Körper und Ihr innerstes Wesen den natürlichen Heilungsprozess beginnen können.

Heute reise ich durch die ganze Welt und leite Seminare und Ausbildungen. Ich bin immer wieder begeistert, dass diese Arbeit viele Mitglieder helfender Berufe anzieht, aus dem traditionellen wie auch aus dem alternativen Bereich. Ich halte Vorträge und gebe Seminare in Kliniken, Hospizen, Frauenhäusern, Gesundheitszentren sowie bei Selbsthilfegruppen für Krebs- und Suchtkranke. Wo immer ich hingehe, gelingt es den Betreffenden mühelos und leicht, den Journey-Prozess erfolgreich in ihre jeweiligen Programme zu integrieren. Ich glaube, uns allen ist bewusst, dass es Themen gibt, die einfach eine tiefergehende praktische Heilungsarbeit erfordern. Wir wissen, dass es wichtig ist, ein Problem an seinen *tiefsten* Wurzeln zu packen, um es endlich vollständig klären und loslassen zu können. Gemeinsam begreifen wir, dass die Journey-Arbeit eine Möglichkeit ist, tief greifende Heilung, Ganzheit und ein umfassendes Wohlgefühl zu erreichen – unabhängig von den Problemen und Herausforderungen, mit denen wir konfrontiert sind und die wir heilen wollen. Eines meiner Projekte ist ein weltweites Ausbildungsprogramm für Therapeuten, das bereits Ärzte, Heiler, professionelle Berater, Psychiater, Priester, Nonnen, Pfarrer und Sozialarbeiter angezogen hat – Menschen aus allen Arten von helfenden und beratenden Berufen.

In Südafrika gibt es Ärzte, die diese Heilungsarbeit in Gemeinden tragen, deren Mitglieder sich keine medizinische Behandlung leisten können, und wir helfen ihnen, ihren Mitarbeiterstab auszubilden. Ganze Polizeiabteilungen benutzen diese Arbeit im Umgang mit Opfern von Gewaltverbrechen. Ich habe in Soweto Berater ausgebildet, damit sie die Arbeit in ihren Dörfern und Städten anwenden können. In England, Europa und Australien machen Priester ihre Gemeinden mit der Arbeit vertraut. Eine Lehrerin erzielte damit zum Beispiel außerordentliche Resultate bei ihren Schülern, sodass sie zur ausgeglichensten, selbstsichersten und erfolgreichsten Klasse der Schule wurden. In Australien legen viele Ärzte und Therapeuten dieses Buch in ihren Wartezimmern aus, damit die Patienten darin blättern können, weil sie erkannt haben, dass die Heilung mancher Krankheiten mehr erfordert, als einfach nur ein Medikament zu verschreiben.

Suchtrehabilitationsgruppen wenden die Arbeit an, um die ausgeprägte Selbstverachtung aufzulösen, die in Verbindung mit Suchterkrankungen auftritt, und Krankenschwestern in Krebszentren benutzen sie neben der chemotherapeutischen Behandlung. Ein indischer Swami hat die Arbeit in seinen Aschram integriert, um Menschen zu helfen, die Erfahrung des Unendlichen zu vertiefen, und Nonnen benutzen sie, um tiefen Frieden in ihrem Innern zu erfahren. Ein Rabbi hilft damit Mitgliedern seiner Gemeinde, sich von hartnäckigen emotionalen Problemen zu befreien, und Therapeuten, die es sich zur Aufgabe gemacht haben, Menschen auf dem Sterbebett beizustehen, wenden den Journey-Prozess an, um ihren Patienten Zugang zu dem unendlichen Frieden in ihrer Seele zu ermöglichen und ihnen auf diese Weise den Übergang zu erleichtern. Diese Arbeit ist kulturübergreifend und spricht Menschen aller Religionen, Glaubensbekenntnisse, Berufe und Gesellschaftsschichten an.

Was mich am meisten berührt, sind die Hunderte von Anrufen, Briefen und Mails von Menschen, die bisher keine Gelegenheit hatten, an den Seminaren teilzunehmen, und doch mutig die in diesem Buch vorgestellten Prozesse anwenden, um so auf ihre eigene Reise zur Heilung zu gehen. Menschen, die sich von alten und schwierigen emotionalen Problemen wie beispielsweise chronischer Depression, überwältigender Trauer, geringer Selbstachtung, Eifersucht, Misshandlung und Verrat erfolgreich und vollständig befreit haben. Es ist immer wieder inspirierend, wenn Menschen davon berichten, wie sie körperliche Probleme überwanden, seien es Herzerkrankungen, Brustkrebs, chronische Müdigkeit, Arthritis, Morbus Crohn oder Hauterkrankungen – die Liste ist endlos. Jeden Tag erreichen unser Büro Berichte von Heilungen aus aller Welt. Und die Botschaft ist immer dieselbe: »Ich war in der Lage, mit meiner inneren unendlichen Intelligenz in Verbindung zu treten, meine Blockaden aufzudecken, sie zu beseitigen und mich selbst zu befreien – einfach indem ich den Prozess in diesem Buch anwandte.«

Es war das größte Geschenk meines Lebens, als die göttliche Gnade mir enthüllte, wie wir die Vergangenheit loslassen und die Qualitäten von Schönheit, Liebe und Frieden finden können, die in uns allen darauf warten, entdeckt zu werden. Und ich bete aus tiefstem Herzen darum, dass *alle* Menschen, nicht nur einige wenige, zu dieser außergewöhnlichen Präsenz in unserem Innern erwachen und beginnen, ihr Leben als vollkommenen Ausdruck dieser Liebe und dieses Potenzials zu führen.

Dieses Buch wurde als Ausdruck tiefster Dankbarkeit für meinen eigenen Heilungsprozess geschrieben in der Hoffnung, dass es Sie dazu inspiriert, sich auf Ihre eigene Reise zu begeben, sodass Sie die grenzenlose Freude entdecken, die der Kern Ihres Wesens ist.

Dies ist eine Einladung zur Freiheit, eine Landkarte für die Seele. Sind Sie bereit zu fliegen?

»Kommt an den Abgrund«, sagte er.
»Wir können nicht, Meister, wir haben Angst.«
»Kommt an den Abgrund«, sagte er.
»Wir können nicht, Meister, wir haben Angst.«
»Kommt an den Abgrund«, sagte er.
Sie kamen.
Er stieß sie …
Sie flogen.

Freiheit ist unsere Bestimmung.
Doch wir fürchten uns vor dem Schritt,
der uns in die Größe tragen wird,
die unsere eigene wahre Natur ist.

Vorwort

Einmal hörte ich eine Geschichte, dass jeder Mensch als makelloser, purer, lupenreiner Diamant in dieses Leben kommt. Doch durch die Prüfungen des Heranwachsens und die unvermeidlichen Schmerzen, die das Leben für uns bereithält, wird unsere innere Brillanz von einer Menge Müll überdeckt.

Wenn wir dann erwachsen sind, bedecken wir den ganzen Schlamassel mit einer Schicht aus glänzendem Lack. Wir präsentieren der Welt diesen künstlichen Schein und wundern uns, warum ihn niemand für so außerordentlich hält.

Im Laufe der Zeit gelangen wir dann unter Umständen zur der Überzeugung, dass diese schützende Hülle das darstellt, was wir wirklich sind, und formen unsere ganze persönliche Identität nach diesem Bild.

Doch wenn wir besonderes Glück haben, macht das Leben uns ein Geschenk. Etwas passiert, was dazu führt, dass wir einen Moment lang durch die verhärtete Oberfläche brechen, unter die Schichten von Ballast und Abfall schauen können und einen Blick auf die leuchtende Brillanz erhaschen, die aus unserem tiefsten Innern hervorstrahlt.

Und dann, wenn das Schicksal uns ganz besonders hold ist, verbringen wir den Rest unseres Lebens damit, heimzureisen zu dieser exquisiten Schönheit und Freiheit.

Wir entdecken, dass wir seit jeher dieser reine, makellose Diamant waren und immer sein werden.

Dies ist eine Geschichte von der Reise nach Hause und von dem unaufhörlichen Aufruf der Seele, die Größe in unserem Innern zu erkennen. Dies ist ein Aufruf, eine Einladung an Sie, endlich heimzukommen zu dem, der Sie in Wahrheit sind.

Sie sind das, was Sie suchen.

1

Ich erwachte an jenem Morgen im Sommer 1992 und wusste, dass ich mich endlich dem stellen musste – was immer es war –, was meinen Bauch im Laufe der letzten paar Monate hatte anschwellen lassen. Ein Teil von mir wusste, dass irgendetwas in meinem Innern nicht in Ordnung war und dass ich endlich zum Arzt gehen und mich untersuchen lassen musste, ob mir das nun gefiel oder nicht.

Ich wollte nicht glauben, dass wirklich irgendetwas mit mir »nicht in Ordnung« sein sollte. Ich hatte doch alles richtig gemacht! Ich lebte immer extrem gesundheitsbewusst und hatte schon seit zwölf Jahren kein Fleisch mehr gegessen. Ich nahm ausschließlich lebendige, vitale, vegetarische Kost zu mir, trank nur reines, gefiltertes Wasser und bewegte mich jeden Tag auf meinem Trampolin. Ich wohnte in einem netten kleinen Haus am Strand von Malibu in Kalifornien und atmete täglich frische Meeresluft. Und aufgrund all der inneren Wachstumsarbeit im Laufe der vergangenen Jahre musste ich meine Gedanken nicht mehr bewusst in eine positive Richtung lenken; das geschah bereits ganz automatisch. Meine Ehe befriedigte mich zutiefst, ich liebte meine Kinder und fühlte mich belebt durch meine Arbeit, für die ich extrem dankbar war – durch die Welt zu reisen, Seminare zu geben und andere dazu zu inspirieren, strahlende Gesundheit in ihrem Dasein zu manifestieren. Mein Leben enthielt alles, wonach ich mich jemals gesehnt hatte.

Ich hatte mein ganzes Leben damit verbracht, Vorträge und Seminare zu besuchen und alles über die Heilung des Körpers und der Seele zu lernen. Es schien, als wäre es mir immer nur darum gegangen, nach den Prinzipien von Gesundheit und Wohlbefinden zu leben – ich lebte, was ich predigte. Doch hier war ich, mit einem Bauch so riesig, dass ich aussah, als sei ich schwanger, obwohl ich wusste, dass ich es nicht war. Wie konnte das sein, wenn ich doch alles richtig machte?

Verlegen und voller Scham konnte ich selbst meinen engsten Freunden gegenüber meine Ängste nicht zugeben. Hier war ich, eine »Expertin«, die andere Menschen lehrte, ihre Gesundheit in die eigene Hand zu nehmen, und dabei konnte ich nicht einmal mehr den Reißverschluss meiner bequemsten Hosen zumachen!

Mehr als fünfzehn Jahre lang war ich im Bereich natürlicher und alternativer Gesundheitsvorsorge tätig gewesen und jetzt, konfrontiert mit einem ernsten Gesundheitsproblem, fühlte ich mich verloren bei der Vorstellung, einen »normalen« Arzt aufzusuchen. Obgleich ich wusste, dass ich dringend eine medizinische Diagnose brauchte, hatte ich keine Ahnung, wo ich anfangen oder wen ich anrufen sollte.

Da ich nicht den Mut hatte, eine Freundin anzurufen, und nicht wusste, an wen ich mich sonst wenden sollte, beschloss ich, mich im nächsten Buchladen umzuschauen. Ich überflog die Regale und fand ein Buch von einer Chirurgin, die sich auf Gesundheitsprobleme bei Frauen spezialisiert hatte – eine Ärztin, die bekannt dafür war, dass sie einem nicht bei der erstbesten Gelegenheit alle weiblichen Organe herausschnitt. Sie schien mir eine gute Wahl für den Anfang, und als ich die auf der Rückseite des Buches angegebene Telefonnummer anrief, war ich überrascht und erfreut, dass ich einen Termin in nur sechs Wochen bekam.

Während dieser Zeit nahm mein Bauch jedoch so stark an Umfang zu, als wollte er demnächst explodieren; außerdem bekam ich seltsamerweise meine Periode viel früher als gewöhnlich. Am Abend vor dem Termin nahm ich all meinen Mut zusammen und erzählte Catherine, einer meiner besten Freundinnen, was los war, und bat sie, mich zu meinem Arzttermin zu begleiten.

Als wir die Praxis betraten, wurde mir ganz schlecht bei der Vorstellung, wie wohl die Diagnose lauten würde. Während Catherine und ich uns unterhielten und darauf warteten, dass ich zur Untersuchung gerufen würde, brach mir der kalte Schweiß aus, als mich plötzlich Wellen von Angst überfluteten. Nach eineinhalb Stunden wurde ich endlich hereingebeten. Die fünfundvierzigminütige Untersuchung war äußerst gründlich und schien sich endlos hinzuziehen. Die Ärztin sagte so gut wie nichts, während ich darauf wartete, endlich die Diagnose zu hören, vor der ich mich fürchtete.

Als sie mit der Untersuchung fertig war, drehte sie sich ruhig um und schaute mir voll in die Augen. Mit freundlicher, doch emotionsloser Stimme meinte sie: »Brandon, man könnte sagen, Sie sind fünf Monate schwanger mit einem Tumor von der Größe eines Basketballs.«

Mir schien, als würde sich alles in mir umdrehen, während ich verzweifelt versuchte, zu begreifen, was sie gesagt hatte. Ich machte einen ungeschickten Versuch, unbeschwert zu erscheinen, und antwortete: »Also bitte, Frau Doktor, übertreiben Sie da nicht ein bisschen – ein Basketball, ist das nicht etwas extrem? Ein Basketball ist schließlich so groß!«, wobei ich mit meinen Händen die Größe eines Basketballs anzeigte und ungläubig lächelte. Im nächsten Moment fühlte ich mich deshalb wie eine Närrin.

Ohne auf meinen versuchten Humor einzugehen, wurde sie streng und beinahe scharf, als sie antwortete:

»Wäre es Ihnen lieber, ich würde es einen Volleyball nennen? Er ist *so* groß (sie zeigte die Größe eines Volleyballs an). Und nicht nur das, der Tumor drückt auf Ihre restlichen Organe. Ist Ihnen nicht aufgefallen, dass Sie in letzter Zeit schnell außer Atem geraten?«

Ich nickte und murmelte mit schwacher Stimme, dass ich die Ursache für meine Kurzatmigkeit in den Blähungen und meiner Gewichtszunahme vermutet hatte. Sie sagte: »Ihnen geht momentan schnell die Luft aus, weil dieser Tumor von der Leiste bis zum Brustkorb hochgewachsen ist (wobei sie meinen Körper berührte und mir genau zeigte, wie viel Raum der Tumor einnahm) und gegen das Zwerchfell drückt, wodurch Sie Schwierigkeiten beim Atmen haben. Der Tumor ist so groß, dass Sie noch heute ins Krankenhaus müssen, um weitere Tests vornehmen zu lassen, damit er operativ entfernt werden kann.«

Ich hatte das Gefühl, als hätte mir jemand einen Schlag versetzt, sodass mir die Luft wegblieb. Ich machte ein paar weitere ungeschickte Versuche, die Situation aufzulockern, bevor ich den Mut hatte zu fragen, ob ich privat mit ihr in ihrem Büro sprechen konnte.

Als wir den Flur zu ihrem Sprechzimmer hinuntergingen, plauderte Catherine munter drauflos, wobei sie die Ärztin mit Fragen bombardierte. Ich nahm an, dass sie versuchte, mir Zeit zu verschaffen, damit ich mich zusammenreißen und meinen Verstand beruhigen konnte. Wir setzten uns hin und ich fragte die Ärztin, was dies alles bedeutete und welche Optionen ich hatte. Das Ganze schien sich immer schlimmer anzuhören, je mehr sie darüber sprach. Eine Operation war meine »einzige Möglichkeit« – und zwar eine sofortige Operation.

Mein Herz begann wie wild zu schlagen, als der Druck in meinem Innern immer stärker wurde. Ich fühlte mich wie ein gefangenes Tier. Doch schließlich musste ich damit herausrücken: »Das kann ich nicht zulassen – ich bin im Bereich der ganzheitlichen Heilung tätig, wo Körper und Geist berücksichtigt werden. Ich brauche eine Chance, das zu tun, was ich predige, und zu versuchen, den Tumor auf meine eigene Art zu heilen … Wie viel Zeit können Sie mir geben?«

Da wurde sie noch ernster und erwiderte, dass ich meine Situation keineswegs leicht nehmen durfte. »Sie verstehen nicht, Brandon«, sagte sie. »Es handelt sich nicht nur um die Größe des Tumors. Meine unmittelbare Sorge ist, dass Sie aufgrund der Blutmenge, die Sie verlieren, in den nächsten Tagen ernsthafte Probleme bekommen könnten. Sie haben nicht die Periode, sondern eine innere Blutung.«

Ich begann mich zu winden und aus jedem Blickwinkel heraus zu verhandeln, der mir in den Sinn kam. Alles, was die Ärztin sagte, prüfte ich logisch – schließlich wollte ich nichts tun, was mein Leben gefährden konnte –, doch fühlte ich einen starken inneren Drang – irgendwie musste ich mir einfach mehr Zeit verschaffen. Ich musste die Chance haben, meinen eigenen Heilungsprozess zu durchlaufen und mein Glück dabei zu versuchen.

Ich fragte: »Was, wenn ich die Blutung durch Hypnose oder homöopathische Mittel oder irgendeine andere Methode zum Stillstand bringen könnte? Wie viel Zeit würden Sie mir dann geben?« Sie schüttelte in schierer Verzweiflung den Kopf und nahm einen freundlichen, doch resoluten Tonfall an, der mir leicht herablassend erschien. Sie sagte: »Brandon, Sie machen den Eindruck eines aufrichtigen Menschen und ich glaube sogar an alternative Medizin, wenn die Diagnose es erlaubt, doch Ihr Tumor ist einfach zu groß, um an eine solche Möglichkeit überhaupt nur zu denken.«

Sie deutete mit der Hand auf die Wandregale voller Bücher, als wären sie ein überzeugender Beweis für die

Richtigkeit ihrer Worte, und fuhr fort: »Es gibt in all diesen Büchern nicht einen einzigen Fall einer Frau, die auf natürliche Weise von einem Tumor dieser Größe geheilt wurde. Selbst wenn Sie also die besten Absichten der Welt haben, kann ich Sie nicht guten Gewissens in dem Zustand gehen lassen, in dem Sie sich befinden. Als Ärztin ist es meine Aufgabe, Leben zu retten, und Sie müssen noch heute Nachmittag ins Krankenhaus.«

»Was wäre, wenn Sie mir Zeit geben müssten; wie viel Zeit könnten Sie mir dann geben?«, flehte ich sie an. So setzten sich die Verhandlungen fort, bis wir schließlich nach weiteren dreißig Minuten die Vereinbarung trafen, dass ich – sollte es mir gelingen, die Blutung in den nächsten zwei Tagen zu stoppen – einen Monat Zeit hätte, das zu tun, was ich tun konnte – mein Glück zu versuchen. Falls sich die Symptome verschlimmern sollten, würde ich sie sofort anrufen, und falls der Tumor nach einem Monat nicht vollständig verschwunden war, würde ich ihn operativ entfernen lassen.

Bevor ich die Praxis verließ, blickte ich in ihre besorgten Augen und mir wurde klar, dass sie sich wirklich Sorgen um mich machte. Ich konnte jedoch auch erkennen, dass sie nicht den geringsten Zweifel daran hatte, dass es mir nicht gelingen würde, mich selbst zu heilen. Leise, mit einem wissenden Ton in ihrer Stimme sagte sie: »Ich sehe Sie dann in einem Monat.« Sie war absolut davon überzeugt, dass mir eine Operation nicht erspart bleiben würde.

Mit noch immer wild klopfendem Herzen ging ich nach draußen in den Sonnenschein von Los Angeles und hatte das Gefühl, einem Gefängnis entkommen zu sein. Obwohl ich Los Angeles nie wirklich gemocht hatte, schien es mir an diesem Nachmittag der schönste Ort der Welt. Die Bäume schienen vor Farbe zu leuchten, die Luft duftete wie nie zuvor und ich war unglaublich glücklich, einfach am Leben zu sein. Meine Sinne waren total wach – so klar und scharf wie selten. Ich empfand das Leben plötzlich als sehr, sehr kostbar.

In diesem Moment passierte etwas Bedeutsames. Es schien, als würde die Zeit stillstehen. Alle Angst verwandelte sich in eine tiefe innere Ruhe und ein stilles, aber sicheres »Wissen« erwachte in meinem Innern – das Wissen, dass ich einen Weckruf erhalten hatte und dass der Tumor in Wahrheit ein Geschenk war – dass er eine wichtige Lektion für mich darstellte und dass ich irgendwie geführt werden würde, mich selbst zu heilen.

Es war nicht mehr die Frage, *ob* ich gesund werden würde, sondern nur noch, *wie*.

Obwohl ich nicht wusste, wie die einzelnen Schritte meiner Heilung aussehen würden, erkannte ich, dass der Teil von mir, der für die Entstehung des Tumors verantwortlich war, auch für sein Verschwinden sorgen würde. Und mit dieser Erkentnnis fühlte ich eine kindliche Unschuld und das Vertrauen, dass ich auf irgendeine Weise geführt werden würde, zu entdecken, was dieser Tumor mich lehren wollte.

Und so begann meine Reise zur Heilung.

2

Als ich jene kleine Ewigkeit lang im strahlenden Sonnenschein von Los Angeles stand und es schien, als würde die Zeit stillstehen, hatte ich das Gefühl, als hätte ich seit jeher auf diesen Moment hingelebt. Erinnerungsfetzen der verschiedenen spirituellen und ganzheitlichen Heilungstechniken, die ich im Laufe der Jahre erfahren hatte, kamen mir in den Sinn.

Ich spürte eine heiße Woge der Dankbarkeit für alles, was ich gelernt hatte, und für all die Geschichten von Menschen, bei denen wesentlich ernstere Krankheiten diagnostiziert worden waren als bei mir; Menschen, die sich mit großem Mut erfolgreich selbst geheilt hatten. Nicht nur hatte ich Hunderte solcher Geschichten gelesen, mich mit ihnen befasst und von ihnen gelernt, sondern auch über viele Jahre hinweg das Privileg genossen, anderen therapeutisch zu helfen, während sie mit Erfog ihre Heilungsreise unternommen hatten. Ich erkannte, dass ihre Erfahrungen für mich ein lebendiges Beispiel gewesen waren und dass ihr Mut meinen eigenen geweckt hatte. Wenn es auch nur einem einzigen Menschen gelungen war, sich auf einer körperlichen, zellulären Ebene selbst zu heilen, so bedeutete das, dass jeder menschliche Körper diese Fähigkeit hat. Daher wusste ich ohne den geringsten Zweifel, dass es möglich war; ich wusste lediglich nicht, wie meine eigene Heilung zustande kommen würde.

Ich wandte mich um und bemerkte, dass ich seit einiger Zeit in meine Gedanken vertieft war und meine

Freundin Catherine immer noch neben mir stand. Ich schaute sie ungläubig an und sagte zu ihr: »Nun, wenigstens habe ich einen Monat Zeit. Lass uns einen Saft trinken gehen. Ich fühle mich etwas schwach auf den Beinen – ich muss mich stärken.«

Vom Good-Earth-Restaurant aus rief ich Don an, meinen Mann, der auf Reisen war und als Trainer Seminare mit Anthony Robbins gab. Ich versuchte meine Stimme nicht zu besorgt klingen zu lassen, als ich ihm die Neuigkeit mitteilte: »Erinnerst du dich an den Arzttermin, den ich vereinbart hatte, um herauszufinden, warum mein Bauch so dick wird?«

»O ja – wie war's?«

»Nun, die Ärztin hat einen Tumor in der Größe eines Basketballs diagnostiziert und mir einen Monat Zeit gegeben, etwas dagegen zu unternehmen.«

Am anderen Ende der Leitung war es lange still – Don war sprachlos.

Dann sagte er: »Mist, ein Monat?«

Während Don sich sonst in jeder Lage flüssig und klar auszudrücken vermag, fehlten ihm jetzt offensichtlich vollkommen die Worte. Er murmelte etwas Unverständliches und gab den Hörer weiter an Tony, der auch mein Boss war. Damit hatte ich nicht gerechnet. Ich fühlte mich bloßgestellt und ohne Ausweichmöglichkeit, versuchte jedoch, möglichst munter und zuversichtlich zu klingen, als ich Tony die Neuigkeit mitteilte: »Hey, Tony, ich weiß nicht, ob dir aufgefallen ist, dass mein Bauch in den letzten Monaten ein wenig dicker geworden ist.« (Ich dachte, es wäre mir gelungen, meinen Bauch unter langen, fließenden Kleidern zu verbergen.)

»Ja, Brandon, das ist mir tatsächlich aufgefallen …«

Verlegenheit überkam mich und plötzlich wusste ich nicht mehr, was ich sagen sollte. Nach einer langen, betretenen Pause kam mir alles auf einmal über die Lippen:

»Nun … bei mir ist ein Tumor von der Größe eines Basketballs diagnostiziert worden und man hat mir nur einen Monat gegeben, was dagegen zu unternehmen …«

Eine weitere lange Pause schien in der Luft zu liegen, als ich ängstlich auf eine Antwort wartete, von der ich fürchtete, dass sie mich demütigen würde. Doch unerwartet erwiderte Tony in einem heiteren, ermutigenden Tonfall: »Kein Problem, Brandon, du wirst das schon in den Griff kriegen – wir sehen uns dann beim Mastery (ein Seminar, das einen Monat später auf Hawaii stattfinden sollte).«

Tony reichte Don den Hörer zurück und ich gab meinem Mann eine Kurzversion der medizinischen Einzelheiten und versicherte ihm, dass ich mich sofort um das Problem meines Blutverlustes kümmern würde. Dann verabschiedeten wir uns und ich legte auf.

Ich stand ein wenig benommen neben dem Telefon, ließ mir das Gespräch mit Tony noch einmal durch den Kopf gehen und dachte über seine Antwort nach. »Kein Problem, Brandon, du wirst das schon in den Griff kriegen.« Mir wurde bewusst, wie sehr er auf mich baute und auch wie sicher er war, dass körperliche Heilung auf der zellulären Ebene so schnell stattfinden kann. Ich dachte: »Er hat Recht, es kann schnell passieren, es gibt genug Beweise dafür, und ich muss aufpassen, dass ich nur den Menschen etwas davon erzähle, die dieses Wissen und diese Sicherheit teilen. Ich kann es mir nicht leisten, die Negativität wohlmeinender Menschen herauszufordern, die ihre eigenen Zweifel, Ängste und unangebrachten Sympathien auf mich projizieren. Ich habe nur einen Monat. Das ist eine kostbare Zeit, die ich nicht verplempern darf.«

In diesem Augenblick gab ich mir selbst das Versprechen, dass ich nur den Menschen von meiner Situation erzählen würde, von denen ich ohne jeden Zweifel wusste, dass sie mich von ganzem Herzen auf positive Weise unterstützen würden – die sicher waren, dass ich mich selbst heilen könnte und würde. Zum Schluss waren es nur acht Freunde, denen ich davon erzählte.

Nach dem Mittagessen ging ich sofort zu unserer Apotheke und sprach mit dem Apotheker über meine Situation. Er schlug einige Kräuter und homöopathische Medikamente vor sowie ein Mittel, um die Blutung zu stoppen, und ermahnte mich, ab sofort keine koffeinhaltigen Getränke mehr zu mir zu nehmen, da Statistiken gezeigt haben, dass Koffein den Umfang von Tumoren dramatisch vergrößern kann.

Ich ging nach Hause und praktizierte einen einfachen neurolinguistischen Heilungsprozess, um die Blutung zu stoppen. Eineinhalb Tage später stellte ich überrascht und erleichtert fest, dass nur noch eine leichte Schmierblutung vorhanden war.

Dann rief ich die Ärztin an. Als sie die Nachricht hörte, schien sie zwar skeptisch zu sein, aber auch offen; trotzdem ermahnte sie mich vor dem Ende unseres Gesprächs noch einmal: »… falls irgendeines Ihrer Symptome sich verschlimmern sollte, rufen Sie mich sofort an.«

Erst als ich den Hörer aufgelegt hatte, erkannte ich, dass ich mir tatsächlich erfolgreich einen ganzen Monat Zeit verschafft hatte. Ich entspannte mich und atmete vor Erleichterung tief durch. Dann dämmerte mir langsam, dass meine wirkliche Arbeit jetzt erst richtig begann.

3

In gewisser Weise empfand ich eine beinahe kindliche Neugier und Offenheit für das, was mir meine Reise bringen würde. Doch gleichzeitig war mir nur allzu bewusst, dass ich einen dringenden Aufruf meiner Seele erhalten hatte und dass ein Monat eine sehr kurze Zeitspanne war. Ich konnte es mir nicht leisten, auch nur einen einzigen Augenblick zu verschwenden. Obwohl ich nicht wusste, wo ich anfangen sollte, verspürte ich ein beständiges und sicheres inneres Wissen, dass ich irgendwie geführt werden würde. Also blieb mir nur eines – zu *vertrauen*.

Ich gab mir selbst das einfache Versprechen, mich völlig meiner inneren Führung hinzugeben und ihr zu vertrauen, wohin sie mich auch führen würde. Ich würde mein Bestes tun und mein Glück versuchen, gleichgültig, was das Resultat sein würde. Ich hatte keinen Zweifel daran, dass ein Teil meiner Reise damit zu tun hatte, das zu enthüllen und zu verstehen, was der Tumor mir sagen wollte. Ich wusste, dass ich herausfinden musste, welche ungelösten emotionalen Erinnerungen und Muster aus meiner Vergangenheit in den Zellen meines Körpers schlummerten, dass ich die Lektionen lernen musste, die in ihnen steckten, und sie schließlich erlösen und loslassen musste.

Ich war überzeugt – nach jahrelanger Tätigkeit im Bereich ganzheitlicher Heilung von Körper und Seele –, dass alles aus einem bestimmten Grund und zu einem bestimmten Zweck passiert. Sobald wir lernen, was die

Krankheit oder die körperliche Blockade uns zu lehren hat, und die emotionalen Themen, die in den Zellen gespeichert sind, losgelassen haben, dann – und *nur* dann – kann die wahre Heilung auf allen Ebenen des Seins beginnen – emotional, spirituell und physisch. Nur dann ist der Körper in der Lage, sich selbst auf natürliche Weise zu heilen. Ich wusste, dass es Teil meiner Reise sein würde, alle emotionalen Themen loszulassen, die in dem Tumor gespeichert waren. Ich wusste im Moment nur noch nicht, was diese Themen waren.

Darüber hinaus war mir klar, dass ich meinen Körper auf ganz praktische Weise unterstützen musste, die angesammelten degenerierten oder vergifteten Zellen loszuwerden. Also beschloss ich, zunächst meinen Körper von Grund auf zu reinigen, indem ich die natürlichen Reinigungsverfahren anwandte, die ich im Laufe der Jahre kennen gelernt hatte.

Ich hatte mich bisher bereits äußerst gesund ernährt, doch jetzt war es an der Zeit, noch stärker auf meine Ernährung zu achten, um ein optimales Energieniveau zu erreichen. Ich stellte also meine vegetarische Ernährung, die bereits zu fünfundsechzig bis siebzig Prozent frische Früchte und rohe Gemüse enthalten hatte, auf hundertprozentige Rohkost um, dazu jede Menge frisch gepresste Säfte. Ich fügte Nahrungsenzyme hinzu, erhöhte meine Mineralstoffzufuhr und nahm Kräuter, von denen ich wusste, dass sie für den Reinigungsprozess förderlich sind. Außerdem beschloss ich, mein Lymphsystem durch regelmäßige Massagen in Fluss zu halten und meinen Darm intensiv zu reinigen, damit mein Körper nach der emotionalen Reinigung bestens auf die körperliche Reinigung vorbereitet war. Doch waren dies nur einfache praktische Möglichkeiten der körperlichen Unterstützung, die leicht auszuführen waren. Mir war klar, dass die wahre Arbeit in der Enthüllung dessen bestehen würde, was emotional im Innern des Tumors gespeichert war.

Don war in Kanada und nicht in der Lage, die Seminare abzubrechen, die er dort gab. Da ich während dieser wichtigen nächsten Schritte in meinem Leben an seiner Seite sein wollte, beschloss ich an jenem Tag, dass es gut wäre, uns ein wenig Zeit zu nehmen und zusammen ein paar Tage Ferien zu machen, um die Dinge in Ruhe anzugehen. Dann würde vielleicht meine innere Führung den nächsten Schritt enthüllen. Also buchte ich einen Flug nach Quebec, um mit meinem Mann zusammen zu sein.

Instinktiv wusste ich, dass meine Heilungsreise darin bestand, innerlich still zu werden, offen zu sein und *zu vertrauen,* zu vertrauen und zuzulassen, dass sich mir die nächsten Schritte enthüllten. Irgendwie begriff ich intuitiv, dass nicht ich, Brandon, die Kontrolle hatte, sondern dass die unendliche Intelligenz in meinem Innern das Steuer übernehmen würde. Ich wusste, dass der Teil von mir, der verantwortlich dafür ist, dass meine Haare wachsen und mein Herz schlägt, die Arbeit übernehmen würde – und dass es großen Mut erfordern würde, mich hinzugeben und mich in diese Stille in meinem Innern fallen zu lassen, damit meine innere Führung den nächsten Schritt enthüllen konnte.

Daher schienen ein paar Tage Ferien der beste nächste Schritt zu sein.

4

Als ich im Flugzeug nach Quebec saß, wurde mir klar, dass ich all das herrliche französische Essen dort nicht würde genießen können, sondern von knackigen Salaten, Möhrensaft, frischem Obst und Mineralstoffen leben würde. Einen Teil von mir machten diese Aussichten unruhig und störrisch, doch ermahnte ich mich, dass ich nur einen Monat Zeit hatte und dass dies das Mindeste war, was ich tun konnte, um mich selbst zu unterstützen.

Als Don und ich geruhsam durch die stillen, malerischen Straßen von Quebec schlenderten, empfand ich eine Art erweitertes Bewusstsein – meine Sinne schienen besonders lebendig und scharf zu sein. Das Grün der Bäume erschien mir irgendwie strahlender und die Gerüche der Straßencafés besonders vielfältig und intensiv. Die Pflastersteine waren rund und glatt von der jahrelangen Abnutzung durch Menschen, Kutschen und Autos und die Wolken hoben sich lebhaft vom strahlend blauen Himmel ab. Ich war glücklich, einfach nur sehen und riechen und fühlen zu können – selbst der beißende Wind erschien mir kostbar. Es war, als würde meine Seele das Leben so erfahren, wie es *wirklich* ist.

Eine tiefe Ruhe überkam mich. Wieder einmal schien die Zeit stillzustehen. Mir war, als ruhte ich in einer wachen Stille, die vollkommen bewegungslos war und gleichzeitig vor Lebendigkeit sprühte. In meinem Innern entstand das deutliche Bewusstsein, dass ich »geführt« wurde. Nach außen muss ich nachdenklich und still erschienen sein, doch in meinem Innern war ich den Tränen nahe vor Dankbarkeit für dieses Wissen, das sich mir so machtvoll enthüllte.

Ich schaute Don an; ich wusste nicht, wie lange ich so dagestanden hatte, doch fiel mir auf, dass er ungewöhnlich still war. Als ich ihn fragte, gab Don zu, dass er seine Gefühle nicht mit mir teilen wollte, weil er wusste, wie wichtig es für mich war, mit Menschen zusammen zu sein, die mich mit der *Gewissheit* unterstützen konnten, dass ich geheilt würde – während er zugeben musste, dass er Angst hatte.

»Er scheint einfach so groß zu sein …«

Lange Pause …

Leise erwiderte ich: »Er *ist* groß.«

Ich wusste nicht, was ich sonst noch sagen sollte. Don hatte das Offensichtliche in Worte gefasst, doch irgendwie schien das Offensichtliche unbegreiflich und gleichzeitig idiotisch einfach zu sein.

Eine weitere lange Pause folgte …

Dann sagte ich: »Ich selbst habe auch manchmal Angst. Und ich muss mich in solchen Momenten daran erinnern, offen zu sein und zu vertrauen. Es hat keinen Zweck, die Angst zu bekämpfen. Ich wünschte, ich könnte dir irgendwie diese stille Gewissheit erklären, die ich in meinem Innersten empfinde, doch es ist einfach so, dass – unabhängig davon, wie sehr sich mein Verstand und meine Persönlichkeit fürchten – etwas Tieferes in meinem Innern eine andere Wahrheit zu wissen scheint. Und dieses Wissen ist es, was mich durch diese außergewöhnliche Reise trägt. Also komm, lass uns einfach unsere Zeit hier genießen, Quebec ist eine so romantische Stadt.«

Wir gingen in ein Café und ich ermunterte Don, die fantastische französische Küche zu probieren, auch wenn ich selbst nur einen Salat aß. Widerstrebend stimmte er zu.

Jeden Tag wurde der Friede in meiner Seele größer und nach drei oder vier Tagen in Quebec wusste ich, dass es an der Zeit war, den nächsten Schritt zu tun. Wohin er führen würde, wusste ich zwar noch immer nicht, doch irgendetwas in meinem Innern schien mich vorwärts zu drängen.

5

Noch in Quebec beschloss ich, unsere Freunde Mark und Elaine Thomas anzurufen. Sie leben in einer spirituellen Gemeinschaft nördlich von New York und es schien mir eine gute Idee, sie zu besuchen, ein paar wohltuende Massagen zu genießen und mir von ihnen Rat zu holen, was ich als Nächstes tun sollte. Don und ich hatten bei Mark und Elaine zahlreiche unserer Ausbildungen in Irisdiagnose, Akupressur, Kräutermedizin, natürlichen Reinigungsverfahren und Ähnlichem absolviert. Mark und Elaine waren für uns beide Begleiter in einer Zeit großer spiritueller und emotionaler Transformation in unserem Leben gewesen, und obwohl inzwischen einige Jahre vergangen waren und wir uns anderen Aspekten ganzheitlicher Heilung zugewandt hatten, schienen sie mir jetzt die richtigen Menschen zu sein, in deren Gegenwart ich ein paar Tage verbringen wollte. Ich wusste, dass sie mich rückhaltlos unterstützen würden.

Als wir ankamen, bot Elaine uns eine Tasse Kräutertee an und fragte in ihrer direkten und intuitiven Art: »Also, was ist los? Irgendwas ist passiert!«

»Nun, man hat bei mir einen Tumor diagnostiziert …« Ich erzählte ihr die ganze Geschichte, einschließlich der Maßnahmen auf der körperlichen Ebene, die ich bereits ergriffen hatte, und schloss mit den Worten: »Und so lasse ich mich einfach führen.«

Sie zuckte mit den Schultern und meinte: »Brandon, ich sehe das nicht als Problem. Du wirst es in den Griff kriegen … kein Problem … es wird ein Leichtes für dich sein … ich weiß es ganz einfach … wirklich, ich meine es ernst, Brandon.« Und ich wusste, dass sie es ernst meinte.

Wieder hatte jemand zum ersten Mal die Neuigkeit erfahren und genau die gleichen Worte benutzt wie Tony: »Kein Problem, du wirst es in den Griff kriegen.« Langsam hatte ich das Gefühl, als wären die Menschen in meiner Umgebung ein Spiegel des inneren Wissens, das sich in mir ausbreitete. Eine äußere Bestätigung für das zu erhalten, was ich in meinem Innern als wahr empfand, war irgendwie sehr beruhigend.

Ich gönnte mir während meines Besuchs bei Mark und Elaine ein paar gute Massagen und zudem fand ich einen Kräuterspezialisten, der mir mehrere Mittel empfahl, die meinen körperlichen Reinigungsprozess unterstützen würden. Kurz vor meiner Abreise gab mir die Massagetherapeutin einen Zettel mit einer Telefonnummer. Sie sagte: »Ich habe ein paar Nachforschungen angestellt und einen guten Craniosacraltherapeuten in Santa Monica aufgetan. Das ist nicht weit von Malibu entfernt, oder?«

»Nein, praktisch nur die Straße runter«, antwortete ich. »Vielen Dank, das war sehr lieb.«

»Mach dir keine Sorgen, Brandon – ich habe das Gefühl, dass diese Geschwulst sich bald auflösen wird. Du wirst es in den Griff kriegen.«

Da war es schon wieder – zum dritten Mal! Dieses Mal überlief mich ein Schauer. Es fühlte sich langsam wirklich so an, als ob das Universum versuchte, mir etwas zu sagen. Wenn ich jemals an so etwas wie Zeichen geglaubt hatte, dann bekam ich jetzt Zeichen von überall her und alle wiesen auf dasselbe hin – DU WIRST ES IN DEN GRIFF KRIEGEN!

Den Zettel mit der Telefonnummer in der Hand, dachte ich: »Hmm, vielleicht ist dieser Mann einer der Wegweiser auf meinem Weg. Ich werde ihn anrufen, sobald ich wieder in Malibu bin.«

6

Auf meinem Heimweg vom Flughafen hielt ich den Zettel in der Hand und verspürte ein unerklärliches Gefühl der Erwartung, das sich in mir ausbreitete. Ich konnte kaum erwarten, zu sehen, wohin dieser neue Wegweiser mich führen würde.

Leichten Schrittes betrat ich unser Haus in Malibu, griff nach dem Telefon, wählte die Nummer auf dem Papier und sprach mit der Sekretärin des Therapeuten. Sie bedauerte es sehr, doch leider hatte er den ganzen nächsten Monat keinen einzigen Termin frei. Wollte ich vielleicht einen späteren Termin vereinbaren?

Einen Monat? Das war zu lange! Ich hatte weniger als drei Wochen übrig.

Ich fühlte mich, als hätte jemand eine Nadel in meinen Ballon gestochen. Wie war es möglich, dass er keine Zeit für mich hatte? Ich war doch so sicher gewesen, dass er ein Teil meiner Reise war – einer meiner Wegweiser. Bisher war alles so perfekt im Fluss gewesen, so mühelos. Es konnte einfach nicht sein. Ich fragte sie, ob sie absolut sicher war.

»Ja, es tut mir Leid – er ist vollständig ausgebucht.«

Niedergeschlagen legte ich den Hörer auf, immer noch nicht überzeugt von ihren Worten. Zwei Minuten später rief ich noch einmal an: »Könnte ich bitte wenigstens mit ihm sprechen?«

»Er hat gerade einen Patienten.«

»Nun, könnten Sie bitte meine Nachricht an ihn weitergeben?«

»Ich werde ihm sagen, dass Sie angerufen haben.«

Am selben Abend um Viertel vor elf läutete das Telefon und der Anrufer entschuldigte sich zuerst für die späte Stunde. Dann meinte er: »Mein Name ist Benjamin – ich bin der Craniosacraltherapeut, den Sie angerufen haben.«

Wir redeten bis elf Uhr und er meinte schließlich: »Wenn es Ihnen nichts ausmacht, morgens früh um sieben Uhr zu kommen, werde ich bis zu Ihrer nächsten Untersuchung so viele Termine wie möglich für Sie freihalten. Können Sie so früh kommen?«

»Ich kann es mir nicht leisten, nicht zu kommen. Ich werde um Viertel vor sieben da sein.«

Obwohl der frühe Morgen nicht meine beste Zeit ist, war ich begeistert, dass ich auf diese Weise aktiv etwas für meine körperliche Heilung tun konnte, und glücklich, dass die Dinge wieder einmal im Fluss zu sein schienen.

Am Ende der ersten Sitzung wandte sich Benjamin mir zu, als ich meinen Mantel nahm, und sagte: »Wissen Sie, irgendwie habe ich nicht das Gefühl, dass diese Angelegenheit ein wirkliches Problem für Sie darstellt; vielmehr habe ich den Eindruck, dass es bereits heilt. Ich weiß, es hört sich verrückt an, da Ihre Untersuchung in weniger als drei Wochen ansteht, doch ich habe das Gefühl, dass Sie das schon in den Griff kriegen!«

Ich sprach die Worte praktisch laut mit ihm mit! Ich schüttelte den Kopf, lächelte und winkte ihm zum Abschied zu: »Bis morgen früh.« Was war das, ein Mantra?

Benjamin hatte mir den Namen einer sehr guten Colontherapeutin gegeben. Ich rief sie umgehend an und bekam sofort einen Termin. Während der Darmreinigungssitzung tastete sie meinen Bauch ab und sagte: »Wissen Sie, ich habe das Gefühl, die Geschwulst wird sehr bald verschwinden, doch sind darin noch ein paar alte emotionale Dinge gespeichert, die Sie loslassen müssen.«

»Ich weiß«, murmelte ich leise. Mir war nur allzu bewusst, dass ich mich zwar in Vorbereitung auf die Heilung aktiv um meinen Körper gekümmert hatte, mir jedoch die emotionale Seite des Themas bisher noch nicht angesehen hatte. Ich war noch nicht zum Kern dessen vorgedrungen, was überhaupt erst zur Entstehung des Tumors geführt hatte. Ich schaute nach innen, um zu prüfen, ob ich mich vielleicht davor drückte, mich diesem Thema zu stellen, doch dem schien nicht so. Ich war einfach nur offen und vertraute darauf, dass ich geführt würde. Bisher hatte ich mich nicht dazu aufgerufen gefühlt, mich mit den emotionalen Ursachen des Tumors zu befassen.

Es kostete mich eine Menge Mut und mehr als meine sonst übliche Geduld, unbeirrt zu vertrauen, da mir nur allzu bewusst war, wie schnell die Zeit dahineilte!

In jener Nacht erhielt ich einen Anruf von einem lieben spirituellen Freund, Kabir, aus San Francisco. Er ist zufällig Onkologe – ein Arzt, der sich auf die Behandlung Krebskranker spezialisiert hat. Ich hörte ihm eine Stunde lang zu, während er mir eine Reihe medizinischer Details erklärte, von denen ich die meisten nicht ganz verstand. Ich hatte das Gefühl, dass es einen Grund geben musste, dass ich mir das alles anhörte. Schließlich, gegen Ende unseres Gesprächs, hörte er auf, als Arzt zu sprechen, was mir endlich die Gelegenheit gab, auch etwas dazu zu bemerken. Ich ließ ihn wissen, dass es nicht meine Absicht war, den konventionellen medizinischen Weg zu gehen. Vielmehr wollte ich versuchen, mich selbst zu heilen, bevor ich den Chirurgen die Möglichkeit gab, mich aufzuschneiden. Ich wollte mich den emotionalen Themen stellen, von denen ich wusste, dass sie die Ursache für meine Situation waren, und die Lektion lernen, die dieser Tumor mich zu lehren hatte.

»Brandon, mir ist da gerade eine Idee gekommen! Du solltest mich für ein paar Tage besuchen kommen; ich kenne eine wunderbare Therapeutin, die den Leuten hilft, ihre emotionalen Probleme aufzuarbeiten, während sie an ihrem Körper arbeitet – eine fantastische Arbeit. Einmal pro Woche gehe ich selbst zu ihr. Sie hat magische Kräfte! Die Sitzungen bei ihr haben mir wirklich eine Menge gebracht.«

Dafür, dass er Arzt war, klang er manchmal sehr dramatisch, doch irgendetwas an seinen Worten sprach mich an – und selbst wenn diese Frau nicht so fantastisch war, könnte ich jederzeit in das Meditationszentrum dort gehen, meditieren und mir ein paar Vorträge anhören – und zudem hätte ich die Chance, Kabir zu sehen und ein paar unserer spirituellen Gespräche zu führen, die immer ein großes Vergnügen für mich waren.

»Ich will schauen, ob ich einen günstigen Flug bekomme. Wenn nicht, werde ich davon ausgehen, dass es nicht sein soll.«

Wie der Himmel es so wollte, bekam ich achtundvierzig Stunden später einen jener Super-Special-Sondertarife für zwei Tickets nach San Francisco. Mir blieben noch zweieinhalb Wochen bis zu meinem nächsten Arzttermin und hier war ich und übte mich wieder in VERTRAUEN, VERTRAUEN, VERTRAUEN.

Ich war erfreut, dass Kabir bereits ein paar Termine für mich arrangiert hatte. Da er Arzt war, hatte er wenig Zeit, mich zu treffen, was mir gelegen kam, da ich schon bei meiner Ankunft in San Francisco das Gefühl hatte, dass etwas Wichtiges passieren würde.

Ich traf daher die ungewöhnliche Entscheidung, nicht bei Kabir zu übernachten, sondern mit Don eine nette kleine Pension nur wenige Schritte von der Praxis der Körpertherapeutin entfernt zu beziehen. Da ich davon ausging, dass ich nur ein paar Tage dort sein würde, hielt ich es für besser, mich zwischen den einzelnen Sitzungen auszuruhen und so meine Selbstheilung zu unterstützen. Außerdem lag die Pension gleich neben dem Meditationszentrum, wo ich meditieren und mich still zurückziehen konnte.

Ein Teil von mir wusste instinktiv, dass die Zeit gekommen war, mich meinen emotionalen Themen zu stellen – meine Aufmerksamkeit nach innen zu richten und für mich zu bleiben. Ich ahnte damals noch nicht, wie wichtig diese Entscheidung sein sollte.

7

Als ich zu meinem ersten Treffen mit Surja, der Massagetherapeutin, die Treppe hinaufging, begann ich mich etwas schwach und ängstlich zu fühlen. Ich fragte mich, was das zu bedeuten hatte, tat es aber als unwichtig ab, während ich die Klingel drückte.

Eine Frau mit freundlichem Gesicht öffnete die Tür. Mit beruhigenden Worten führte sie mich in ihr Behandlungszimmer, das warm und sauber war und auf eine einfache, heimelige Art wohltuend wirkte. Ich fragte sie, wozu die Teddybären auf den Stühlen da waren. »Oh, für die Kinder, die hierher kommen. Es gibt ihnen ein Gefühl der Sicherheit. Einige Erwachsene mögen sie auch.« Ich lächelte und hatte das Gefühl, dass die Teddybären in Wahrheit für die Erwachsenen da waren. Das Ganze schien ein wenig schnurrig zu sein, aber sehr nett.

Im Behandlungszimmer brannten ein paar duftende Räucherstäbchen und an den Wänden hingen Fotos einiger spiritueller Meister, deren Schülerin sie gewesen war. Auch wenn Massage ihr Schwerpunkt war, konnte ich sehen, dass sie eine große Liebe für alles Geistige hatte und wahrscheinlich den gleichen Lernhunger wie ich.

Bevor sie mit der Behandlung begann, plauderten wir miteinander und ich erzählte ihr die ganze Geschichte von Anfang bis Ende – von meinem festen Glauben, dass emotionale Erinnerungen in den Zellen des Körpers gespeichert sind und dass wahre Heilung erst dann beginnt, wenn man diese zellulären Erinnerungen aufdeckt und loslässt. Ich sagte ihr, dass ich von ganzem Herzen darum betete, mich endlich dem stellen zu können, was im Innern des Tumors gespeichert war, und dass ich hoffte, sie könne mir dabei helfen.

Ich erzählte ihr, dass ich – da ich selbst im Bereich ganzheitlicher Heilung tätig war – im Laufe der letzten zwanzig Jahre wahrscheinlich *alles* ausprobiert und getan hatte, was es in dieser Richtung gab. Ich war der Meinung gewesen, dass ich alle verfügbaren Heilungstechniken erfahren hatte, und nahm an, dass ich bereits alle meine emotionalen Themen in den Griff bekommen hatte. Als mein Bauch immer größer wurde, kam es mir daher nie in den Sinn, dass irgendetwas mit mir ernsthaft nicht in Ordnung sein könnte. Ich musste zugeben, dass ich vielleicht ein wenig arrogant geworden war – zu denken, dass mir so etwas nicht passieren könnte.

Ich vertraute ihr etwas an, das ich noch niemandem gesagt hatte – wie demütigend es gewesen war und wie sehr ich mich geschämt hatte, nicht nur herauszufinden, wie groß der Tumor geworden war, sondern auch über die Erkenntnis, wie lange ich diese Tatsache verdrängt hatte. Ich hatte einfach nicht glauben wollen, dass irgendetwas mit mir nicht stimmen könnte, da ich doch angeblich alles richtig machte.

Sie unterbrach mich und meinte: »Wissen Sie, es hört sich so an, als hätten Sie wirklich alles richtig gemacht – ich habe einfach den Eindruck, dass es sich dabei um eine alte Sache handelt, die Sie loswerden müssen.«

»Aber ich habe das Gefühl, als hätte ich schon jeden Heilungsprozess durchgemacht, den es gibt!«

»Nun, offensichtlich empfindet Ihr Körper das nicht so! Die Tatsache, dass Ihre emotionalen Probleme sich auf der physischen Ebene manifestiert haben, beweist eindeutig, dass Sie endlich in der Lage sind, sich ihnen zu stellen und sie loszulassen.«

Ich wusste, dass sie Recht hatte, und nickte in schweigender Zustimmung. Es schien offensichtlich, dass wir die gleichen Überzeugungen zum Thema Gesundheit hatten, und ich fühlte mich sehr wohl in ihrer Gegenwart.

Wir fuhren fort, uns gegenseitig Geschichten über verschiedene therapeutische Methoden zu erzählen, und lachten über einige der eher lächerlichen Dinge, die wir ausprobiert hatten, als wir noch jünger waren. Dann begannen wir, über unsere spirituellen Erkenntnisse zu reden. Beinahe eine Dreiviertelstunde war verstrichen, bevor wir bemerkten, dass wir kostbare Behandlungszeit verplauderten.

Bevor wir anfingen, sprach ich ein stilles Gebet und bat um den Mut, mich dem zu stellen, was in diesem Tumor gespeichert war. Dann öffnete ich mich, gab mich innerlich hin und erlaubte mir selbst, in der inneren Stille zu versinken, die während meiner ganzen bisherigen Reise mein ständiger Begleiter gewesen war. Ich wusste instinktiv, dass alle Antworten aus dieser Stille kommen würden – nicht von meiner Persönlichkeit und sicherlich nicht von meinem plappernden Verstand. Falls mein denkender Verstand die Antwort hätte finden können, hätte er dies inzwischen sicher getan. Da er es jedoch nicht getan hatte, war der einzige Weg, der mir blieb, der des Vertrauens: Vertrauen in eine tiefere Weisheit – die Weisheit, die dafür sorgt, dass mein Herz schlägt und meine Haare wachsen; Vertrauen in die unendliche Intelligenz, die für die Vermehrung meiner Zellen verantwortlich ist; Vertrauen in den Teil von mir, der wach ist, wenn ich nachts schlafe. Ich wusste, dass ich vertrauen und mich meiner innersten Essenz hingeben musste – meinem wahren Ich –, einem inneren Zustand, der sich für mich wie »zu Hause« anfühlte.

Als Surja mich zu massieren begann, schloss ich die Augen und fühlte, wie ich mich immer tiefer in ein Gefühl des Friedens hinein entspannte. Wieder einmal machte ich die Erfahrung, dass die Zeit stillstand – meine Sinne total wach, doch mein Geist völlig ruhig, mit einer Präsenz von Frieden, die sich unendlich weit anfühlte, grenzenlos. Ich hatte das Gefühl, mit allem verbunden zu sein.

Während sie mich massierte, schlug Surja vor: »Vielleicht möchten Sie in Ihrer Vorstellung ein paar Schritte hinunter in den Tumor machen und nachschauen, wie es da unten aussieht?« Ihr Vorschlag schien ganz offensichtlich und fühlte sich irgendwie richtig an. Also beschloss ich, genau das zu tun.

Als ich in das Innere meines Uterus gelangte, gefiel mir überhaupt nicht, was ich dort vorfand. Es sah ziemlich erschreckend aus und mehr als einmal dachte ich: »Ich mache lieber, dass ich hier wegkomme. Ich will das alles gar nicht sehen.« Doch meine innere Weisheit erinnerte mich daran, dass ich aus einem bestimmten Grund hier war, also betete ich noch einmal um den Mut, mich den Dingen zu stellen, denen ich mich stellen musste. Ich war mir sicher, dass ich etwas finden würde, dessen Anblick ich nicht ertragen konnte.

Während ich im Innern des Tumors »herumging«, kam ich zu einem Bereich, der besonders dunkel erschien. Als ich mich dieser Gegend näherte, konnte ich ein ausgeprägtes Angstgefühl spüren, das von den Wänden ausstrahlte. Spontan tauchte eine alte Erinnerung an ein intensives Kindheitstrauma vor meinem inneren Auge auf. Im nächsten Augenblick meldete sich mein zweifelnder, denkender Verstand und sagte: »Das kann es nicht sein – diese Erinnerung ist mir total vertraut, ich weiß alles darüber – ich habe mich schon vor langer Zeit mit diesem Problem beschäftigt und es abgehakt! Außerdem war es gar nicht *soo* schlimm – das kann nicht der Grund für das sein, was hier vorgeht … bla … bla … bla …«

Während Surja mich weiter massierte, erzählte ich ihr scheu von den Urteilen, die mein denkender Verstand fällte. Sie sagte beruhigend: »Nun, die Weisheit Ihres Körpers holt diese bestimmte Erinnerung wahrscheinlich nicht ohne Grund an die Oberfläche. Warum schauen Sie sich nicht einfach alles an, was hochkommt? Selbst wenn Ihr denkender Verstand es bezweifelt, was haben Sie zu verlieren?«

Und so fuhr ich fort, die Erinnerung zu beobachten. Vor meinem geistigen Auge sah ich mich durch die Szene gehen, die so lebendig erschien, als würde sie in diesem Moment stattfinden, und zwar in Zeitlupe. Überraschenderweise schienen unerwartete Gefühle aufzutauchen, die ich begraben und längst vergessen hatte, und meine wahren damaligen Empfindungen drängten an die Oberfläche. Mir war nicht bewusst gewesen, wie intensiv ich damals gefühlt hatte. Ich war selbst damals im Verstecken meiner wahren Gefühle schon sehr erfolgreich gewesen und hatte mir nichts anmerken lassen.

Leise liefen mir die Tränen über die Wangen.

Ich empfand das Ganze als sehr persönlich und mochte Surja nicht viel darüber sagen. Doch war es eine große Erleichterung, endlich wirklich ehrlich mit mir selbst zu sein – die Maske abzunehmen und die unglaubliche Verletzlichkeit und Hilflosigkeit zu fühlen, die ich als kleines Mädchen in dieser Situation erlebt hatte. Zum ersten Mal ließ ich es zu, die natürlichen Emotionen zu *fühlen*, die ich während des traumatischen Erlebnisses unterdrückt hatte. Irgendwie hatte ich schon als Kind gelernt, dass es mir nicht gestattet war, meine wahren Gefühle zu zeigen. Und, wichtiger noch, ich hatte sie nicht einmal mir selbst eingestehen können.

Auf eine sehr einfache und klare Weise erlaubte ich mir jetzt endlich, das zu erleben, was die ganze Zeit da gewesen war. Ich hatte diese alte Erinnerung nie wirklich vergessen und sie zu »entdecken« bedeutete keine wirkliche Offenbarung. Die Überraschung dabei war die *Intensität* meiner wahren Gefühle – ich hatte so erfolgreich einen Deckel darüber gestülpt, dass es mir auf diese Weise gelungen war, mich selbst davon zu überzeugen, dass die Angelegenheit letzten Endes gar nicht so wichtig war!

Ich erzählte Surja ein wenig von dem, was ich gerade erlebte, und sanft fragte sie mich: »Haben Sie das Gefühl, dass es damit abgeschlossen ist?« Ich befragte meine innere Weisheit. »Nein.«

»Nun, warum stellen Sie sich nicht ein kleines Lagerfeuer vor und setzen sich gemeinsam mit allen Personen aus Ihrer Erinnerung davor, unterhalten sich einfach mit ihnen und finden heraus, warum die anderen Personen so handelten, wie sie es taten. Und zeigen Sie ihnen Ihre wahren Gefühle – lassen Sie Ihr jüngeres Ich zu den Anwesenden reden, so als wären sie alle jetzt hier.«

Auch dieses Mal schien ihr Vorschlag eine gute Idee zu sein, also dachte ich, ich werde es versuchen – schließlich hatte ich nichts zu verlieren. Außerdem bekam ich gleichzeitig eine herrliche, entspannende Massage. Surja schien instinktiv zu wissen, in welchen Körperbereichen ich verspannt war, und sie massierte diese Spannungen weg, während ich mit meinem inneren Prozess fortfuhr.

Vor meinem geistigen Auge sah ich mich selbst vor einem knisternden Lagerfeuer sitzen. Mein Vater und meine Mutter waren zugegen – sie sahen jünger aus und waren im kitschigen Stil der Fünfzigerjahre gekleidet –, und das vierjährige Ich, das die emotionale Erinnerung erlebt hatte, stand dort im kurzen Kleidchen und sah sehr ungeschützt und verunsichert aus. Mein gegenwärtiges Ich war auch anwesend, also beschloss ich, zu dem jüngeren Ich zu gehen und sie einzuladen, auf meinem

Schoß zu sitzen, damit sie sich beschützt und getröstet fühlen konnte.

Ich war sehr überrascht über das, was an diesem Lagerfeuer gesagt wurde. Ich hatte nicht gewusst, welche starken Gefühle mein jüngeres Ich bezüglich dieser alten Erinnerung hegte. Es schien, als hätte mein kleines Ich eine Menge unausgedrückter Schmerzen mitzuteilen.

Schließlich sagte sie, was sie so lange nicht hatte sagen können. Es hatte den Anschein, als ob Jahre des Schmerzes aus ihr herausströmten. Als sie keine Worte mehr zu haben schien, wandte ich mich an meine Eltern und fragte sie, warum sie sich so verhalten hätten. Ich war gleichermaßen überrascht, von ihnen zu hören, was sie zu dem damaligen Zeitpunkt durchgemacht hatten, und Tränen des Mitgefühls traten mir in die Augen, als ich endlich die Ursache ihres Schmerzes verstand und wie frustriert und hilflos sie sich fühlten. Meine Schwester war im Alter von vier Jahren ertrunken und unglücklicherweise brach der unaussprechliche Schmerz meiner Eltern zuweilen durch und richtete sich gegen uns restliche Geschwister.

Wir setzten das Gespräch am Lagerfeuer fort, bis wir endlich alles an die Oberfläche geholt und einander unsere tiefsten Gefühle mitgeteilt hatten. Und mein kleines kindliches Ich verstand endlich, zum allerersten Mal, warum und wie alles stattgefunden hatte. Ich blieb mit einem Gefühl des Friedens zurück – Frieden, Einfachheit und wirkliches Verstehen.

Ich erzählte Surja eine stark verkürzte Version dessen, was gerade stattgefunden hatte, und sie fragte mich noch einmal, ob ich das Gefühl hätte, dass dieses alte Thema abgeschlossen war. Ich schaute nach innen. »Nein, da ist immer noch etwas, das mich stört, doch weiß ich nicht, was es ist – es ist nur ein Gefühl, dass noch irgendetwas anderes passieren muss.«

Ich wusste nicht mehr weiter. Mir war klar, dass es keinen Sinn hatte, mich an meinen denkenden Verstand zu wenden. Er würde mir lediglich eine logisch erscheinende Antwort geben, die auch bisher nicht in der Lage gewesen waren, zu meiner Heilung beizutragen; oder er würde mich verurteilen und mir sagen, wie sinnlos das alles sei.

Wieder fühlte ich, wie ich mich erneut öffnete und vertraute und mich der Ruhe in meinem Innern hingab – ich wusste, die Antworten würden von dort kommen. Während sich die Ruhe immer weiter in mir ausbreitete, verstummte mein denkender Verstand und ich war erneut von Ehrfurcht ergriffen angesichts des wunderbaren Friedens, der von meiner Seele auszustrahlen schien. Meine Gedanken kamen vollständig zur Ruhe, als Stille den Raum zu erfüllen schien.

Aus den Tiefen der Stille schienen die Worte aufzutauchen: »Du musst deinen Eltern vergeben.«

Diese Botschaft traf mich wie ein Schlag. Ich wusste, dass es die Wahrheit war. Es war so offensichtlich und doch war es mir bisher nie in den Sinn gekommen. Also rekonstruierte ich vor meinem inneren Auge noch einmal das Lagerfeuer und setzte meine Eltern daneben. Dann vergab das jüngere Ich in meinem Innern den beiden – auf die unschuldige Weise, in der Kinder verzeihen. Ich hatte das Gefühl, als würde mein Herz brechen, als die Worte des Verzeihens über meine Lippen kamen. Das Verzeihen war absolut authentisch und kam aus der Tiefe meiner Seele.

Tränen rannen mir über die Wangen. Frieden durchströmte meinen Körper, der Frieden der Vollendung. Ein einfaches Wissen breitete sich in meinem Herzen aus, ein Wissen, *dass diese Sache jetzt tatsächlich beendet war!*

Als ich so auf dem Massagetisch lag, empfand ich auf einmal eine subtile, spürbare Energie, die durch meine

Arme und Beine und dann durch meinen ganzen Körper strömte. Irgendwo tief in meinem Innern wusste ich, dass die Heilung des Tumors begonnen hatte.

Nach einiger Zeit ließ Surja mich leise wissen, dass es an der Zeit sei, die Session zu beenden. Zwei Stunden waren verstrichen. Mir war es wesentlich kürzer vorgekommen! Langsam setzte ich mich auf, mit einem leicht benommenen Gefühl, und Surja reichte mir ein Glas Wasser.

Sie meinte, es sei vielleicht eine gute Idee, in meine Pension zurückzukehren, ein wenig Suppe zu essen, mich auszuruhen und den Dingen einfach zu erlauben, sich in meinem Innern weiterzuentwickeln. Ich nickte schweigend – ich verspürte kein großes Bedürfnis zu reden – und stieg vorsichtig vom Massagetisch herunter.

Mein zweifelnder Verstand tauchte inzwischen langsam wieder auf, meldete sich mit voller Kraft und sagte Dinge wie: »Das war ja nun wirklich nichts Besonderes – du hast also eine alte Erinnerung aufgedeckt – na und? ... Das war ja schließlich nicht das erste Mal ... Das war doch alles nur in deinem Kopf, in deiner Fantasie ...« und so weiter und so fort.

Ich rutschte vom Tisch herunter, während mein Verstand weiterplapperte, und griff nach meiner Kleidung. Als ich meinen Arm nach meiner Hose ausstreckte, fühlte ich mich plötzlich völlig aus dem Gleichgewicht, total benommen und wackelig auf den Beinen. Ich musste mich unbedingt sofort hinsetzen.

In diesem Augenblick beendete mein Verstand jegliche Kritik und wandte sich voll dem zu, was in meinem Körper vor sich ging. Ich dachte: »Mist! – Irgendwas passiert hier – irgendwas Ungeheures!« Ich berührte meinen trommelharten Bauch – um festzustellen, dass er wahrhaftig ein klein wenig weicher geworden war! Ich dachte: »Ich träume wohl – so schnell können die Dinge doch nicht passieren.« Mein Kopf begann sich zu drehen – es war mir völlig unbegreiflich, was hier gerade vor sich ging. Mir war schlecht. Ich wollte mich einfach nur noch hinlegen.

Don war bereits erschienen und wartete auf mich, und ich wollte nicht, dass er sah, wie schlecht es mir ging. Ich fühlte mich vollkommen desorientiert – ich konnte spüren, dass etwas in meinem Innern sich rapide veränderte, doch ich hätte nicht erklären können, was das war.

Vorsichtig setzte ich mich ins Auto. Als ich mein Zimmer in der Pension betrat, war ich unglaublich dankbar dafür, unter die sauberen weißen Laken schlüpfen, mich einmummeln und einfach ausruhen zu können, während das, was in meinem Innern stattfand, was immer es war, weiter wirken konnte.

Den Rest des Tages war ich weiter mit dem »Verarbeiten« beschäftigt und in der Nacht schlief ich sehr unruhig. Am nächsten Morgen wachte ich mit einem Gefühl der Schwäche und Verletzbarkeit auf und begriff überhaupt nicht, was los war. Alles geschah so schnell. Es fühlte sich an, als würden die Moleküle in meinem Körper herumschwirren und sich verändern, und als ich meinen vordem hart und schwanger wirkenden Bauch berührte, war er weich wie Gelee.

Drei Tage lang verbrachte ich in einem Zustand der Schwäche und Desorientiertheit. Irgendwie fühlte ich mich wund und bloß, während mein Körper damit beschäftigt schien, das zu tun, was jetzt für ihn anstand. Ich war mir einer Sache hundertprozentig sicher: »Ich« war nicht diejenige, die hier bestimmte, was geschah – die Weisheit meines Körpers hatte die Kontrolle übernommen und transformierte meine Zellen natürlich und perfekt, auf ihre eigene Weise, ohne dass ich mir irgendwelche Gedanken darüber zu machen brauchte.

Eigenartigerweise meldete sich mein denkender Verstand nicht zu Wort – ihm fielen keine verurteilenden

Kommentare mehr ein. Die Tatsache, dass die Dinge ohne seine Einmischung perfekt funktionierten, war so offensichtlich, dass er nichts mehr dazu zu sagen hatte. Ich ruhte in einem Frieden, der mich völlig einhüllte. Ich fühlte mich wie ein Kind, unschuldig und vollkommen zufrieden mit der Tatsache, dass ich nichts von dem begriff, was in meinem Innern vor sich ging. Ich ruhte einfach angenehm in einer süßen, allumfassenden Akzeptanz. Die Intelligenz der Körperweisheit vollbrachte innerlich ihre Wunder und ich musste nichts anderes tun, als mich in einem Gefühl von Dankbarkeit und Hingabe auszuruhen.

Während dieser Zeit der ruhigen Kontemplation ging mir auf, dass ich immer gedacht hatte, dass sich dieser Tumor an mir festhielt, während in Wirklichkeit ich es gewesen war, die sich an ihm festhielt – um mich selbst vor der Erinnerung und den schmerzhaften Gefühlen, die dort gespeichert waren, zu schützen. Und als ich schließlich die emotionalen Muster und Erinnerungen aufdeckte, die damit verbunden waren, und die Geschichte zu Ende gebracht hatte, war das der Moment, in dem die Existenz des Tumors nicht mehr notwendig war. Sobald die Themen abgehandelt, geheilt und vergeben waren, konnte der Tumor sich auflösen. Er hatte seinen Zweck erfüllt und mir seine Lektion erteilt.

Es schien, als hätte ich die schmerzhafte Erinnerung buchstäblich in ein Paket gesteckt und einen Deckel darüber gestülpt. Dann waren die Zellen gewachsen und hatten sich immer weiter vermehrt, um die alte Erinnerung einzuhüllen und mich so im Laufe der Jahre davor zu bewahren, mich ihr stellen zu müssen. Zumindest sah es so aus, wenn ich nun darauf zurückblickte.

8

Es blieben mir nur noch zehn Tage, bevor ich wieder zur Untersuchung musste. Mit jedem Tag wurde mein Bauch flacher, auch wenn ich kurz vor dem vereinbarten Termin erkennen konnte, dass er noch nicht vollständig zurückgegangen war.

Mittlerweile war ich zurück in Malibu. Ich wollte versuchen, meine Heilung zu beschleunigen, und bat einen meiner engsten Freunde, mich zwei weitere Male bei dem Erinnerungsprozess zu unterstützen, wobei er statt der Massage bestimmte Akupressurpunkte drückte, die mit den inneren Organen in Verbindung stehen.

Wieder gab ich mich völlig der Stille hin und dabei brachte meine innere Weisheit spontan ein paar zusätzliche Erinnerungen an die Oberfläche – andere als die ersten, doch alle auf das gleiche Thema bezogen. Dabei erkannte ich, dass ich mir selbst ebenso vergeben musste wie allen anderen Beteiligten. Doch im Endeffekt waren dies lediglich verschiedene Aspekte der gleichen Lektion. Es war, als gäbe es ein Kernthema und als hätte ich mein ganzes Leben damit verbracht, das gleiche Muster zu wiederholen und die gleichen schmerzhaften Fehler zu machen, wenn auch mit verschiedenen Personen. Mir war, als hätte ich eine Reihe von Erinnerungen, die wie eine Perlenkette waren – obwohl jede Erinnerung eine etwas andere Form, Größe und Farbe hatte, waren sie im Wesentlichen alle gleich. Und ich hatte das Gefühl, als wäre an jenem Tag mit Surja die Kette gerissen und jetzt fielen die einzelnen Perlen eine nach der anderen hinunter – all diese Erinnerungen vollendeten sich und lösten sich auf. Jedes Mal, wenn wir mit einem Prozess fertig waren, empfand ich tief greifende Veränderungen und Bewegungen in meinem Innern, die mehrere Stunden lang anhielten.

Zwei Tage vor meinem Arzttermin tastete ich meinen Bauch immer wieder ab. Er war wesentlich kleiner geworden, doch fühlte er sich noch immer nicht völlig flach an. Während ich also in der Praxis saß und auf meine Untersuchung wartete, begann mein Herz wieder wie wild zu schlagen. Ich empfand eine Mischung aus Nervosität, Erwartungsfreude und Angst, die mich durchströmte; ich fühlte mich schwach in den Knien und meine Hände waren schweißnass. Wieder einmal saß ich da, fürchtete das Schlimmste und wartete darauf, dass die Ärztin mein Todesurteil aussprechen würde.

Wieder wurde ich gründlich untersucht, doch dieses Mal sprach die Ärztin während der Untersuchung mit mir. Sie erwähnte, dass sie beim letzten Mal Gewebeproben ins Labor geschickt hatte, um prüfen zu lassen, ob der Tumor harmlos oder bösartig war, doch sie konnten wegen des vielen Blutes nicht ausgewertet werden, daher musste sie die Tests ein zweites Mal vornehmen lassen. Ich dachte ständig: »Ich will nichts über die früheren Tests hören. Sag mir einfach nur, was *jetzt* los ist.«

Während sie sprach, erinnerte ich mich plötzlich daran, dass ein Jahr zuvor bei meinem jährlichen Routineabstrich die Resultate auf Krebsvorstufen hingedeutet hatten. Auf einer Skala von eins bis fünf, wobei fünf Krebs bedeutete, war ich bei drei gelegen. Damals hatte ich nicht wirklich darüber nachgedacht, da meine ganzheitlich praktizierende Therapeutin das Ergebnis abgetan hatte, weil, wie sie sagte, viele Faktoren zu einem Verdacht auf Krebsvorstufen führen konnten – selbst eine vaginale Infektion. Also hatte ich mir keine weiteren Gedanken darüber gemacht. Doch jetzt erkannte ich, dass ich die Angelegenheit hätte verfolgen sollen.

Schließlich sagte die Ärztin: »Nun, Ihr Zustand ist um einiges besser geworden. Die Geschwulst scheint stark zurückgegangen zu sein – von der Größe eines Basketballs zu der einer Honigmelone von etwa zwölf Zentimeter Durchmesser.«

Die Worte fielen wie ein dumpfer Schlag auf meine Ohren.

»Eine Honigmelone mit zwölf Zentimeter Durchmesser – sind Sie sicher, dass er immer noch so groß ist?«, fragte ich. Enttäuschung breitete sich in mir aus.

»Das ist eine dramatische Veränderung, Brandon – der Tumor drückt jetzt nicht mehr wie vor einem Monat gegen Ihr Zwerchfell, sechs Zentimeter über der Taille, sondern geht nur bis hierher, vier Zentimeter *unter* der Taille. Ich kann ihn mit meiner Hand umfassen. Hier, berühren Sie ihn mit ihrer eigenen Hand – können Sie ihn fühlen?«

»Ja«, erwiderte ich und versuchte die Tränen zurückzuhalten.

»Denken Sie an den Basketball (sie zeigte mir die Größe mit den Händen). Und jetzt stellen Sie sich eine Honigmelone von zwölf Zentimeter Durchmesser vor (wieder zeigte sie mir die Größe mit den Händen). Das ist eine bedeutende Veränderung.« Lange Pause. »Doch es ist nicht bedeutend genug, Brandon. Sie müssen sich den Tumor nach wie vor operativ entfernen lassen.«

Ich wandte mein Gesicht ab, damit sie nicht sehen konnte, wie ich mir über die Augen wischte, und fragte leise, ob wir das Ganze in ihrem Beratungszimmer besprechen könnten. Ich hatte gedacht, der Tumor wäre *viel* kleiner geworden als das. Während wir einander gegenübersaßen, schienen mich ihre Worte wie durch einen Nebel zu erreichen. Sie konnte deutlich sehen, dass ich bestürzt war, und versuchte mich zu beschwichtigen, während sie gleichzeitig unverändert bei ihrer Empfehlung blieb, ich solle mich operieren lassen.

»Es ist sehr viel besser geworden, Brandon. Es gibt nichts, worüber Sie enttäuscht sein müssten. Sie haben offensichtlich Dinge unternommen, um sich selbst zu heilen. Doch ich muss Ihnen sagen, dass Tumore als unbeständig bekannt sind und die Möglichkeit besteht, dass sie sehr stark in der Größe schwanken – das ist der Grund, warum Ihr Bauch in den sechs Wochen vor Ihrem ersten Besuch bei mir so rasch anschwoll. Man kann nicht mit Sicherheit davon ausgehen, dass er nicht erneut so groß wird. Sie müssen sich den Tatsachen stellen, Brandon. Sie müssen die Tests machen lassen, um die Art des Tumors festzustellen, und sobald sie abgeschlossen sind, ihn operativ entfernen lassen. Das würde ich Ihnen dringend empfehlen. Sie sollten die Sache nicht auf die leichte Schulter nehmen – eine Geschwulst von der Größe einer Honigmelone bedeutet, dass der Tumor schon sehr weit fortgeschritten ist.«

Von einem logischen Standpunkt betrachtet ergab das, was sie sagte, Sinn. Doch alles in meinem Innern sagte noch immer NEIN! Ich saß still da, während sie sprach, und zeigte nach außen hin keinerlei Widerstand – ich versuchte einfach, ihre Worte aufzunehmen und ehrlich auf ihre Gültigkeit hin zu prüfen. Es gab keinen Zweifel daran, dass das, was sie sagte, sinnvoll war. Doch dieses innere Wissen von »Du wirst es in den Griff kriegen« konnte ich immer noch deutlich im Hintergrund spüren.

Irgendwann fragte sie mich, in einem leicht desinteressierten Tonfall, was ich im Laufe des vergangenen Monats getan hatte, um eine solch dramatische Veränderung zu erzielen. Ich horchte auf in der Annahme, dass sie wirklich etwas über die intensive emotionale Heilungsreise hören wollte, die ich hinter mir hatte. In aller

Unschuld und mit großer Begeisterung begann ich mit meiner Geschichte loszulegen. Sie unterbrach mich sofort.

»Nein, nein! Ich möchte nur die Fakten hören. Was haben Sie körperlich unternommen? Was haben Sie gegessen? Welche Kräuter, falls überhaupt irgendwelche, haben Sie eingenommen? Haben Sie Ihre Ernährungsweise stark umgestellt? Und was ist mit Ihren körperlichen Aktivitäten? Ich möchte einfach nur die *Fakten* für meine Unterlagen.«

Also begann ich alle Kräuter, Enzyme, Mineralstoffe, Darmreinigungsprozesse und Massagen aufzuführen und schloss meine Aufzählung mit der Erklärung, dass ich mich derzeit ausschließlich von frischem Obst und rohem Gemüse ernährte, kombiniert mit frisch gepressten Säften.

Sie schrieb alles auf, schloss die Akte und meinte trocken: »Nun, vielleicht werden Sie Ihr Leben lang nur noch Rohkost zu sich nehmen können, wenn Sie meinen, dass das die Veränderung bewirkt hat« – mit einem ironischen, süffisanten Lächeln, das gar nicht zu ihrem sonst so attraktiven Gesicht passte.

Da schlug in meinem Innern eine Tür zu. Ich hörte auf, mich hilflos und schwach zu fühlen, und begriff: Hier handelte es sich nicht um eine Ärztin, die an dem *ganzen* Bild interessiert war, an den *tatsächlichen* Fakten, zu denen auch die emotionalen Aspekte zählen. Sie wollte nur *ihre* Vorstellung von den Fakten bestätigt haben! Ich erkannte, dass es keine gemeinsame Basis für eine weitere Diskussion gab, und etwas in meinem Innern sagte: GENUG.

Einfach und etwas kurz angebunden dankte ich ihr für ihre Zeit und sagte, dass ich nicht glaubte, dass der Tumor wachsen und schrumpfen und wieder wachsen würde, sondern dass er in einem Heilungsprozess begriffen war. Ich war entschlossen, meinen Körper zu respektieren und ihm so viel Zeit zu geben, wie er brauchte, um diesen Heilungsprozess zu vollenden.

Sie schaute mich verblüfft an. Ihr Gesichtsausdruck verzerrte sich, als sie mich zu überzeugen versuchte, dass ich mir Illusionen machte, und wiederholte, dass eine Operation meine einzige Möglichkeit sei, um gesund zu werden. Im Weggehen schaute ich sie noch einmal an und empfand eine eigenartige Kombination von Mitleid und Abscheu – hat Heilung wirklich nur etwas mit den Nahrungsmitteln zu tun, die wir zu uns nehmen, und den Medikamenten, die wir schlucken? Mir wurde klar, dass es sich hier lediglich um ihre Sicht der Dinge handelte und dass es nicht ihr Fehler war – ihre Ausbildung war notwendigerweise limitiert. Ärzte werden ausgebildet, um den Körper zu reparieren – so wie Mechaniker lernen, Autos zu reparieren. Sie entscheiden sich für die Medizin, um Menschen zu heilen, doch irgendwann im Laufe ihres Studiums vergessen sie, dass Menschen nicht nur Körper sind. Wir *haben* einen Körper, Geist und Gefühle, doch vor allem *sind* wir Seelen – etwas, das nicht berührt, getestet oder operativ entfernt werden kann.

Als ich nach Hause fuhr, war ich sehr froh über die Erkenntnis, die ihr Mangel an Verständnis mir ermöglicht hatte. Ihre Argumente waren sehr verführerisch gewesen und ich hatte beinahe angefangen, wie ein Arzt über Heilung zu denken – man repariert den Körper, indem man die kaputten Teile entfernt. Dank ihres völligen Mangels an Interesse am Rest meiner Heilungsreise hatte ich wieder einmal erkannt, dass ich meiner eigenen Wahrheit folgen musste, wie verrückt oder dumm dies aus der Sicht anderer auch erscheinen mochte. Es war eine schwierige Entscheidung, da man die emotionalen Veränderungen, die in meinem Innern stattgefunden hatten, nicht sehen, fühlen oder »testen« konnte, wie es bei einem äußeren Eingriff möglich gewesen wäre; und doch waren sie für mich bis ins kleinste Detail genauso real wie die physischen Veränderungen, die das direkte Ergebnis dieser emotionalen Veränderungen zu sein schienen.

In diesem Augenblick fühlte ich mich sehr allein. Mit meinem logischen Verstand wusste ich, dass ich nicht wirklich allein war, da ich treue, hilfreiche Freunde und eine liebevolle Familie hatte, doch trotzdem fühlte ich mich allein. Ich erkannte, dass im Grunde genommen jeder seine eigene, einzigartige Reise zur Heilung unternehmen muss und dass es sich dabei um eine Erfahrung handelt, die kein anderer für uns machen kann. Spirituelle Transformation ist eine innere Reise – sie ist der persönliche Weg der Seele, zu lernen und loszulassen, und es ist etwas, das man auf sich allein gestellt erleben muss.

9

Als ich zu Hause ankam, fand ich auf dem Anrufbeantworter eine Nachricht von Don, der auf Hawaii war und ein zweiwöchiges Seminar mit Anthony Robbins vorbereitete. Er hatte sich an meinen Arzttermin erinnert und wollte wissen, wie alles gelaufen war – er klang enthusiastisch und positiv. Ich hatte wirklich das Gefühl, dass ich mit ihm reden und ihm die neue Entwicklung mitteilen musste, doch schämte ich mich innerlich – so als ob ich irgendwie versagt hätte, weil der Tumor nicht vollständig geheilt war.

Bei dem Gedanken an Don und meine Freunde auf Hawaii fühlte ich mich noch einsamer. Einige meiner besten Freunde waren dort. Ich wollte nicht, dass irgendeiner von ihnen wusste, was los war – ich wusste, dass sie mir alle die Daumen hielten und sehr enttäuscht sein würden. Mir war klar, dass ich mehr Zeit brauchte.

Dann erinnerte ich mich an mein erstes Gespräch mit Tony nach der Diagnose: »Kein Problem, Brandon, du wirst das schon in den Griff kriegen – wir sehen uns dann beim Mastery.« Ich war jedoch nicht auf Hawaii. Mein Versagen war offensichtlich.

Tonys Frau Becky hatte mich auf ihre liebevolle Art drei Tage zuvor angerufen und mich gedrängt, an dem Seminar teilzunehmen – »Du musst nichts tun – du könntest einfach nur kommen und teilnehmen und Don durch deine Gegenwart unterstützen.« Ihr Versuch, mich zum Kommen zu bewegen, hatte mich berührt, doch ich hatte ruhig geantwortet: »Becky, es bedeutet mir sehr viel, dass du mich angerufen hast, doch dieses eine Mal muss ich mich voll und ganz auf meine eigene Heilungsreise einlassen. Ich bin im Laufe der letzten dreizehn Jahre für so viele Menschen da gewesen. Doch jetzt ist nicht der Zeitpunkt für mich, anderen etwas zu geben, selbst wenn ich mich nur im Hintergrund halte. Ich habe mir selbst das Versprechen gegeben, mich dieses eine Mal selbst zu unterstützen und mein Bestes zu tun.« Es fiel mir schwer, diese Worte zu sagen, da ich von ganzem Herzen dabei sein und helfen wollte, doch ich wusste, dass ich mein Versprechen an mich selbst halten musste.

Da ich aufgrund der Zeitverschiebung erst später in der Nacht mit Don reden konnte, beschloss ich meinen Freund Skip anzurufen, ihm mein »Versagen« einzugestehen und meinem Herzen auf diese Weise Luft zu machen. Er war einer der acht Menschen, denen ich von meiner Heilungsreise erzählt hatte, und er hatte von Anfang an hinter mir gestanden. Während der beiden späteren Heilungssitzungen war er es gewesen, der die Akupressurpunkte gedrückt und mich durch einen intensiven und kraftvollen Wandlungsprozess begleitet hatte. Er war stets rückhaltlos unterstützend gewesen und ich ging davon aus, dass er mich zumindest etwas aufmuntern würde.

Skip reagierte mit seinem normalen Enthusiasmus: »Hallo, Brandon! Wie ist es gelaufen?«

»Nun, nicht so gut, wie ich gehofft hatte. Der Tumor ist von der Größe eines Basketballs lediglich zur Größe einer Honigmelone von zwölf Zentimeter Duchmesser geschrumpft.« Ich erzählte ihm alles, was bei dem Arzttermin passiert war.

»Hey! Hey! Hör sofort auf, Brandon. Hast du gesagt, er ist von einem Basketball auf eine Honigmelone geschrumpft? Das ist unglaublich … du bist einfach erstaunlich! Wovor hast du Angst? Der Tumor ist dabei, kleiner zu werden. Hör nicht auf das, was die Ärztin dir gesagt hat – schau dir einfach nur die Resultate an. Du weißt, dass er nicht größer und dann wieder kleiner wird – DU WEISST, was diese Veränderung hervorgerufen hat –, ich war bei dir, als das meiste davon passiert ist.«

Dann meinte er in einem leicht vorwurfsvollen Ton, als würde er ein Kind zurechtweisen: »Du weißt es besser. Das ist nicht die Brandon, die ich kenne! *Schau, was du bereits erreicht hast. Der Tumor ist dabei, sich aufzulösen, Brandon!* Es ist nur eine Frage der Zeit – gib dir noch ein oder zwei Wochen. Bei dem Tempo, in dem er bis jetzt kleiner geworden ist, wird dein Bauch in kürzester Zeit flach und der Tumor weg sein! Oder was meinst du?«

Sein hemmungsloser Optimismus, kombiniert mit der absoluten Gewissheit, dass ich gesund werden würde, und sein Erstaunen über meinen Zustand waren ansteckend und ich musste über mich selbst lachen. Verlegen gab ich zu, dass er wahrscheinlich Recht hatte.

»Tja, Skipper, es ist halt nicht einfach, stark zu bleiben, wenn eine Ärztin einem praktisch ins Gesicht sagt, dass man komplett verrückt ist.«

»Sie ist diejenige, die komplett verrückt ist!«, meinte er mit einem warmen Lachen, das darauf hindeutete, dass er es nicht so meinte. »Sie weiß nichts über die Intensität deiner Erlebnisse oder über die Hingabe und das Vertrauen, das du aufgebracht hast, um dir diese alten Themen anzuschauen, die im Innern des Tumors nagten. Sie weiß nicht, wie frei du geworden bist. Du strahlst, Brandon. Schau dich im Spiegel an, ich bitte dich!«

Sein Enthusiasmus war so ansteckend, dass ich ihm nichts entgegenzusetzen hatte.

»Vergiss diese Ärztin, Brandon. Sie weiß nicht, wer du bist. Sie weiß nicht, wozu du fähig bist. Hör zu, meine Frau geht zu einer fantastischen Ärztin hier in der Cedar-

Sinai-Klinik. Warum rufst du nicht mal in der Praxis an und schaust, ob du einen Termin bekommen kannst, sagen wir mal in zwei Wochen? Dein Tumor wird bis dahin bestimmt noch kleiner. Du kennst doch das Cedar Sinai – es ist eines der besten Krankenhäuser in den USA. Sie haben dort diese unglaubliche High-Tech-Ausrüstung, die sie bei Jill angewandt haben (seiner Frau, die Schwierigkeiten mit ihrer Schwangerschaft gehabt hatte), und sie bemühen sich wirklich. Willst du, dass ich dort anrufe? Sie sind auf dem neuesten Stand der Technik, Brandon. Du solltest dich von den besten Ärzten untersuchen lassen. Und du solltest aufhören, dir solche Sorgen zu machen.«

Zögernd sagte ich »Ja« – und fragte mich, ob der Tumor bis dahin wirklich verschwunden sein würde.

»Ich rufe dich sofort zurück. Mal schauen, was ich tun kann.«

Fünf Minuten später rief er zurück, völlig aufgregt: »Hey, ich habe die Ärztin angerufen und einen Termin für dich ausgemacht, nicht für diesen Mittwoch, aber für den nächsten. Die Praxis wird dir gefallen, alle sind wirklich nett da. Vielleicht wirst du ein paar Stunden warten müssen, da es so aussieht, als seien sie voll ausgebucht, doch ich verspreche dir, es lohnt sich!«

Im Laufe der nächsten anderthalb Wochen war ich entzückt, festzustellen, dass Skips Vorhersage sich bewahrheitete und der Tumor tatsächlich immer kleiner wurde. Mein Bauch wurde mit jedem Tag flacher. Wenn ich zu meinem Massagetherapeuten ging, sagte er immer wieder: »Brandon, ich habe das Gefühl, dass nichts mehr da ist. Ich kann die Geschwulst nicht mehr mit den Händen fühlen, egal wie tief ich drücke.«

Meine Darmreinigungstherapeutin machte die gleiche Feststellung und sagte, sie spüre intuitiv, dass ich Jahre emotionalen Mülls losgelassen habe. Und ich verwendete weiterhin die Kräuter, aß ausschließlich rohes Obst und Gemüse, trank jede Menge frisch gepresster Säfte, nahm Mineralstoffe ein und unterstützte meinen zusehends schlanker und dynamischer werdenden Körper nach besten Kräften.

10

Als ich am darauf folgenden Mittwoch zu meinem Arzttermin ging, war ich innerlich aufgeregt, ein bisschen ängstlich und auf eine unschuldige Art voller Hoffnung. Skip hatte Recht – ich musste mehr als zwei Stunden warten, während im Wartezimmer ein ständiges Kommen und Gehen von schwangeren Frauen und Müttern mit Babys herrschte. Ich versuchte meinen unruhigen Verstand für die verschiedenen Magazine zu interessieren, die herumlagen, musste jedoch feststellen, dass ich vor lauter Erwartung zu nervös war, um mich auf irgendetwas zu konzentrieren.

Endlich kam eine Sprechstundenhilfe und rief meinen Namen. Ich wurde an mehreren offenen Türen vorbeigeführt, hinter denen ich jede Menge kompliziert aussehender Geräte erkennen konnte. Die Schwester forderte mich auf, mich auszuziehen, während sie mir stolz die verschiedenen Ausrüstungsgegenstände in dem Raum erklärte, in dem ich auf die Ärztin wartete. »Wir haben hier die neueste Technologie – damit kann man die inneren Organe sehr genau prüfen. Wenn Sie möchten, wird die Ärztin den Monitor in Ihre Richtung drehen, damit Sie sehen können, was sie tut. Sie ist sehr nett – sie wird Ihnen alles erklären, während sie die Aufnahmen macht. Wenn Sie möchten, haben wir auch das Allerneueste hier – besonders beliebt bei Schwangeren –, eine Maschine, die die Bilder ein paar Sekunden nach der Aufnahme entwickeln kann. Sie funktioniert nach dem Prinzip einer Polaroidkamera – schwangere Frauen lieben es, die Bilder gleich mit nach Hause zu nehmen, um ihr Baby im Uterus herzeigen zu können. Wenn Sie wollen, fragen sie einfach die Ärztin – sie wird Ihnen gerne Ihre Bilder geben.«

Ich dachte, wie technisch dies doch alles schien, doch beeindruckte mich auch die offensichtliche Freundlichkeit der Schwester. Nachdem sie den Raum verlassen hatte, begann mein Herz wie wild zu schlagen, als ich allein in dem kalten Untersuchungszimmer mit den vielen Instrumenten saß und auf die Ärztin wartete.

Fünf Minuten später kam sie leichten Schrittes durch die Tür, ohne den üblichen Arztkittel. Ich mochte sie auf Anhieb. Wir plauderten darüber, was für ein reizendes Paar Skip und seine Frau Jill waren, und kamen schließlich zu dem Grund meines Besuchs.

Ich hatte bereits entschieden, dass ich dieser Ärztin nicht meine ganze Geschichte erzählen würde. Ich wollte eine frische, unvoreingenommene Meinung hören, die auf technischen Resultaten basierte und nicht auf der Diagnose meiner früheren Ärztin. Also umging ich dieses Thema, indem ich sagte: »Ich bin neununddreißig Jahre alt und meine Gynäkologin meinte, es sei eine gute Idee, eine vollständige Ultraschalluntersuchung machen zu lassen – sie war besorgt wegen einer kleinen Wucherung und ich bin in einem Alter, in dem solche Dinge auftreten …«

Sie unterbrach mich und fragte: »In der Gebärmutter, in den Eierstöcken oder wo genau?«

»Das hat sie nicht gesagt«, antwortete ich in dem Versuch, vage und unverbindlich zu bleiben.

»Nun, warum machen wir nicht eine umfassende Untersuchung? Auf diese Weise wissen wir genau, was los ist. Wir haben kürzlich eine neue Maschine angeschafft, die das Ganze um vieles exakter zeigt und mit der wir alles wunderbar sehen können. Es kann sein, dass die Untersuchung mit diesem Gerät nicht besonders angenehm ist, da ich Ihnen zu diesem Zweck eine Sonde einführen muss, doch ich verspreche Ihnen, ich werde behutsam vorgehen. Auf diese Weise können wir die Wucherung von allen Seiten sehen.«

Ich sagte, dass es mir sehr wichtig war, dass alles so genau und gründlich wie möglich gemacht wurde, und dass ich zu allem bereit war, was sie für notwendig hielt. Die Untersuchung verlief im Großen und Ganzen genau so, wie die Sprechstundenhilfe gesagt hatte. Die Ärztin erklärte mir alles und es war offensichtlich, dass sie ihr Bestes tat, um mich zu beruhigen, während sie an diesem sehr klinischen, sterilen Gerät arbeitete.

Netterweise drehte sie den Monitor in meine Richtung, damit ich sehen konnte, wie sie die Organe in meinem Innern untersuchte. Nach den ersten fünf Minuten meinte sie erfreut: »Also, zunächst einmal kann ich nichts finden. Wir müssen noch gründlicher vorgehen und uns sowohl Ihre Eierstöcke anschauen als auch den Bereich über Ihrer Gebärmutter, doch alles in allem war das ein guter Anfang.«

Sie erklärte, dass sie – um ein genaueres Bild zu erhalten – die neue Maschine benutzen musste, die sie gerade angeschafft hatten, und versuchte mich während der unangenehmeren Momente zum Lachen zu bringen, indem sie ständig meine Aufmerksamkeit von meinem Körper weg und auf den Monitor lenkte.

»Sehen Sie – das hier ist Ihr linker Eierstock … alles sieht gut aus. Warum machen wir nicht einen Schnappschuss davon, damit wir ihn später genauer untersuchen können?« So ging es die nächsten zwanzig Minuten hindurch, während wir uns meinen Bauch aus jedem möglichen Blickwinkel anschauten – oder zumindest schien es mir so.

Als sie fertig war, meinte sie: »Also, Ihnen fehlt nichts – Sie sind sogar in makelloser Verfassung! Ihre Organe könnten in keinem besseren Zustand sein.« Sie nahm einige der bereits entwickelten Fotos und griff nach einem medizinischen Lehrbuch, um mir den Vergleich zu zeigen.

»Schauen Sie, das ist ein perfekter Uterus. Und jetzt sehen Sie sich Ihre Bilder an. Ihre Organe sind genau so, wie sie sein sollten – perfekt in Größe, Lage, Proportion, in jeder Beziehung perfekt ... bemerkenswert für eine Frau in Ihrem Alter ... Ich werde Ihnen schriftlich bestätigen, dass Sie bei ausgezeichneter Gesundheit sind. Wenn Sie möchten, senden wir Ihrer Gynäkologin gerne die Untersuchungsergebnisse und Fotos – geben Sie der Schwester einfach die Details und sie wird Ihre Ärztin anrufen und die Unterlagen schicken, wohin Sie wollen.«

Als ich zurück in den Empfangsraum ging, um den Scheck für die Praxis auszustellen, haute es mich fast vom Stuhl, als ich sah, wie teuer diese halbstündige Untersuchung war. Und doch hatte ich mich beim Bezahlen einer so großen Summe noch nie so glücklich und zufrieden gefühlt. Ich konnte den Scheck gar nicht schnell genug unterschreiben. Ich wäre am liebsten aus der Praxis hinausgestürmt!

Als ich den Gang hinuntereilte, prüfte ich, ob mich irgendjemand sehen konnte – und da die Luft rein war, legte ich die letzten Meter bis zum Fahrstuhl ausgelassen hüpfend zurück. Unten angekommen, ging ich hinaus in den Sonnenschein und war wieder einmal überwältigt, wie schön mir Los Angeles erschien. Wieder war mir bewusst, wie kostbar mir das Leben erschien und wie dankbar ich war, am Leben zu sein. Und ich empfand ein Gefühl der Ehrfurcht und tiefen Freude über das erstaunliche Wunder, das im Innern des menschlichen Körpers enthalten ist – wie die unendliche Weisheit, die unsere Herzen zum Schlagen bringt, unsere Haare wachsen lässt und die richtige Menge von Hormonen zum genau richtigen Zeitpunkt produziert, ihre Magie entfaltet hatte. Diese erstaunliche innere Kraft, die wach ist und arbeitet, wenn wir nachts schlafen – welch wunderbare Gnade sie darstellt. Welch Ehrfurcht gebietendes Mysterium!

Alles war so gekommen, wie es mein inneres Wissen vorausgesagt hatte – der Teil von mir, der für den Tumor verantwortlich war, hatte auch dafür gesorgt, dass er sich auflöste, und mir war das erstaunliche Geschenk gegeben worden, an dem Prozess teilhaben zu dürfen und zu lernen, was der Tumor mich zu lehren hatte.

Ich hatte das Gefühl, der glücklichste Mensch der Welt zu sein.

11

Auf dem Heimweg fühlte ich mich wie ein ungeduldiges Rennpferd, das an den Zügeln zerrt – ich konnte kaum erwarten, unser Haus zu erreichen und Don anzurufen, der gerade dabei war, das Mastery-Programm in Hawaii abzuschließen. Hastig schloss ich die Tür auf und lief sofort zum Telefon, ohne einen Gedanken daran zu verschwenden, wie spät es in Hawaii war. Ich hatte beschlossen, ein Risiko einzugehen, die Hotelrezeption anzurufen und jemanden zu bitten, ihn aus dem Seminarraum zu holen. Wie es der Zufall wollte, befand sich Don gerade in der Lobby.

»Hallo Brandon – ist alles in Ordnung?« Er wusste, dass es nicht meine Art war, ihn während des Seminars anzurufen.

»Ja, ich bin soeben aus dem Krankenhaus zurückgekommen. Die Diagnose lautet: Alles in bester Ordnung, perfekt wie im Lehrbuch! Der Tumor ist völlig verschwunden!«

Pause … während er verdaute, was ich gerade gesagt hatte.

Ich begann ihm die ganze Geschichte zu erzählen, als er mich mit den Worten unterbrach: »Das ist unglaublich! Du bist einfach fantastisch!«

An jenem Abend erfuhren es alle Trainer des Seminars – nicht nur, dass ich einen Tumor gehabt hatte, sondern dass er in nur sechs Wochen verschwunden war. Als Tony die Neuigkeit hörte, sagte er ganz nüchtern: »Ich wusste, dass sie es in den Griff bekommen würde. Ich bin nie davon ausgegangen, dass es ein Problem für sie sein würde – nicht eine Sekunde lang. Ich habe von Anfang an nichts anderes erwartet.«

Ich war froh, dass ich nur solchen Menschen von meiner Situation erzählt hatte, die *sicher* waren, dass ich gesund werden würde. Sie alle waren während jener Augenblicke, als ich nicht wusste, wie es weitergehen sollte, eine konstante Quelle des Zuspruchs und der Unterstützung gewesen.

Erst beim nächsten Mastery-Programm, sechs Monate später, hatte ich die Gelegenheit, den Rest meiner Trainerkollegen wieder zu sehen, und es gab viele Glückwünsche und anerkennende Bemerkungen. Danach waren wir wieder einmal begeistert auf das Seminar konzentriert und darauf, den Teilnehmern bei ihrer Reise zu helfen.

Mastery ist ein äußerst wirkungsvolles Programm, bei dem Redner aus der ganzen Welt, die zur Spitzenklasse ihres jeweiligen Berufs zählen – wirkliche Meister in dem von ihnen gewählten Bereich –, zusammenkommen, um ihr Wissen und ihre Sachkenntnis mit mehr als tausend Teilnehmern pro Seminar zu teilen. Zu diesen Koryphäen gehören Redner wie General Norman Schwarzkopf, Dr. Deepak Chopra, Dr. John Gray und Sir John Templeton, um nur einige zu nennen.

Es war ungefähr eine halbe Stunde bevor Dr. Chopra auf die Bühne gehen sollte. Ich freute mich sehr darauf, ihn zu hören – Ich fühlte mich immer ganz besonders inspiriert von seinem Teil des Mastery-Programms, weil er so beredt von einem streng wissenschaftlichen Standpunkt aus über zelluläre Heilung spricht und darüber, wie sie stattfindet.

Dr. Chopra ist wahrscheinlich gegenwärtig der wichtigste Redner zum Thema zelluläre Heilung im Bereich ganzheitlicher Medizin. Als angesehener Endokrinologe wählte er eine radikale Herangehensweise an dieses Thema. Anstatt sich mit der Symptomatik des Sterbens zu befassen, traf er die Entscheidung, sich auf Erfolg und Überleben zu konzentrieren, und studierte den Prozess der Überlebenden, die sich selbst von schweren Krankheiten geheilt hatten.

Ich hatte bereits einige Jahre vor seiner Teilnahme am Mastery-Programm bei Deepak Seminare gemacht, ohne zu wissen, wie einflussreich seine Arbeit für meine eigene Heilungsreise sein würde. Ich hatte nie gedacht, dass die zahlreichen Fallstudien von Menschen, die sich gegen jede Erwartung selbst geheilt hatten, schließlich ein so fundamentales und inspirierendes Vorbild für mich sein würden. Ich hatte von Menschen mit Gehirntumoren und Knochenkrebs gelesen – viel schwerere Erkrankungen als die, die bei mir diagnostiziert wurde –, die sich selbst in Rekordzeit geheilt hatten. Eine Frau, deren ganzer Körper von Krebs befallen war und der gesagt worden war, dass sie innerhalb von drei Stunden sterben würde, wachte am nächsten Morgen ohne jede Spur von Krebs auf. Also wusste ich, wenn andere sich selbst heilen konnten, dann hatte auch ich eine gute Chance. Aufgrund ihres Vorbilds und der Beispiele anderer, mit denen ich im Laufe der Jahre gearbeitet und denen ich geholfen hatte, bestand für mich keinerlei Zweifel daran, dass meine eigene Heilung möglich war.

Daher fühlte ich mich an diesem Tag, als Deepak sich bereit machte, seinen Vortrag zu halten, besonders dankbar sowohl für diesen Mann als auch für seine Arbeit, und ich stand gerade auf dem Gang und dachte über mein Glück nach, als Tony auf mich zukam.

»Hallo Brandon, warum gehst du nicht vor Deepak auf die Bühne? Du hast zehn Minuten … erzähle allen, was passiert ist und was genau du getan hast, um dich selbst zu heilen. Du bist ein lebendes Beispiel für das, worüber Deepak sprechen wird – es wird ein wunderbares Vorbild für die Leute sein. Auf diese Weise können sie alle lernen, sich selbst zu heilen«, meinte er mit einem gut gelaunten Lächeln.

Bei seinen letzten Worten musste ich lachen. Das hörte sich so an, als könnte ich einfach vor einen Raum voller Menschen treten und sagen: »Tut A, dann B, dann C, und ihr seid geheilt.« Da ich seine Begeisterung nicht dämpfen wollte, antwortete ich sanft, jedoch gleichzeitig fest: »Weißt du, Tony – ich bin nicht wirklich dazu bereit. Damit würde ich den Leuten einen schlechten Dienst erweisen. Man kann nicht sagen: ›Mache A, B und C und du wirst gesund.‹ So ist es nicht. Genau genommen habe ich mich nicht geheilt – die unendliche Intelligenz in meinem Innern hat die Heilung bewirkt. Mir wurde nur der unglaubliche Segen zuteil, an dieser Erfahrung teilnehmen zu können. Daher würde es sich für mich nicht richtig anfühlen, auf die Bühne zu gehen und darüber zu sprechen.«

Genau in dem Moment, als ich den Satz zu Ende gesprochen hatte, gesellten sich ein paar andere Trainer zu uns und begannen liebevoll über den vorangegangenen Redner zu witzeln. Ich nutzte diesen Augenblick als Entschuldigung, um mich zu entfernen, bevor Tony die Gelegenheit hatte, das Thema weiterzuverfolgen. Mehr als einmal war ich von seinem überwältigenden Enthusiasmus überredet worden, über meine Grenzen hinauszugehen – etwas zu tun, zu dem ich mich nicht wirklich in der Lage fühlte –, und dies war ein Thema, das irgendwie sehr heilig für mich war. Ich empfand eine tiefe Demut für das Privileg der erstaunlichen Heilungsreise, die ich hinter mir hatte, ich war zutiefst dankbar, dass ich so perfekt geführt worden war, und ich wollte auf keinen Fall plötzlich so tun, als sei ich eine Expertin und hätte alle Anworten parat. Und was noch wichtiger war, ich wollte nicht, dass die Teilnehmer nach Hause gingen und dachten, bei meiner Heilung sei es um einen Sieg des Geistes über die Materie gegangen – denn das war es definitiv nicht. Vielmehr war es eine Entdeckungsreise, bei der ich mich hingab, die Kontrolle aufgab, losließ und die Heilung zuließ. Und mein Geist oder mein Verstand hatte so gut wie nichts damit zu tun!

Wenn mein Verstand in der Lage gewesen wäre, eine Lösung zu finden, so hätte er das schon lange vorher getan. Doch er tat es nicht und im Laufe meines Prozesses hatte ich entdeckt, dass ich tiefer schauen musste, als es dem Verstand möglich ist, um die Lektion zu lernen.

Wie erklärt man das einer Gruppe von tausendzweihundert enthusiastischen Zuhörern? Wie sagt man den Menschen, dass wir alle eine Macht in unserem Innern haben – eine innere Weisheit, die verantwortlich dafür ist, dass unsere Herzen schlagen und unsere Zellen sich vervielfältigen, dass der Atem durch unsere Lungen strömt, selbst dann, wenn wir schlafen – um sie anschließend darauf hinzuweisen, dass es möglich ist, mit dieser Macht in Kontakt zu treten und ihr zu vertrauen, dass sie uns dahin führen kann, die emotionalen Erinnerungen zu entdecken, die in unseren Zellen gespeichert sind?

Und wie soll man erklären, was zu tun ist, wenn man die Erinnerungen aufgedeckt hat? Wie man das, was ungelöst ist, vollständig verarbeitet und schließlich loslässt? Wie könnte ich ihnen klarmachen, dass ich spontan dazu angeleitet wurde, mich diesem Prozess zu unterziehen, und dass schließlich, nachdem ich die emotionale Geschichte losgelassen und allen beteiligten Personen ganz vergeben hatte, etwas Unerklärliches in meinem Innern stattzufinden begann? Dass mein Körper anfing, spontan und automatisch gesunde Zellen zu produzieren, ohne dass ich das Geringste dazu beitragen musste?

Wie konnte ich erklären, dass ein Tumor von der Größe eines Basketballs sich in weniger als sechs Wochen elegant und spurlos aufgelöst hatte, nachdem das emotionale Muster, das in seinen Zellen gespeichert gewesen war, endlich erkannt und verarbeitet worden war?

Ich entfernte mich und dachte, dass dieser Vorschlag undurchführbar war, und ich zog mich völlig von den anderen zurück, damit Tony mich nicht zufällig genau in dem Moment finden konnte, bevor Deepak auf die Bühne ging. Doch er hatte mich definitiv zum Nachdenken gebracht. Ein Teil von mir sagte: »Brandon, dieser Tumor war ein Geschenk – nicht nur für dich, sondern auch für andere, die von dem profitieren könnten, was du entdeckt hast.« Und ein anderer Teil wandte ein: »Ja, aber jeder muss seinen *eigenen* Weg zur Heilung gehen. Niemand anderes kann es tun – es muss eine persönliche Entdeckungsreise sein, einzigartig für jeden von uns. Wer bin ich, mich auf die Bühne zu stellen und den Menschen zu sagen, was sie tun sollen? Das ist reine Arroganz.«

Auf diese Weise kämpfte ich in meinem Innern mit mir selbst, während ich mich auf dem Flur versteckte und darauf wartete, dass Dr. Chopra mit seinem Vortrag begann. Sobald er die Bühne betrat, schlüpfte ich in den Seminarraum und stellte mich ganz hinten hin, um seinen Vortrag über zelluläre Heilung zu hören.

Ich hatte diesen Vortrag bereits viele Male gehört und ihn jedes Mal aufs Neue als inspirierend empfunden. Doch dieses Mal hörte ich ihn mit neuen Ohren – nicht wie eine wunderbare Theorie oder ein mögliches Modell, sondern als eine Tatsache, eine klare Darstellung meiner eigenen Erfahrung. Dr. Chopra stand auf der Bühne und erklärte aus einer wissenschaftlichen Perspektive, wie mein Tumor sich aufgelöst hatte – er erläuterte, dass es möglich sei, die Erinnerungen zu unterbrechen, die in degenerativen Zellen gespeichert sind, und dass sie – sobald das Muster unterbrochen ist – durch neue, gesunde Zellen ersetzt werden können.

Bei seiner lebenslangen Beschäftigung mit Fallstudien erfolgreicher »Überlebender« habe er zwei Dinge festgestellt, die den Betreffenden gemeinsam sind. Zum einen waren sie in der Lage, sich in ihren »inneren Raum« zu begeben, mit der Stille des Seins in Berührung zu kommen, der unendlichen Intelligenz, der Weisheit jenseits des denkenden Verstandes. Und zweitens war es ihnen gelungen, die Erinnerungen loszulassen, die auf einer zellulären Ebene gespeichert waren.

Er erzählte die Geschichte einer Frau, bei der eine Herz-Lungen-Transplantation vorgenommen wurde und die tatsächlich die Zellerinnerungen des Mannes »geerbt« hatte, dessen Organe sie bekommen hatte. Nachdem sie aus der Operation erwacht war, stellte sie fest, dass sie Heißhunger auf Chicken McNuggets und Pommes frites hatte – obwohl sie diese Dinge eigentlich gar nicht mochte! Ihre Nachforschungen ergaben, dass der Spender auf dem Weg zu McDonald's gewesen war, als er plötzlich bei einem Autounfall ums Leben gekommen war.

Auch später stellte sie fest, dass viele andere Erinnerungen zu ihr »zurückkamen« – Erinnerungen an die Familie jenes Mannes und an seine vergangenen Freundinnen; Erinnerungen, die in den Zellen seines Herzens und seiner Lungen gespeichert waren. Als sie dann irgendwann seine Familie kennen lernte und ihr von diesen Erinnerungen erzählte, bestätigten seine Verwandten, dass alle Einzelheiten zutrafen – sie erlebte buchstäblich seine alten Erinnerungen, während sie ihre neuen Herzzellen verließen.

Dr. Chopra erklärte das Ganze sehr elegant – dass diese »Phantomerinnerungen« von einer Zellgeneration an die nächste weitergegeben werden. Dann sagte er, dass die Zellen in den verschiedenen Organen des Körpers sich in unterschiedlicher Geschwindigkeit regenerieren. Leberzellen benötigen sechs Wochen für ihre Regeneration, während Hautzellen nur drei oder vier Wochen brauchen. Als er erwähnte, dass wir alle drei oder vier Wochen eine komplett neue Haut haben, erinnerte ich mich an meine letzte Reise nach Hawaii und wie anschließend meine sonnengebräunte Haut in nur drei Wochen fast völlig verblasst war. Er hatte Recht – nach drei Wochen eine neue Haut.

Weiter erklärte er, dass sich innerhalb von vier Tagen die Magenschleimhaut komplett erneuert und dass sich – was noch verblüffender ist – unsere Augenzellen alle zwei Tage neu bilden. Diese spezielle wissenschaftliche Statistik war mir immer beinahe unglaublich erschienen. Wenn Sie so sind wie ich, werden Sie sich wahrscheinlich auch fragen, wie es möglich ist, dass man in nur zwei Tagen völlig neue Augäpfel hat?

Dann erinnerte ich mich an die kürzliche Augenoperation meiner Mutter. Am Montag ging sie ins Krankenhaus und unter örtlicher Betäubung schnitt der Arzt den vorderen Teil ihres Auges auf, zog ihn zurück und legte eine neue Linse ein. Sobald die Linse eingesetzt war, faltete er die vordere »Klappe« wieder zurück. Am Mittwoch ging sie zurück zu ihrem Arzt und er nahm ihr die Augenklappe ab. Ihr Auge war perfekt geheilt und sie konnte sehen – nur zwei Tage später. Man stelle sich vor – völlig neue Augen in nur zwei Tagen!

Daher wusste ich, dass das, was Dr. Chopra sagte, nicht nur wissenschaftliche Theorie war – es waren beweisbare Fakten. Doch es erfüllt mich immer wieder mit Verwunderung, wie erstaunlich die unendliche Intelligenz im Innern des Körpers ist und wie schnell der Körper seine Zellen regenerieren kann.

Dann fuhr er fort und fragte: »Wenn Sie alle sechs Wochen eine komplett neue Leber haben, wie kommt es dann, dass Sie im Januar Leberkrebs haben und im Juni ist er immer noch da? Ihre Leber müsste sich in dieser Zeit mehrmals regeneriert haben. Alle Zellen müssten doch eigentlich vollkommen neu sein.« Diese Frage verblüffte die Zuhörer.

Dann erklärte Dr. Chopra, dass in unseren Zellen alte Erinnerungen gespeichert sind – die so genannten »Phantomerinnerungen«. Diese alten Erinnerungen können schließlich degenerative Krankheitsmuster im Innern der Zellen verursachen. Und bevor eine erkrankte Zelle stirbt, gibt sie ihre Erinnerung an die neue Zelle weiter, die gerade geboren wird. Auf diese Weise setzt sich das Krankheitsmuster fort.

Er verglich den menschlichen Körper mit einem Computer und sagte, es sei möglich, die »Programmierung« zu unterbrechen. Und sobald die Programmierung unterbrochen wird, besteht die Möglichkeit für Heilung. Er deutete darauf hin, dass wir – um diese Unterbrechung vorzunehmen und die Zellerinnerungen aufzudecken und sie loszulassen – in Kontakt kommen müssen mit dem Teil in uns, der die Programmierung geschaffen hat – der unendlichen Intelligenz, der Weisheit des Körpers. Und er meinte, dass jene Menschen, die wissen, wie sie Kontakt zu dieser Weisheit des Körpers herstellen können – denen es gelingt, sich in den »inneren Raum«, den »Zwischenraum«, den »Ursprung« zu begeben –, ihre Krankheit erfolgreich überleben.

Er sagte weiter, dass nach seiner Beobachtung jeder der »Überlebenden« auf seine eigene Weise dieses Ziel erreicht hat – einige spontan, andere aufgrund bewusster Entscheidung –, und er wies darauf hin, dass jeder Mensch diese Möglichkeit hat – dass sie Teil der Art und Weise ist, wie der Körper heilt. Er bestätigte die Theorie dessen, was ich nicht nur buchstäblich am eigenen Leib erfahren, sondern was ich auch im Laufe der Jahre bei meiner Arbeit mit anderen gesehen hatte.

Als sein Vortrag beendet war, spielte ich mit dem Gedanken, zu ihm zu gehen und zu sagen: »Wissen Sie, ich bin genauso wie die Hunderte von Fällen, die Sie dokumentiert haben – ich habe einen ähnlichen Prozess durchgemacht.« Aber dann wurde ich scheu. Ich dachte: »Er hat das alles schon hundertmal gehört – es wäre nur ein alter Hut für ihn.«

Allerdings fragte ich mich, warum er nicht einen Schritt-für-Schritt-Prozess entwickelt hatte, den er den Menschen anbieten konnte. Doch ich nehme an, dass seine Lebensaufgabe darin besteht, zu beobachten, die Dinge zueinander in Beziehung zu setzen und aufzuzeichnen. Das hat es ihm schließlich ermöglicht, uns den überwältigenden Beweis zu präsentieren, dass Heilung auf Zellebene nicht nur einfach eine Theorie ist, sondern dass sie eine bewiesene und dokumentierte Tatsache darstellt. Der Segen, den er durch diese immense Forschungsarbeit der Menschheit zugute kommen lässt, ist unermesslich.

Nach meiner Rückkehr aus Hawaii spürte ich, dass Tonys Herausforderung mir keine Ruhe ließ. Irgendetwas daran beschäftigte mich einfach. Ich fühlte mich so egoistisch – warum war ich nicht bereit, mich anderen Menschen zuzuwenden und meine Erfahrung mit ihnen zu teilen? Mir war klar, dass viele Menschen davon profitieren könnten, wenn sie zumindest in eine hilfreiche Richtung gewiesen würden. Aber nicht nur das. Neben der Tätigkeit als Trainerin und Seminarleiterin hatte ich seit mehr als zehn Jahren Erfahrung in persönlicher Beratung und hatte Menschen geholfen, alle möglichen Arten von emotionalen Schwierigkeiten zu verarbeiten und loszulassen. Ich hatte Ausbildungen in neurolinguistischem Programmieren und neuroassoziativem Konditionieren, in Ernährung, Kinesiologie, Augendiagnose, medizinischer Hypnose und vielen anderen Formen alternativer Therapie – und durch jahrelange, hingebungsvolle Arbeit mit Menschen hatte ich eine intuitive Weisheit gewonnen, die es mir ermöglichte, ihnen auf dem Weg zu ihrer persönlichen Freiheit zu helfen. Was hielt mich also zurück? Wenn Dienst am Nächsten meine Lebensaufgabe war, warum behielt ich meine Erfahrung dann für mich?

Als ich nach innen schaute, um zu sehen, was mich wirklich störte, fragte ich mich: »Wie kann ich anderen Menschen beibringen, mit dem in Kontakt zu kommen, was Dr. Chopra den ›inneren Raum‹, den ›Zwischenraum‹ oder ›Ursprung‹ genannt hat? Es reicht nicht, über die unendliche Intelligenz zu *sprechen*, man muss sie selbst aus erster Hand *erfahren*.«

Für mich war es eine direkte Erfahrung gewesen. Ich hatte das Gefühl, es war nichts, was man jemand anderen lehren konnte – *vielmehr ist es etwas, das unsere Seele uns lehrt*! Wie konnte ich dieses Mysterium jemandem erklären und – wichtiger noch – wie konnte ich anderen helfen, mit dem tiefsten, innersten Teil ihrer selbst in Berührung zu kommen und dieses Mysterium *direkt* zu erleben? Ich begann mich zu fragen, wann ich diese Erfahrung zum ersten Mal spontan gemacht hatte und ob nicht vielleicht *jeder Mensch* zumindest hier und da eine Ahnung davon bekommen hat.

Sofort kam mir die Erinnerung an einen Augenblick in meiner frühen Kindheit. Ich muss sechs oder sieben Jahre alt gewesen sein, und ich erinnere mich daran, wie ich auf der Wiese vor unserem Haus im Gras lag. Meine Seele war total in die Welt von Gras und Erde und Käfern eingetaucht. Ich untersuchte jeden Grashalm, bemerkte die winzigen gestreiften Segmente und konnte sogar die verschiedenen Zellen in jedem Halm erkennen. Der Boden strahlte einen warmen, feuchten, erdigen Geruch aus. Das Gras duftete und ich war völlig gefesselt von meinem kleinen Königreich. Mein Verstand, total konzentriert, stand plötzlich still, und in diesem Augenblick absoluter Stille schien es, als ob die Zeit selbst stillstand. Ich hatte das Gefühl, in ein Meer aus Frieden eingetaucht zu sein.

Das Gras schien mit einer intensiven Schönheit zu leuchten. Alles sprühte und explodierte vor Leben. Ich hatte das Gefühl, nur ein kurzer Augenblick sei vergangen, als ich die Stimme meiner Mutter hörte, die mich zum Abendessen rief. Als ich aufstand, merkte ich, dass mindestens eine Stunde vergangen sein musste, während der ich irgendwie »in den inneren Raum gefallen war«. Meine Seele hatte sich auf stille Weise meinem unschuldigen kindlichen Selbst enthüllt.

Dann wanderte meine Erinnerung zu verschiedenen anderen Gelegenheiten in meinem Leben, bei denen diese allumfassende Stille sich mir offenbart hatte. Ich erkannte, dass die Seele oft in den unerwartetsten Momenten aufblitzt. Seltsamerweise kam mir plötzlich ein Nachmittag in den Sinn, an dem ich mir ein Baseballspiel angesehen hatte. Es war in New York City, im Yankee-Stadion. Kilometerlange Autoschlangen stauten sich auf den Einfahrten und die Auspuffgase verpesteten die Luft. Es war ein heißer Sommertag in der Bronx und die Atmosphäre war geladen. Ich fragte mich: »Warum bin ich eigentlich hier? Das ist doch verrückt. All diese Umstände, nur um zu sehen, wie ein Mann mit einem Schläger einen Ball ins Netz haut. Nein«, dachte ich, »das ist nicht der Grund, warum ich hierher gekommen bin. Es gibt etwas *Besonderes* bei einem Baseballspiel – etwas, was ich nicht erklären kann.«

Ich erinnerte mich, wie ich zu meinem Sitz auf die Tribüne ging. Überall liefen Kinder herum, die Sitze waren mit Popcorn gesprenkelt, der Boden mit verschüttetem Cola und klebrigem altem Bier bedeckt und an den Rückenlehnen der Sitze klebte Kaugummi. Ein Junge aus den oberen Reihen schüttete ein Bier über den Balkon auf den Mann neben mir – der Junge fand das sehr lustig, während der Mann sich aufregte.

Dann begann das Spiel; plötzlich waren alle still und wir standen auf, um die Nationalhymne zu singen. Einige Sekunden später störte ein Mann am Ende unserer Sitzreihe die ergriffene Stimmung. Er war betrunken und fing an, dem gegnerischen Team Obszönitäten zuzurufen, wobei er sein Popcorn verschüttete. Zwei Sitzreihen weiter unten wurde ein anderer Typ wütend und schnauzte den ersten an, den Mund zu halten. Bald war eine wüste Schlägerei im Gange … So viel Aktion, und das Spiel hatte noch nicht einmal begonnen!

Wieder fragte ich mich, was ich hier eigentlich tat, inmitten dieser schreienden und johlenden Menge an einem schwülen Sommerabend, und wieder erinnerte mich ein inneres Wissen daran, dass in Baseballstadien etwas Besonderes passiert – etwas Magisches – und dass ich einfach ausharren sollte.

Und der Moment kam. Der Werfer holte aus und warf den Ball; das Ganze schien in Zeitlupe abzulaufen. Im Publikum war es mucksmäuschenstill, als der Ball auf den Schlagmann zuschoss – der gelassen und wachsam dastand, bereit, den Ball zurückzuschlagen. Im nächsten Moment war es, als ob das Publikum gemeinsam einen tiefen Atemzug nahm – dann völlige Stille … alle Augen und Herzen total auf den Ball geheftet … die Zeit stand still.

Dann – wumm! Der Schläger trifft den Ball, der fliegt ins Außenfeld … den Zuschauern stehen die Haare zu Berge, ekstatische Wellen der Freude überall spürbar, schallendes Lachen, begeistertes Anfeuern … reine Magie!

Ein einfacher, normaler Augenblick in einem normalen, alltäglichen Baseballspiel. Doch was hatte ihn so magisch gemacht – ein Ball, der auf einen Schläger auftrifft? Ich glaube kaum. Was war es also, was den Augenblick so besonders machte?

Ich spielte die ganze Szene noch einmal vor meinem inneren Auge ab, doch dieses Mal verlangsamte ich sie. Der Ball kommt ... jeder und alles wird still ... Der Verstand verstummt total und in diesem Zwischenraum absoluter Stille blitzt einen Augenblick lang die Seele auf – eine Unermesslichkeit enthüllt sich ... eine Präsenz von endloser Weite ... eine Größe, die nicht erklärt werden kann ... und dann ... wumm! – der Ball wird getroffen, den Zuschauern stehen die Haare zu Berge. Etwas Wunderbares hatte sich in diesem kurzen Augenblick enthüllt. Ein Herz, ein Atem, zu Berge stehende Haare. Wir waren alle für eine kleine Ewigkeit in den »Zwischenraum« gefallen und diese unendliche Wahrheit hatte sich offenbart.

Kein Wunder, dass wir so gerne zu Sportereignissen gehen. Wahrscheinlich ist jeder von uns schon irgendwann einmal bei einem Baseball- oder Fußballspiel gewesen und hat den Moment erlebt, in dem es schien, als ob alles stillstehen würde, während die Menge in Spannung verharrt und einen kurzen Augenblick lang eine unerklärliche Energie von innen her aufkommt und dafür sorgt, dass uns die Haare zu Berge stehen. Warten wir nicht alle insgeheim auf diesen »magischen Augenblick«? Wir wissen, dass er vielleicht nur einen winzigen Moment dauern wird, doch er ist es wert, dass wir alles andere auf uns nehmen.

Dann fiel mir plötzlich ein anderes Erlebnis ein, bei dem ich einen Kontakt mit der »Quelle« erfahren hatte – in meiner Hochzeitsnacht mit Don. Wir hatten Tickets gekauft, um Rudolf Nurejev in dem Ballett »Romeo und

Julia« im Metropolitan Opera House in New York zu sehen. Zu dem Zeitpunkt war Nurejev bereits eine Legende und auf der absoluten Höhe seiner Kunst.

Auch dieses Mal gab es einen Moment, in dem es schien, als ob die Zeit stillstände. Es war, als ob sich Nurejev in die Tiefe seiner Seele versenkte – in den Genius selbst. Er schnellte in die Luft empor und seine Beine streckten sich in einem vollen Spagat; dann, für einen kurzen Augenblick, schien es, als ob er sich noch höher erheben würde – als würde er in der Luft schweben. Auch dieses Mal hielt das Publikum den Atem an, standen jedem Zuschauer die Haare zu Berge.

Wogen reiner, grundloser Freude breiteten sich im Theater aus. Es war, als ob in dem Moment, in dem Nurejev seinen inneren Genius, seine Schöpferkraft kontaktiert hatte, sich die gleiche Kraft in uns allen selbst erkannte. Unsere eigene Großartigkeit enthüllte sich einen Augenblick lang. Wir hatten unser Selbst im Spiegel gesehen. Man kann es nicht erklären, doch es war unbestreitbar, greifbar. Jeder empfand es im gleichen Moment. »Selbst«-Erkenntnis.

Als Nurejev nach der Vorstellung an den Bühnenrand trat, um sich dankend zu verneigen, sprangen wir alle auf die Füße. Tränen strömten, Hände klatschten, klatschten, klatschten. Wir konnten dem Mann nicht genug danken. Dreiundvierzig Minuten lang rief ihn unser begeisterter Applaus in einem riesigen Erguss jubelnder Zurufe und Ovationen immer wieder auf die Bühne heraus. Ich kann mich gut daran erinnern, denn wir verpassten unsere Reservierung fürs Abendessen! Meine Hände waren purpurfarben vor lauter Klatschen und dennoch konnte ich nicht aufhören. Ich war diesem Mann so dankbar dafür, dass er in die Tiefe seiner Seele gegriffen hatte, und vor allem war ich dankbar, dass der Genius in meinem Innern sich an sich selbst erinnert hatte.

Haben Sie jemals erlebt, wie Sie sich bei einem außergewöhnlichen Schauspiel oder Konzert von der Intensität des Spiels oder der Schönheit der Musik mitgerissen fühlten und Ihr Empfinden eines getrennten Selbst sich auflöste? Oder vielleicht haben Sie etwas Ähnliches in der Natur erlebt? Waren Sie jemals auf einem Berggipfel und überwältigt von Ehrfurcht vor der unermesslichen Weite? Oder hat die Schönheit eines Sonnenuntergangs am Meer Sie zum Verstummen gebracht? Oder vielleicht haben Sie beim Skilaufen schon einmal die Erfahrung gemacht, einfach loszulassen und sich wie ein Fluss zu fühlen, der den Abhang hinunterfließt – völlig eins mit dem Berg und mit dem unfehlbaren »Wissen«, wie und wann Sie wenden müssen.

Jeder von uns muss zu dem einen oder anderen Zeitpunkt in seinem Leben so etwas schon einmal erlebt haben. Vielleicht ist es Ihnen widerfahren, während Sie beim Tanzen vom fließenden Rhythmus der Musik getragen wurden und feststellten, dass nicht mehr Ihr Verstand Sie dirigierte, sondern Ihre Füße – dass es so schien, als führten diese ein eigenes Leben.

Ich erkannte, dass es viele Male gegeben hatte, bei denen ich spontan in diesen »Zwischenraum«, in die »Quelle« gefallen war. Doch die Herausforderung lag noch immer vor mir – wie konnte ich anderen Menschen helfen, eine unmittelbare, anhaltende Erfahrung dieser Art zu machen?

Die Seele wählt solche Anlässe, um ihre grenzenlose Weite zu enthüllen. Doch wie kann man diese Ebene *bewusst* kontaktieren und wie kann man jemandem helfen, lange genug in einer solchen Erfahrung zu bleiben, um in der Lage zu sein, einen Heilungsprozess zu durchlaufen? Wie kann man jemandem helfen, direkt diese Erfahrung der Grenzenlosigkeit zu machen, dieses Friedens, dieser ewigen Liebe? Wie kann man einem anderen

Menschen helfen, für sich selbst zu entdecken, dass dies seit jeher das war und immer das sein wird, was er wirklich ist? Dass es das ist, was er in seiner Essenz ist, im tiefsten Kern seines wahren Wesens? Und dass sich das »wahre« Selbst enthüllt, sobald der Verstand sich selbst aus dem Weg geht?

Wie kann man jemandem helfen, zu erkennen, dass es nicht notwendig ist, sich an irgendjemanden oder irgendetwas außerhalb zu wenden? Dass diese Kraft, dieses Bewusstsein, diese Präsenz von Liebe, dieses Einssein, das vollkommen, still und total wach ist – wie immer Sie es nennen wollen – Ihre eigene wahre Natur ist? Wie konnte ich anderen helfen, das zu entdecken, was sie nur selbst entdecken und direkt persönlich erfahren können?

Ich wusste, dass es keine ausreichenden Worte gibt, um diese Erfahrung einzufangen; dass selbst die treffendsten Worte höchstens darauf hinweisen können, doch dass die unmittelbare Erfahrung nur aus dem eigenen Erleben kommen kann, aus der grenzenlosen Großartigkeit, die sich selbst enthüllt.

Ich dachte: »Jeder muss diese Wahrheit schon irgendwann einmal erlebt haben – mit Sicherheit.« Jeder Mensch muss schon einmal das Gefühl erlebt haben, wie es ist, wenn der logische Verstand beiseite tritt und Raum macht für eine Erfahrung anderer Art. Wie kann man dem Eistanzpaar Torvil und Dean zugeschaut haben, wie sie auf dem Weg zur olympischen Goldmedaille auf dem Eis zur Musik des Bolero tanzten, ohne einen Augenblick gefesselter Stille, absoluter Ehrfurcht empfunden zu haben, als sich der innere Genius enthüllte?

Vielleicht kennen Sie den Ausspruch von John F. Kennedy, als er sagte: »Frage nicht, was dein Land für dich tun kann, sondern frage, was du für dein Land tun kannst.« Oder Martin Luther King, der sagte: »Ich habe einen Traum ...«, oder die Stimme Neil Armstrongs nach der Landung auf dem Mond: »Ein kleiner Schritt für einen Menschen, doch ein riesiger Sprung für die Menschheit.« Augenblicke, in denen die Wahrheit sich Ausdruck verschafft und die Wahrheit in unserem Innern sich selbst erkennt.

Wenn jemand diese innere Schöpferkraft kontaktiert, diese absolute Wahrheit, rührt sich etwas in unserem eigenen Innern – die Haare stehen uns zu Berge und wir spüren ein inneres »Ja«. Die Wahrheit, die sich selbst erkennt. Doch wie schafft man es, dass die Wahrheit sich bewusst selbst erkennt?

Also hörte ich eine Weile auf, persönliche Beratungen zu geben. Bis ich eine Möglichkeit fand, anderen eine anhaltende Erfahrung ihres wahren Selbst zu vermitteln, hatte ich das Gefühl, den Menschen nicht auf der tiefsten Ebene ihres Seins helfen zu können. Und ich wusste, dass man nur dann wirklich auf den Kern eines Problems stößt, wenn die emotionalen Themen auf der tiefsten Ebene angesprochen werden – auf der Ebene der Seele, des Bewusstseins selbst. Nur dann kann sich wahre Freiheit, emotional wie auch körperlich, einstellen. Dann beginnt die wahre Heilung.

Meine Reise war spiritueller Natur gewesen – eine Reise des Loslassens in die Freiheit. Das Ergebnis war Heilung auf einer körperlichen, zellulären Ebene. Der Beweis war unwiderlegbar, doch konnte ich die unerklärliche Macht und das Mysterium der Seele weder berühren noch testen und erst recht nicht erklären.

Also betete ich – ich wollte geführt werden, einen Weg zu finden, anderen zu helfen, diese Erfahrung selbst zu machen. Ich wollte ihnen helfen, auf allen Ebenen Heilung zu erfahren – nicht nur auf der physischen, sondern auch auf der emotionalen und spirituellen.

Da ich die Antworten nicht wusste, hielt ich es für das Beste, meine persönliche spirituelle Reise fortzusetzen und meinen Wunsch, anderen bei ihrer eigenen Erfahrung der »Quelle« behilflich zu sein, vorläufig zurückzustellen. Ich beschloss, darauf zu vertrauen, dass mir irgendwie eine Möglichkeit gezeigt werden würde, falls es meine Aufgabe sein sollte, anderen dabei zu helfen.

Einige Monate später, als ich es am wenigsten erwartete, wurde mir die Antwort auf eine tief greifende Weise enthüllt. Mir wurde eine direkte Erfahrung der »Quelle« zuteil, die so umfassend war, dass die volle Erkenntnis davon mich bis heute nicht verlassen hat.

Seit jenem Tag ist die Quelle ständig als grundlegende Kraft in meinem Leben gegenwärtig.

12

Damals nahm ich an einem Kurs bei einer spirituellen Lehrerin teil, als während einer Frage- und Antwortperiode einer der Anwesenden wissen wollte: »Was mache ich, wenn ein intensives Gefühl bei mir hochkommt – wie kann ich darin Frieden finden?«

Sie antwortete: »Bleib einfach ganz präsent. Lass das Gefühl vollkommen zu. Heiße es willkommen. Lauf nicht davon, wenn ein negatives Gefühl auftaucht; geh nicht zum Kühlschrank, um es mit etwas Essbarem zuzudecken, schalte nicht den Fernseher ein, um dich abzulenken, rufe nicht irgendwelche Freunde an, um die Energie zu zerstreuen, indem du darüber redest. Halte einfach inne und lass dich *fühlen*, was da auftaucht. Sei ganz präsent in diesem Gefühl. Wenn du nicht versuchst, dich von dem Gefühl abzulenken, es zu verdrängen oder, schlimmer noch, es jemand anderem aufzuhalsen, wenn du ganz still bleibst und das Gefühl wirklich zulässt – dann wirst du im tiefsten Kern dieses Gefühls Frieden finden. Wenn du also ein intensives Gefühl verspürst, dann lass es einfach zu – lauf nicht weg. *Heiße es willkommen.*«

Ich dachte: »Was für eine radikale Idee.« In der Selbsthilfebewegung wird einem stets beigebracht, seine Gedanken zu verändern und positiver zu denken. Oder wenn man seine Gedanken nicht verändern kann, seine Physiologie zu verändern – eben alles zu tun, was möglich ist, um den Schmerz zu *vermeiden*. Ärzte verschreiben sogar Medikamente, um die emotionale Intensität zu dämpfen. Immer heißt es: »Tu so, als ob« – unternimm alles, was in deinen Kräften steht, um sicherzustellen, dass du *nicht wirklich die Emotionen fühlst*, die an die Oberfläche drängen. Diese Lehrerin sagte etwas vollkommen anderes: »Lauf nicht davon. Bleibe präsent, lass das Geühl zu.« Welch ein radikal anderes Konzept!

In meinem Innern rührte sich etwas. Ich sagte zu mir selbst: »Was, wenn sie Recht hat? Was, wenn ich meine Gefühle – anstatt sie verändern zu wollen – einfach willkommen heiße und mir erlaube, sie *rückhaltlos zu fühlen*? Ich bin neugierig, ob ich dadurch diesen Frieden im innersten Kern des Gefühls finden kann, von dem sie spricht.«

Ich beschloss also, einen Versuch zu wagen. Was hatte ich zu verlieren? So war es schon immer gewesen: Ich konnte nichts einfach glauben, nur weil es ein anderer behauptete – ich musste immer selbst erfahren, worüber jemand sprach, bevor ich es für mich annehmen konnte.

Ich wusste, dass ich ein langjähriges emotionales Problem hatte, das ich anschauen und lösen musste. Ich hatte das fast schon zwingende Bedürfnis, anderen zu helfen und mich zu kümmern – selbst wenn es auf Kosten meiner Gesundheit ging. Ich wusste einfach nicht, wie ich Nein sagen konnte. Also dachte ich, dass dies vielleicht die perfekte Gelegenheit war, mir näher anzuschauen, wovon sie sprach.

Don fuhr auf ein fünftägiges Seminar und würde also einige Zeit nicht zu Hause sein. Warum sollte ich diese Zeit nicht nutzen, um ihre Theorie auf die Probe zu stellen? Bevor Don losfuhr, ließ ich ihn wissen, dass ich während seiner Abwesenheit ein Experiment versuchen würde. Ich würde die fünf Tage dazu benutzen, mich still zurückzuziehen, und anstatt all die mir bekannten Techniken anzuwenden, würde ich tun, was diese spirituelle Lehrerin empfohlen hatte – direkt in das Herz des Gefühls zu gehen und zu entdecken, was in seinem Kern verborgen lag.

Ich erklärte ihm, dass sie empfohlen hatte, man solle sich nicht von dem Gefühl ablenken, indem man darüber redet oder ins Kino geht, isst oder Fernsehen schaut, um ihm aus dem Weg zu gehen – sondern dass man sich einfach erlauben solle, es wirklich zu *fühlen*. Ich wusste zwar nicht, was passieren würde, doch ich spürte den starken Wunsch, es zu versuchen.

Ich bat Don, mich nicht anzurufen, da ich seinen eventuellen Anruf nicht als Entschuldigung benutzen wollte, um mich abzulenken. Ich wollte mich wirklich voll auf das Thema konzentrieren. Don und ich hatten bereits Erfahrung mit spirituellen Schweige-Retreats, daher war mein Plan für ihn nichts Neues und er sagte mir seine volle Unterstützung zu.

Als er ging, sagte Don: »Ich werde dich vermissen – ich liebe deine nächtlichen Anrufe – ich werde den Kontakt vermissen. Weißt du, Brandon, ich sage meinen Studenten immer: ›Ich fahre für ein Wochenende weg und weiß nie, zu wem ich nach Hause zurückkomme!‹ Du entwickelst dich einfach ständig weiter.«

Ich erwiderte leichthin: »Nun, ganz sicher könnte niemand behaupten, dass es bei uns jemals langweilig oder uninteressant wird.«

»Nein … nicht die geringste Chance!«

Er wünschte mir Glück und ich konnte fühlen, dass er im Stillen meine Beharrlichkeit bewunderte. Als er die Tür öffnete, küsste ich ihn zum Abschied und irgendwie empfand ich dabei nicht unser normales sanftes, romantisches Abschiednehmen. Es fühlte sich mehr an wie ein trauriges, beinahe sehnsüchtiges Auseinandergehen – so als würde er sich auf eine lange Schiffsreise begeben und ich würde verlassen auf einer Insel zurückbleiben, ausgesetzt und unfähig, ihn zu erreichen.

»Was für ein Unsinn«, sagte ich mir selbst in dem Versuch, diese Empfindung abzuschütteln. Als ich die Tür schloss, bemerkte ich, wie sich ein Gefühl von Übelkeit in mir auszubreiten begann, so als würde gleich etwas Ungeheuerliches passieren. Ich erschauerte, als mich im nächsten Moment ein intensives Gefühl der Vorahnung durchflutete.

Wieder versuchte ich, dieses Gefühl abzuschütteln, während ich auf den Balkon lief, um Don wie üblich zum Abschied zuzuwinken. Als sein Wagen aus meinem Blickfeld entschwand, ging ich zurück ins Wohnzimmer und wies mich innerlich zurecht: »Das ist doch lächerlich – er ist nur fünf Tage weg … nimm dich zusammen.«

Ich versuchte mich also innerlich aufzurichten und marschierte regelrecht in die Küche, um mir einen kleinen Salat als Mittagessen zuzubereiten. Während ich damit beschäftigt war, merkte ich, dass ein Teil von mir versuchte, beschäftigt zu bleiben, um mich von dem wachsenden Gefühl der Vorahnung abzulenken. Während ich den Salat schnitt und das Gemüse zerkleinerte, konnte ich eine subtile, doch sehr präsente Angst spüren, die im Hintergrund lauerte. Es machte mir keine Freude, den Salat zuzubereiten, und ich setzte mich nieder und aß ein sehr unruhiges, rastloses Mahl.

Während des Essens hatte ich das Gefühl, ich sollte mich lieber auf mein »großes Experiment« vorbereiten, indem ich dafür sorgte, dass das Haus geputzt, die Wäsche gewaschen, die Rechnungen bezahlt und die nötigen Schecks abgeschickt waren. Ein Teil von mir wusste, dass es sich dabei um eine Vermeidungstaktik handelte, um die Zeitspanne zu verlängern, bevor ich mich dem emotionalen Thema stellen musste, und ein Teil von mir hatte das Gefühl, dass es vielleicht eine gute Idee war, aufzuräumen, damit ich danach keinerlei Ablenkungen haben würde.

Ich machte mich also daran, alles in Ordnung zu bringen und ein paar letzte Anrufe zu tätigen, um meine Tochter und Freunde wissen zu lassen, dass ich mich ein paar Tage völlig zurückziehen würde. Zum Schluss änderte ich noch den Ansagetext auf meinem Anrufbeantworter: »Hallo – hier ist der Anschluss von Don und Brandon. Don ist fünf Tage lang unterwegs und ich mache ein Schweige-Retreat, daher können wir euch nicht vor Montag zurückrufen. Wir werden uns dann gern bei euch melden. Bitte hinterlasst uns eine Nachricht.«

Es hörte sich so endgültig an – so als ob ich mich von sämtlicher Kommunikation mit dem Rest der Welt abgeschnitten hätte. Ich stellte den Anrufbeantworter leise und etwas in meinem Innern ließ mich innehalten. Ich dachte: »Selbst wenn ich nicht mit ihnen spreche, möchte ich doch wenigstens ihre Stimmen hören.«

Bei diesem letzten Gedanken musste ich innerlich darüber lachen, welch ein Drama ich aus der ganzen Angelegenheit doch machte. Ich erinnerte mich daran, wie sehr ich es in der Vergangenheit immer genossen hatte, mich eine Weile ins Schweigen zurückzuziehen, und versuchte mich zu überzeugen, dass es dieses Mal nicht anders sein würde. Doch mein Körper glaubte diesen Worten nicht. Es war, als ob mein Verstand versuchte, mir etwas vorzumachen, und ich glaubte es einfach nicht.

Da ich keine Hausarbeiten mehr zu erledigen hatte, wurde mir das elende Gefühl der Angst, das sich in mir zusammenbraute, immer stärker bewusst. Ich ging die Treppe hinunter ins Wohnzimmer und entschied, dass es jetzt an der Zeit war – ich würde mich diesem emotionalen Thema stellen. Ich ließ mich in unserem großen, weichen, pfirsichfarbenen Sessel nieder und überlegte: »Was nun?«

Während ich so dasaß, wurde mir bewusst, dass irgendetwas in meinem Innern mich dazu antrieb, für alle und jeden da zu sein, die in mein Leben kamen. Ich hatte immer allen geholfen, egal wie früh oder spät es war, und zwar so sehr, dass ich dabei oft meine eigenen Bedürfnisse völlig ignoriert hatte und definitiv mehr als einmal völlig ausgebrannt war, vor allem wenn ich manchmal wochenlang Tag und Nacht gearbeitet hatte.

Am wohlsten fühlte ich mich immer, wenn ich anderen etwas geben und ihnen in irgendeiner Weise helfen konnte. Bei den Seminaren mit Tony bekam ich nachts oft nur ein paar Stunden Schlaf, doch war ich immer begeistert bei der Sache – mit dem Gefühl, wirklich mein Bestes zu geben. Doch ich konnte auch sehen, dass meine Hilfsbereitschaft sich weit über jedes gesunde und normale Maß hinaus zu einem ungesunden *Bedürfnis* entwickelt hatte. Es war, als ob meine ganze Identität von meinem selbstlosen Dienst am Nächsten abhinge.

Ich erinnerte mich an ein Ereignis vor zwei Jahren, das mir eindeutig das Ausmaß gezeigt hatte, in dem dieses Helfersyndrom mein Leben bestimmte. Nachdem ich mich zwölf Jahre lang absolut bester Gesundheit erfreut hatte, gab mir mein Körper eine Warnung nach dem Motto: »Wach auf, oder ...!« Es passierte unmittelbar nach einem vierzehntägigen Programm mit Tony, in dessen Verlauf ich so viele Aufgaben übernommen hatte, dass ich höchstens zwei bis drei Stunden Schlaf pro Nacht bekam. In manchen Nächten nahm ich nur eine Dusche, zog mich um und ging zurück an die Arbeit.

Am Ende der zwei Wochen fühlte ich mich emotional zutiefst erfüllt und sehr dankbar – ich hatte das Gefühl, dass meine Bemühungen vielen Menschen sehr geholfen hatten. Doch mein Körper empfand etwas anderes. Er sagte: »Stopp. Genug!« – Und dann lag ich zwei Wochen lang mit Lungenentzündung im Bett.

Jeder Heiler und Therapeut, den ich damals aufsuchte, sagte mir dasselbe: »Brandon, in Ihren Zellen ist unterdrückte Erschöpfung vergraben. Sie müssen jetzt einfach Geduld haben und warten, bis Sie wieder gesund sind. Ruhen Sie sich aus und werden Sie gesund. Wie wollen Sie anderen Menschen helfen, wenn Sie nicht bereit sind, auf sich selbst zu achten? Wenn Sie nicht aufhören, wird Ihr Körper Sie dazu zwingen.«

Ich hörte auf das, was sie sagten, und entschied, dass ich es mir nicht leisten konnte, ihrem Rat *nicht* zu folgen. Also lernte ich nach und nach, im Laufe der nächsten zwei Jahre, auf mich selbst zu achten und mehr Gleichgewicht in mein Leben zu bringen. Es fiel mir jedoch sehr schwer, denn wann immer ich mir Zeit für mich selbst nahm, fühlte ich mich schuldig und schämte mich insgeheim – so als ob ich eigentlich draußen in der Welt sein und anderen helfen sollte.

Die Freude am Helfen war ohne Zweifel zu einem *Bedürfnis* geworden, einer *Sucht*, einer *Besessenheit*. Meine Identität war aufs Engste mit dem edlen, selbstlosen Bild verknüpft, das ich von mir selbst hatte. Als ich also in jenem pfirsichfarbenen Sessel saß, wusste ich, dass ich da nicht nur saß, um mich irgendeinem oberflächlichen emotionalen Thema zu stellen und es zu lösen. Ich stand davor, eines der größten Probleme meines Lebens anzugehen – meine Identität zu erforschen, herauszufinden, was mich antrieb, und – mehr noch – herauszufinden, was im Kern dieses Problems verborgen war.

Es fühlte sich nicht wie etwas Kleines, Unbedeutendes an, sondern wie eine riesige Aufgabe. Und als ich so dasaß, unschuldig und offen, wusste ich nicht, wo ich anfangen sollte. Ich fühlte mich sehr allein. Ich hatte keinen Lehrer, der mir den Weg zeigen und mir helfen konnte. Mein Mann war nicht da, um meine Hand zu halten. Ich war vollkommen auf mich selbst gestellt. In meinem Innern schwor ich mir, mich nicht von dem vor mir liegenden Projekt abzulenken – niemanden anzurufen, um mit anderen Kontakt aufzunehmen, und auch keine Anrufe zu empfangen. Ich würde dieser Sucht nicht nachgeben – wenigstens die nächsten fünf Tage lang nicht. Ich würde einfach das tun, was die Lehrerin gesagt hatte: »Wenn ein Gefühl hochkommt, lauf nicht davon. Heiße es willkommen.«

Ich saß also in meinem Sessel. Nach ungefähr fünf Minuten brach mir der Schweiß aus. Mein Herz begann wie wild zu schlagen bei dem bloßen Gedanken daran, dass ich es mir nicht gestatten würde, den Hörer abzuheben, falls mich jemand anrufen und vielleicht meine Hilfe brauchen sollte. Mein Verstand überschlug sich förmlich bei dem Gedanken an all die Menschen, für die ich eigentlich da sein »sollte«. Um meinen Verstand zu beruhigen, beschloss ich daher, das große Experiment mit einer Meditation zu beginnen.

Doch selbst das war schwierig, da es mir meine Angst nur noch deutlicher machte. Die Frage erhob sich: »Wenn ich für niemanden nützlich bin und wenn es nichts gibt, was ich tun kann, und niemanden, dem ich einen Dienst erweisen kann – wer bin ich dann?«

Ich spürte eine innere Bedrängnis, eine überwältigende Angst, dass – wenn es keinen Dienst gibt, der erwiesen werden muss, und niemanden, der einen Dienst erweist – *niemand da ist*. Ich beschloss mich dieser Angst ohne Ablenkung zu stellen, nicht vor ihr davonzulaufen, sondern mir einfach zu erlauben, sie voll und ganz zu fühlen, mich von ihr überwältigen zu lassen, wenn es denn sein musste – und mich auf jeden Fall an den Rat der Lehrerin zu halten: »Heiße das Gefühl willkommen und laufe nicht davon.«

So saß ich also in dem Sessel, hielt mich an den Armlehnen fest und erlaubte mir, die volle Wucht der Angst zu fühlen. Meine Hände waren schweißnass und mein Körper war wie von der Angst überflutet. Als ich diese

Angst willkommen hieß und mich nicht gegen sie wehrte, begann ich nach innen zu sinken. Ich sank in eine Einsamkeit – eine Einsamkeit, die so tief war, dass es schien, als ob der ganze Raum von Einsamkeit erfüllt sei. Ich hatte das Gefühl, dass die Stühle und Sessel Einsamkeit ausstrahlten und dass die Wände einsam waren; es herrschte eine so tiefe, vollkommene Einsamkeit, dass alle Moleküle im Raum von ihrer Schwingung erfüllt waren. Es schien, als gäbe es keinen Ort, an dem die Einsamkeit nicht war, doch ich hielt mich unbeirrt an meinen Schwur, nicht davonzulaufen. Gleichgültig, welche Emotionen hochkamen, ich würde nicht von der Stelle weichen – ich würde einfach präsent sein, die Emotion ganz fühlen und mich in ihren innersten Kern tragen lassen. Ich hatte noch niemals eine solche Einsamkeit erfahren und nicht gewusst, wie schmerzhaft sie sein konnte, und dennoch lief ich nicht davon, sondern blieb still sitzen.

Nach einiger Zeit merkte ich, dass ich von der Einsamkeit in eine andere Schicht von Emotionen sank. Ich fiel in eine Verzweiflung, die so tief war, dass ich mir nie hätte vorstellen können, mich so hoffnungslos zu fühlen. Es war das Gefühl: »Wenn es nichts gibt, das für jemand anderen getan werden muss, und niemanden, der etwas für andere tut, welchen Sinn hat das Leben dann noch?«

Ein Gefühl überkam mich, als wollte ich am liebsten alles aufgeben, mich um nichts mehr kümmern – und einfach sterben. Ich hatte noch nie einen solchen Schmerz empfunden, verbunden mit einer dermaßen tiefen Hoffnungslosigkeit und Hilflosigkeit. Die Verzweiflung war überall und es gab keine Möglichkeit, ihr zu entrinnen.

Gerade als es so aussah, als würde mich die Verzweiflung verschlingen, spürte ich, wie ich noch tiefer in eine darunter liegende Schicht sank, doch dieses Mal schien ich am Rande von etwas zu stehen, das wie ein Abgrund aussah – ein schwarzes Loch, ein absolutes Nichts. Panik breitete sich in mir aus, während mein ganzer Körper in kalten Schweiß ausbrach. Ich hatte das Gefühl, sterben zu müssen, wenn ich »dort hinein« gehen würde.

Ich erstarrte. Ich steckte völlig fest und weigerte mich, auch nur einen Schritt weiterzugehen. Falls von mir verlangt würde, mich in diese Schwärze totaler Vernichtung und Auslöschung zu begeben, war ich nicht bereit, weiterzumachen – egal, was die Lehrerin gesagt hatte. Also stand ich innerlich einfach nur da, erstarrt am Rand von etwas, von dem ich sicher war, dass es meinen Tod bedeutete – oder zumindest den Tod von Brandon, so wie ich sie kannte.

Die Panik war überwältigend. Tränen liefen mir über die Wangen, meine Hände krampften sich um die Armlehnen des Sessels. Ich konnte mich einfach nicht dem stellen, was in der schwarzen Leere des Nichts auf mich wartete.

Nach einiger Zeit spürte ich, wie die Panik zu einem Gefühl der Erschöpfung führte, doch hielt ich mich noch immer an mein Versprechen. *Ich werde nicht davonlaufen.* Ich steckte fest, weder bereit noch in der Lage, mich diesem schwarzen Loch hinzugeben, doch gleichzeitig auch nicht gewillt, meinen Schwur zu brechen. Ich war in Panik erstarrt und wusste nicht, was ich tun sollte.

Also blieb ich sitzen und bewegte mich nicht von der Stelle. Die Zeit verging. Schließlich tauchte eine Frage in meinem Innern auf: »Was, wenn ich diesen Ort nie mehr verlassen könnte und für alle Zeiten hier feststecken würde?« Und in diesem Moment geschah etwas. Es war, als ob mein Wille endlich kapitulierte, und ich gab auf. Ich spürte, wie ich ins Leere fiel … durch das Nichts hindurch, bis ich mich in einem Meer von Frieden wieder fand, den Worte nicht beschreiben können.

Der ganze Raum um mich herum war erfüllt von Frieden, strahlte Frieden aus. Ich war Frieden und gleichzeitig war ich alles in diesem Raum. Frieden und eine unbeschreibliche Liebe schienen den Raum zu erfüllen. Ich war die Liebe, die die Quelle des Lebens selbst ist. Ich war die tanzenden Moleküle und alle Räume dazwischen.

Alles um mich herum schien vor leuchtendem Frieden zu schillern. In diesem Moment tauchte in mir die tiefe, unleugbare Erkenntnis auf, dass dieser Frieden weder ein vorübergehender Zustand war noch etwas, das sich außerhalb von mir befand. *Ich war dieser Frieden.* Ich war in meine eigene Seele gefallen. Und meine Seele ist alles, was ist. Ich fühlte mich grenzenlos, unbeschränkt, ewig, zeitlos – ich hatte das Gefühl, als ob das, was ich war, über die Grenzen des Universums hinausging, wobei sich das ganze Leben in mir abspielte.

Ich erkannte, dass dies der Frieden Gottes sein musste, »der höher ist als alle Vernunft« (Philipper, 4,7) – der jenseits des Begriffsvermögens des Verstandes liegt.

Ich erkannte mich selbst als reines Bewusstsein, absolute Freiheit, grenzenlose Liebe.

Mir fielen die Worte des großen Sufi-Poeten Kabir ein:

Der Weg der Liebe ist kein
raffiniertes Argument.
Das Tor dorthin ist Verzweiflung.
Die Vögel ziehen am Himmel große Kreise voller
Freiheit.
Wie lernen sie zu fliegen?
Sie fallen und im Fallen
wachsen ihnen Flügel.

Diese Liebe und diese Freiheit sind seit jenem Augenblick immer in mir – *ich bin sie.* Ich weiß, dass es das ist, was ich bin. Kein vorübergehender Zustand, sondern das, *was ich in meinem Kern bin.* Diese Liebe, diese Freiheit sind die einzig wirkliche Wahrheit. Sie sind unser »Zuhause«. Alles war genau so abgelaufen, wie es die spirituelle Lehrerin gesagt hatte. Mitten im tiefsten Kern jedes Gefühls ist nichts als Frieden. Der letztendliche Frieden.

Spontan war ich durch die begrenzenden emotionalen Schichten gefallen, die mich davon abzuhalten schienen, mein wahres Selbst, meine Seele zu erkennen. Diese Schichten waren wie Schleier, die mein wahres Selbst vor mir verborgen hielten. Alles, was ich getan hatte, war, eine Schicht nach der anderen abzuschälen, vergleichbar mit dem Schälen einer Zwiebel, nur mit dem Unterschied, dass ich in ihrem Kern einen Diamanten von fehlerloser Perfektion und unübertrefflicher Schönheit fand. Ich hatte eine strahlende Brillanz ausgegraben, die zu beschreiben mir die Worte fehlen.

Das Erlebnis erinnerte mich an die Geschichte, die ich im Vorwort dieses Buches wiedergegeben habe, nur war es jetzt keine nette Metapher mehr, sondern meine eigene Erfahrung. Diese Geschichte erzählt, dass wir im Moment unserer Geburt wie ein makelloser, reiner, strahlender Diamant sind, den wir im Laufe des Heranwachsens unter emotionalem »Müll« begraben, sodass seine natürliche Strahlkraft und Brillanz verdeckt sind. Wenn wir erwachsen sind, geben wir eine Schicht Politur darüber, um ihn leuchtend und präsentierbar zu machen. Doch in Wirklichkeit haben wir nichts anderes getan, als eine Menge Mist mit einem glänzenden Lack zu überziehen. Wenn wir diese Kreation dann der Welt präsentieren und sagen: »Das bin ich«, wundern wir uns, warum uns niemand glaubt.

Doch eines Tages, wenn uns das Schicksal hold ist, kann es geschehen, dass wir durch einen Akt der Gnade, ein transformatives Seminar, ein Buch, eine Krise oder irgendein anderes Geschenk des Lebens das große Glück haben, dass diese brüchige Fassade sich auflöst und wir hindurchbrechen. Dann mag es für eine Weile den Anschein haben, als ob wir uns nur noch durch Unrat hindurchschaufeln müssen. Doch irgendwann, versteckt unter all diesen Schichten, finden wir den unbezahlbaren Diamanten, der seit jeher dort war – strahlend, makellos rein und von exquisiter Schönheit.

Schließlich erkennen wir, dass wir immer schon dieser makellose Diamant waren, aber unser ganzes Leben damit verbracht haben, zu denken, wir seien das Zeug, das ihn verdeckt. Doch obwohl sie ihr eigenes inneres Leuchten erkannt haben, dauert es bei manchen Menschen nicht lange, bis sie es wieder vergessen oder ignorieren und sich wieder mit ihrer polierten, künstlichen Fassade identifizieren.

Diese Geschichte hatte mir endlich ihre wahre Bedeutung enthüllt. Ich war durch die Schichten meines eigenen Mülls gefallen und hatte spontan den makellosen Diamanten entdeckt – eine Erkenntnis, die mir *nichts und niemand* jemals wieder nehmen konnte. Kein Gefühl kann diesen Diamanten verdrängen, keine Lebenserfahrung kann ihn beflecken, keine Kritik kann ihn mindern, da er von Natur aus unbefleckt, makellos und vom Drama des Lebens unberührt ist. Das ist, was ich bin, was Sie sind, was wir alle immer sein werden. Mir wurde klar, dass die ganze Welt *in mir* zum Leben erwacht war und leuchtete und funkelte.

Ich verbrachte die ganzen fünf Tage allein und im Schweigen, doch hatte ich jetzt nicht länger das Bedürfnis, Freunde und Klienten anzurufen und ihnen meine Dienste anzubieten. Auch fühlte ich mich nicht mehr dazu veranlasst, bei der ersten Bitte um Hilfe gleich den Hörer abzunehmen und zurückzurufen. Ich musste nicht mehr helfen, um Liebe und Anerkennung zu erhalten. Warum sollte ich Liebe von anderen Menschen suchen, wenn ich doch erkannt hatte, *dass ich Liebe bin*?

Welche Ironie! Ich hatte mein ganzes Leben damit verbracht, die Liebe anderer zu verdienen, ihre Bestätigung und ihre Bewunderung, indem ich gab, diente, half, mich kümmerte und immer bestrebt war, mein Bestes zu tun, selbst wenn dies bedeutete, meine eigenen Bedürfnisse und persönlichen Wünsche oder Ziele zu opfern, und sogar dann, wenn es meine Gesundheit zerstörte. Und jetzt hatte ich entdeckt, dass die Liebe und das Selbstwertgefühl, nach denen ich gesucht hatte, schon immer da waren! Man muss nichts tun, um sie zu bekommen – man muss es einfach nur *sein*, einfach darum wissen.

Und so sonnte ich mich in meiner eigenen Liebe und war damit zufrieden, in aller Ruhe meinen täglichen Haushaltspflichten nachzugehen. Nicht weil sie mir etwas gaben oder bewiesen, dass ich ein guter Mensch war, sondern einfach, weil es sich dabei um ganz natürliche Dinge handelte, die zu erledigen mir Freude bereitete. Müheloses Sein.

Seit diesem Erlebnis ruhe ich in diesem mühelosen Sein. Ich fühle mich nicht länger gezwungen oder getrieben, ständig irgendetwas zu tun und jedem Menschen zu helfen, der mir über den Weg läuft. Der Unterschied ist der, dass ich nicht mehr von dem Bedürfnis getrieben bin, Liebe zu bekommen, etwas wert zu sein, Bestätigung zu erhalten. Heute ist der Dienst am Nächsten für mich ein natürlicher Aspekt meines Lebens, einfach weil es ein natürlicher Ausdruck der Liebe ist, die immer da ist. Heute kommt mein Dienen aus einem ungehinderten Fließen der Liebe und es fühlt sich für mich so an, als ob mein ganzes Leben in diesem Fließen ablaufen würde.

Doch am meisten überraschte mich die Erkenntnis, dass es mir von jenem Tag an genauso leicht fiel, Liebe zu empfangen, wie sie zu geben. Das war eine neue Erkenntnis für mich. In der Vergangenheit war ich immer die Starke gewesen, diejenige, die sich um andere gekümmert hatte – ich hatte meine ganze Identität auf der Tatsache aufgebaut, dass ich da war, um andere zu unterstützen und ihnen zu helfen, wo immer ich konnte. Ich hätte mich geschämt und als absolute Versagerin gefühlt, wenn ich jemanden um Hilfe oder Führung gebeten oder emotionalen Beistand gebraucht hätte. Selbst materielle Geschenke von anderen Menschen zu empfangen, fiel mir schwer. Ich fühlte mich in der gebenden Rolle immer sehr viel wohler.

Doch in der Gegenwart wahrer Liebe ist es gleichgültig, ob ich gebe oder empfange – sie scheint einfach alles zu durchströmen und sie ist schön, aus welcher Richtung sie auch kommt. Es fühlt sich nicht einmal mehr an wie Geben oder Empfangen – es gibt einfach nur noch Handlungen, die in einer allumfassenden Präsenz von Liebe stattfinden.

Jetzt bin ich endlich in der Lage, zuzugeben, dass ich Hilfe brauche, dass ich nicht alle Antworten habe. Ich bin endlich bereit, authentisch zu sein mit den Menschen, die mir am meisten am Herzen liegen – nicht stark zu *handeln*, sondern stark genug zu *sein*, um zu erkennen, dass ich nicht alles alleine tun kann – dass ich wirklich Hilfe brauche. Und ich empfinde eine tiefe Dankbarkeit für die Unterstützung und Führung, die mir von anderen Menschen zuteil wird.

So viele Erkenntnisse sind aus diesem einen Experiment hervorgegangen und jeden Tag kommen neue hinzu. Die eigentliche Aufgabe jedoch lag noch immer vor mir. Wie konnte ich jetzt, nachdem ich es selbst erlebt hatte, aus dieser Erfahrung einen praktischen, schrittweisen Prozess, eine »Landkarte« machen, damit andere auf ihre eigene persönliche Reise gehen konnten mit dem Ziel, ihre eigenen Schichten zu durchbrechen und ihr wahres Selbst zu entdecken? Und wie konnte ich ihnen helfen, die Erinnerungen zu enthüllen, die in ihren Zellen gespeichert sind, wenn sie erst einmal diese grenzenlose Liebe, diese unermessliche Stille der Seele entdeckt hatten?

Und wenn die Zellerinnerungen aufgespürt sind, wie konnte ich ihnen helfen, sie aufzulösen und die alten, unerlösten Themen zu heilen? Und wie konnte ich sie bei der Beendigung ihrer schmerzhaften Geschichten unterstützen? Und schließlich, wenn all das vollzogen war, wie konnte ich ihnen beibringen, darauf zu vertrauen, dass der Körper weiß, wie er sich auf natürliche Weise heilen kann, automatisch, ganz von selbst, ohne dass sie irgendetwas tun müssen?

Wie sollte ich Menschen lehren, dass es sich hierbei um einen Prozess der Zusammenarbeit mit der Seele handelt und dass – sobald alte Muster, Themen und Erinnerungen geheilt sind – der Körper von sich aus weiß, wie er den Rest erledigen kann? Wie konnte ich ihnen helfen, Vertrauen zu lernen und vom »Tun« zum »Sein« überzugehen?

Ich erkannte, dass dies keine leichte Aufgabe war. Doch ich wusste auch, dass mir ein Schlüssel dazu gegeben worden war – ein Schlüssel, um in den »Zwischenraum« zu fallen, um mit der Wahrheit in Berührung zu kommen. Ich hatte eine Möglichkeit gefunden, eine anhaltende, direkte Erfahrung der unendlichen Intelligenz – der »Quelle« – zu machen. Jetzt stellte sich die Frage, ob es auch bei anderen Menschen funktionieren würde, nachdem es für mich funktioniert hatte. Also beschloss ich, genau das herauszufinden.

13

Ich betete darum, dass Menschen, die sich von einem problematischen emotionalen Thema gefangen fühlten, irgendwie zu mir geführt würden, damit ich mit ihnen arbeiten konnte. Dabei betonte ich besonders meine Absicht, mit Menschen zu arbeiten, die das Gefühl hatten, als gäbe es keine Hoffnung für sie – Menschen, die alles versucht hatten, sich von einem emotionalen Problem zu heilen, die – wie ich – alle Arten von Seminaren hinter sich hatten, die viel Zeit mit Introspektion verbracht oder jahrelange Therapien absolviert hatten, die – obwohl sie immer wieder alles Mögliche versucht hatten – nach wie vor von ihrem alten Problem gequält wurden, so als würde es automatisch ablaufen.

Ich war völlig von der Notwendigkeit beherrscht gewesen, anderen zu helfen, und dieses enorme Bedürfnis hatte mein Leben bestimmt. Indem ich durch die emotionalen Schichten in meinem Innern hindurchging, hatte ich mich befreit. Daher wollte ich jene Menschen zu mir ziehen, die – wie ich – wirklich frei sein wollten und bereit waren, die Ärmel hochzukrempeln und sich an die Arbeit zu machen.

Mir war klar, dass wir alle Probleme haben, die uns nicht loslassen. Es gibt nur eine begrenzte Menge negativer Gefühle und wir alle haben sie schon zum einen oder anderen Zeitpunkt empfunden. Ich dachte an einige der häufigeren Gefühle – Ärger, Zorn, Frustration, Angst, Verlust, Depression, Verrat, Gefühle der Minderwertigkeit oder Wertlosigkeit, Eifersucht, Empfindlichkeit gegenüber Kritik, Einsamkeit, Verlassenheit, Trauer, Verzweiflung, die Angst, einen geliebten Menschen zu verlieren, Angst vor Versagen oder Verurteiltwerden und so weiter.

Dies sind die emotionalen Themen, die uns allen zu schaffen machen. Wenn wir in der Lage sein sollten, uns durch diese emotionalen Schichten hindurchzubewegen, so wie ich es getan hatte, und wenn wir tatsächlich alle die Fähigkeit haben sollten, unser wahres Selbst zu entdecken, das jenseits aller Schmerzen liegt – welch ungeheures Geschenk wäre das! Was, wenn wir die emotionalen Schichten wie bei einer Zwiebel abschälen könnten, um die Liebe und den Frieden zu enthüllen, die den Kern unseres Wesens ausmachen?

Da ich diesen Prozess bisher nur an mir selbst ausprobiert hatte, wollte ich zunächst nur mit engen und vertrauten Freunden arbeiten.

Am darauf folgenden Tag erhielt ich einen Anruf von meiner Freundin Nancy. Während unseres Gesprächs meinte sie, dass es vielleicht Spaß machen würde, gemeinsam Seminare zu geben. Ich hatte ihr bereits gesagt, dass ich für diesen Vorschlag eventuell offen war, doch dass es mich nicht wirklich interessierte, mit dem Material zu arbeiten, mit dem ich mich in der Vergangenheit beschäftigt hatte. Ich wollte eine Arbeit machen, die auf meinen neuesten Erkenntnissen beruhte, doch war mir noch nicht völlig klar, was ich andere lehren konnte. Ich wusste nur, dass ich eine intensive Heilungsreise hinter mir hatte, die für andere Menschen von Nutzen sein konnte, indem sie ihnen für ihre eigene Reise eine Richtung wies.

Im weiteren Verlauf des Gesprächs deutete sie einige emotionale Probleme an, die sie und ihr Mann derzeit hatten. Also sagte ich zu Nancy: »Warum probieren wir nicht einen Prozess aus, den ich kürzlich gemacht habe, um zu sehen, wohin er uns führt? Im Gegensatz zu mir wirst du jemanden an der Seite haben, der dich begleitet, und ich kann dir helfen, falls schwierige Passagen auftauchen sollten. Da ich diesen Prozess selbst gemacht habe, werde ich dir sicher schneller hindurchhelfen können. Mein Herz fühlt sich eindeutig dazu hingezogen, auf der Seelenebene zu arbeiten. Ich kann dir nicht garantieren, dass es funktioniert, da ich es noch nie bei jemand anderem versucht habe, doch ich bin bereit, es auszuprobieren, wenn du auch bereit dazu bist.«

Nancy war einverstanden und meinte, dass sie es kaum erwarten konnte, endlich dieses Thema anzupacken. Also verabredeten wir uns für den nächsten Morgen. Als ich den Hörer auflegte, dachte ich, dass ich wohl alle meine Kenntnisse in NLP (neurolinguistisches Programmieren) zu Hilfe nehmen musste, doch ich vertraute darauf, dass meine durch jahrelange Transformationsarbeit erworbene Weisheit Nancy bei ihrem Prozess unterstützen würde. Und auch wenn mein eigener Prozess lang, schmerzhaft und mühselig gewesen war, kam ich zu dem Schluss, dass es jetzt, da ich die zugrunde liegenden Prinzipien begriffen hatte, wahrscheinlich ein paar sprachliche Werkzeuge gab, die ich benutzen konnte, um ihr zu helfen, ihre emotionalen Schichten schneller und leichter zu durchlaufen, als ich es getan hatte.

Am nächsten Tag trafen wir uns bei Nancy. Als wir uns auf dem weichen Teppich in ihrem Schlafzimmer niederließen, fragte ich sie, ob es ihr recht war, wenn wir um Führung beteten, da dies das erste Mal sein würde, dass ich den Prozess mit jemand anderem versuchte. Sie erwiderte, dass es sie tief berührte, dass ich ihr überhaupt helfen wollte. In letzter Zeit hatte sie sich durch eine eifersüchtige Wut, die ständig größer wurde, emotional völlig behindert gefühlt. Gleichgültig, was sie sich selbst zur Besänftigung sagte, irgendein Teil von ihr glaubte es einfach nicht, und die Wut schien spontan aufzutauchen, wie aus dem Nichts. Sie wusste, dass dieses starke Gefühl irrational war und die Handlungen ihres Mannes ihr keinen Anlass dafür gaben, doch schien sie nicht in der Lage zu sein, diese Wut zurückzuhalten. Sie war erst seit kurzem verheiratet und fürchtete, ihren Mann zu verlieren, wenn sie ihrer Eifersucht nicht Einhalt gebieten konnte.

Sie sagte, sie sei mittlerweile bereit, einfach alles zu versuchen, um ihrem Problem auf den Grund zu gehen. Sie wollte herausfinden, warum sie sich so verhielt, und frei davon werden. Mehrfach versicherte sie mir, dass dieses Verhalten so gar nicht ihrer eigentlichen Natur entsprach. Eine derartige Eifersucht hatte sie früher nie gekannt und sie wusste nicht, woher sie so plötzlich gekommen war.

Ich versicherte ihr, dass es mir Freude machte, sie in jeder Weise zu unterstützen, doch musste ich ihr auch sagen, dass ich ihr keinerlei Garantie geben konnte. Ich war spontan von meinem Thema befreit worden, indem ich den Worten einer spirituellen Lehrerin folgte. Ich wusste weder, ob Nancy denselben Prozess durchlaufen würde, noch konnte ich garantieren, dass sie dieselben Resultate erzielen würde, doch ich war bereit, es zu versuchen.

Sie wusste um meine umfangreiche Erfahrung als Therapeutin und Seminarleiterin und sie sagte: »Brandon, ich weiß, dass du tief auf das Leben vieler Menschen gewirkt hast. Ich bin total offen, alles zu versuchen, von dem du glaubst, dass es helfen könnte. Lass uns einfach anfangen.« Ihre Begeisterung und Offenheit ermutigten und inspirierten mich wieder einmal, mein Bestes zu geben. Also saßen wir zusammen und beteten. Ich betete besonders darum, dass Nancy wirklich frei werden würde. Ich hatte mit ihrem Ehemann gesprochen und er hatte mich gebeten, alles zu tun, was seiner Frau helfen könnte, da er sich außerstande sah, weiterhin ihre irrationalen Ausbrüche zu ertragen. Er hatte sich bereits bis zu einem gewissen Grad ihr gegenüber verschlossen und fürchtete, dass die Grenze des für ihn Erträglichen erreicht war – er spürte, dass es so nicht mehr weitergehen konnte.

Ich wollte den beiden wirklich helfen. Also fingen wir an. Ich bat sie, sich einfach hinzusetzen, präsent zu sein und sich selbst zu gestatten, die Eifersucht voll zu *fühlen* – ihr wirklich zu erlauben, an die Oberfläche zu kommen. Sie meinte leicht kichernd: »Kein Problem«, während die Emotion hervorbrach und ihr Gesicht leuchtend rosa wurde. Ich fragte sie, in welchem Teil ihres Körpers sie die Eifersucht am stärksten empfand. Sie zeigte auf ihre Brust. Ich konnte sehen, dass das Gefühl sehr intensiv für sie war, daher fragte ich sie schnell, was sich dahinter oder darunter befand.

Unerwartet sank sie ganz spontan hinab zur nächsten Schicht – Ärger. Wieder forderte ich sie auf, das Gefühl voll zu erleben, es vollständig zuzulassen. Ihr Gesicht wurde rot und ihr Körper begann zu zittern. Sie sagte: »Es ist nicht einfach Ärger, es ist Wut.«

»Gut, geh weiter und erlaube dir, diese Wut wirklich zu fühlen.«

Ihr Körper spannte sich an, als sie zuließ, dass ihre Wut hochkam und sie sie vollständig fühlte.

»Ich frage mich, was sich wohl dahinter befindet? Erlaube dir einfach, die nächste Schicht zu erreichen.« Ich konnte sehen, wie sie in die nächste Emotion sank.

»Schmerz«, sagte sie, während ihr die Tränen in die Augen traten.

»In welchem Teil deines Körpers fühlst du diesen Schmerz?«, fragte ich.

»Hier, in meinem Solarplexus.«

Sie begann offen zu weinen, und da ich spürte, dass sie das Gefühl rückhaltlos willkommen hieß, fragte ich sie wieder sanft: »Und was ist darunter?«

Wieder sank sie tiefer in eine weitere Schicht: »Verlassenheit.«

Bevor ich sie fragen konnte, wo in ihrem Körper sie dieses Gefühl empfand, fragte sie: »Ist es okay, wenn ich rede?«

»Natürlich«, antwortete ich, war aber nicht sicher, ob es sich dabei vielleicht um eine Art Ablenkung handelte. Bis jetzt war alles sehr gut gelaufen, Nancy war präsent gewesen und hatte die Gefühle voll zugelassen und ich wusste, dass es wichtig für sie war, weiterhin die nackten, reinen Emotionen zuzulassen und sich weder abzulenken noch ihnen aus dem Weg zu gehen.

Ich wollte gerade dafür sorgen, dass sie auf dem richtigen Weg blieb und einfach die reine Emotion willkommen hieß, als sie herausplatzte: »Ich sehe eine Erinnerung aus der Zeit, als ich acht Jahre alt war. Meine Schwester, meine beste Freundin und ich spielten am Strand. Dann lief meine Schwester weg, um mit meiner besten Freundin zu spielen, und ich fühlte mich total verlassen und verloren, so als ob sie alle Liebe und Freundschaft in meinem Leben gestohlen hätte.«

Ich schrieb schnell alles auf, was sie sagte, und dachte: »Das werden wir uns später anschauen. Im Moment muss sie immer noch die Schichten dieser Zwiebel weiter abschälen.« Ich sagte ihr also: »Vielen Dank. Ich habe alles aufgeschrieben und wir werden uns später damit beschäftigen. Jetzt wollen wir noch eine Weile bei der reinen Emotion bleiben, die du fühlst – also fühle einfach nur dieses totale Verlassensein … Was befindet sich darunter?«

Ihre Haltung veränderte sich sichtbar und sie sagte: »Ich fühle mich so verloren, so allein.«

»Dann lass dieses Gefühl voll zu. Nimm es rückhaltlos an«, forderte ich sie auf.

Ihr Gesicht nahm einen verlorenen Ausdruck an, der sie einsam und kindlich aussehen ließ. Es entstand eine lange Pause, während ihr Gesicht immer blasser wurde. Dann flüsterte sie aufgeregt: »Oh, Mist. Ich bin in etwas hinabgesunken, was ich noch nie gesehen habe. Da ist dieses schwarze Loch; es sieht aus wie eine totale Leere.«

Ich dachte: »Ich kenne diesen Ort nur zu gut – sie ist angekommen! Ich hoffe, sie hat den Mut, hineinzutauchen.« Dieses schwarze Loch war für mich so ungeheuer erschreckend gewesen und ich betete, dass ich irgendwie in der Lage sein würde, sie genug zu beruhigen, damit sie sich entspannen und hineinfallen lassen konnte. Liebevoll sagte ich: »Okay, lass dich einfach hineinfallen.«

Sie erwiderte: »Ich kann nicht. Ich habe Angst.«

»Es ist okay, Angst zu haben. Lass dich einfach direkt in das Nichts hineinfallen.« Sie begann zu zittern und dann stockte ihr für einen Moment der Atem. Innerlich fühlte ich einen Ansatz von Panik, doch dann sah ich, wie sich eine tiefe Entspannung in ihrem Körper ausbreitete und ein kleines Lächeln ihr Gesicht zu erhellen begann.

»Und was fühlst du jetzt?«, fragte ich, mittlerweile wirklich neugierig.

»Lachen!« – wobei sie begann, laut loszulachen. »Wovor habe ich nur Angst gehabt?«

»Wo fühlst du das?«

»In meinem Bauch und irgendwie überall«, antwortete sie, während sie sich vor Lachen schüttelte.

»Wunderbar, und was ist darunter?«

»Ich fühle mich wie ein Kind, verspielt und rundum glücklich.«

»Sehr schön! Genieße dieses Gefühl vollständig«, sagte ich.

Sie begann zu strahlen. »Und was ist jenseits davon?«

»Freude!« Ihr Gefühl schien ansteckend zu sein. Es erfüllte den ganzen Raum, sodass es auch mich ergriff. »Ich fühle mich, als würde ich einfach nur Freude ausstrahlen, so als wäre sie überall«, schwärmte sie.

Irgendetwas in meinem Innern sagte mir, dass sie immer noch nicht alle Schichten abgeschält hatte, also fragte ich noch einmal: »Und was befindet sich darunter?«

Im nächsten Moment erfüllte eine wunderbare Präsenz von Frieden den Raum, während sie völlig still wurde. Ein Ausdruck des Friedens und ehrfürchtigen Staunens leuchtete aus ihrem Gesicht.

»Ewig. Es ist ewig … Ich bin alles … Ich bin überall … Es ist Gott … Seligkeit. Es gibt keine Worte dafür, Brandon.«

»Ich weiß«, dachte ich. »Dafür gibt es keine Worte.«

Sie hatte es geschafft! Sie hatte sich selbst als das grenzenlose Bewusstsein erkannt, für das es keine Worte gibt. Und statt Stunden hatte sie nur Minuten dazu gebraucht!

»Wunderbar …«, sagte ich zu ihr. »Wunderbar. Ruhe einfach darin, *sei es*.«

Ich war überwältigt und von Ehrfurcht ergriffen. Wir hatten nur ungefähr fünfzehn Minuten gebraucht. Doch es stand außer Frage, dass Nancy eine tief greifende Erfahrung ihrer eigenen Essenz gemacht hatte, ihres wahren Selbst. Während ich ihr gegenübersaß, fühlte auch ich den allumfassenden Frieden, als wäre ich gemeinsam mit ihr durch die verschiedenen Schichten gesunken. Und so saßen wir einfach eine Weile beieinander und tankten die unbeschreibliche Schönheit der Wahrheit.

»Was nun?«, fragte ich mich. »Wie kann ich diesen Frieden in den Heilungsprozess integrieren, damit sie Zugang zu der Weisheit hat, die eine natürliche Folge dieses Friedens ist?«

Obwohl die Erfahrung ihrer eigenen Quelle tief greifend war, wusste ich, dass es nicht reichte, Nancy einfach in diesem Gefühl zu lassen. Sie musste immer noch die Erinnerung aus ihrer Kindheit verarbeiten, die so spontan aufgetaucht war. Ich wusste, dass mein Tumor sich nicht einfach nur aufgelöst hatte, weil ich gelernt hatte, Zugang zu meiner Seele zu finden, sondern dass es genauso wichtig gewesen war, das Problem aufzudecken, das in den Zellen meines Körpers gespeichert war, es endlich zu lösen und die ganze Angelegenheit zu einem Ende zu bringen – es war eine Kombination von beidem. Auch wenn das unendlich weite, grenzenlose, ewige Selbst an sich immens ist, ist es doch nicht das ganze Bild.

Wie konnten wir die aus diesem unendlich weiten, grenzenlosen Frieden geborene Weisheit dazu bringen, zu den verschiedenen emotionalen Schichten zu sprechen, die sie durchlaufen hatte – und, noch wichtiger, wie konnte sie diese Weisheit direkt mit der Erinnerung selbst in Verbindung bringen? Also bat ich sie ganz einfach, von diesem Ort des Friedens zu den verschiedenen emotionalen Schichten zu sprechen. »Wenn diese unendlich weite Ewigkeit, dieser Frieden, diese Liebe der vorangegangenen emotionalen Schicht, der Freude, irgendetwas mitzuteilen hätte, was wäre das?«, fragte ich.

Als sie zu sprechen begann, legte ich meinen Stift aus der Hand, so hingerissen war ich von der Weisheit, die ihr entströmte. Sie sagte: »Ich *bin* Freude! Freude ist mein innerstes Wesen. Ich muss einfach nur meine Aufmerksamkeit dorthin lenken und sie ist immer da.«

Ich hatte Nancy noch nie so einfach und schön sprechen gehört. Es schien, als ob die Wahrheit selbst durch sie sprach. Also stellte ich ihr dieselbe Frage bezüglich der nächsten Schicht und auch dieses Mal war das, was sie sagte, so inspirierend, dass mir die Tränen in die Augen traten. Auf diese Weise fuhren wir fort und ließen ihre eigene innere Weisheit mit jeder Schicht sprechen.

Ich saß still und demütig da und es schien mir, als ob die Wahrheit nicht nur der Weisheit Worte verlieh, sondern als ob sie alle Schmerzen der vorangegangenen emotionalen Schichten auflösen würde. Es war, als ob die Worte, die über Nancys Lippen kamen, ein Gegenmittel für den Schmerz waren, den sie erlitten hatte. Sobald sie zu einer Schicht gesprochen hatte, schien es, als hätte sich der Schmerz in der unendlich weiten Energie und dem Frieden, der den Raum erfüllte, aufgelöst.

Als sie zu der Schicht des Verlassenseins kam, blickte ich auf meine Notizen und stellte fest, dass dies der Moment gewesen war, in dem die Erinnerung aufgetaucht war. Ich dachte: »Da es den Anschein hat, als wüsste die Seele genau, wie dieser ganze Prozess abzulaufen hat, bin ich sicher, dass die Erinnerung aus einem bestimmten Grund und zu einem bestimmten Zweck an diesem Punkt hochgekommen ist. Es scheint, als wäre jetzt der richtige Zeitpunkt, diese alte Erinnerung näher anzuschauen und Nancy durch denselben Heilungsprozess zu führen, den ich mit meinem Tumor durchlaufen habe.«

In Erinnerung an meine Erfahrung mit Surja bat ich Nancy, sich ein Lagerfeuer vorzustellen und die verschiedenen Personen, die Teil ihrer Erinnerung waren, an das Feuer zu setzen. Ich schlug vor, dass sie auch einen Mentor zu dem Lagerfeuer mitbringen sollte, dessen Weisheit sie vertraute und in dessen Gegenwart sie sich sicher fühlte. Und so begann ihr Gespräch am Lagerfeuer.

Ihr Prozess verlief beinahe genauso wie meiner, und als die jüngere Nancy ihrer Schwester und ihrer besten Freundin von dem Gefühl des Verlassenseins und dem Schmerz berichtete, den sie empfunden hatte, schien es, als ob Jahre unausgesprochenen und unterdrückten Schmerzes endlich ausgedrückt und losgelassen wurden. Dann hörte sie zu, wie ihre Schwester und ihre beste Freundin ihr erzählten, was sie damals empfunden hatten. Nancy schien ehrlich überrascht, dass ihre Schwester nicht die Absicht gehabt hatte, ihre beste Freundin zu stehlen – dass sie einfach nur miteinander weggelaufen waren, um Spaß zu haben. Nancys Schwester entschuldigte sich aufrichtig für den Schmerz, den ihre Handlungsweise verursacht hatte.

Als es schien, als sei das ganze Thema endlich geklärt, fragte ich Nancy, ob sie das Gefühl hatte, dass alles erledigt war – oder gab es noch irgendetwas Unausgesprochenes, worüber sie mit ihrer Schwester reden wollte? Nancy erwiderte, dass sie ihrer Schwester danken wollte, dass sie nie gewusst hatte, wie sie sich fühlte, und dass sie ihr sagen wollte, dass sie sie liebte, auch wenn im Laufe der Jahre viele Missverständnisse zwischen ihnen gestanden hatten. Dann fragte ich sie noch einmal, ob jetzt alles abgeschlossen sei; hatte sie alles gesagt, was sie sagen musste, und alles gehört, was sie hören musste?

Sie antwortete schlicht: »Ja.«

Mir fiel ein, wie wichtig der Akt des Vergebens in meinem eigenen Prozess gewesen war, also fragte ich Nancy, ob sie jetzt bereit war, ihrer Schwester vollständig zu vergeben, aus der Tiefe ihres Herzens.

Leise antwortete sie: »Ja.«

Tränen liefen ihr über die Wangen, als sie endlich ihrer Schwester für den Verrat vergab, an den sie sich jahrelang geklammert hatte – ein Verrat, der in Wirklichkeit nie passiert war, ausgenommen in Nancys Kopf.

»Hmm«, dachte ich, »es ist unheimlich, wie sehr diese alte Situation dem ähnelt, was gegenwärtig in ihrem Leben passiert. Sie fühlt sich von Ronald, ihrem Ehemann, verraten und empfindet eine unerklärliche Eifersucht und Wut über etwas, das überhaupt nicht passiert ist.«

Ich finde es verblüffend, wie wir diese alten emotionalen Muster in unserem Innern speichern und dann mit unterschiedlichen Personen wieder und wieder durchspielen. Das gleiche Thema, nur andere Mitwirkende! Und doch scheinen wir nie den Schmerz loswerden oder die Lektion lernen zu können; wir lassen einfach nur die alten Muster immer wieder ablaufen!

Eine Freundin von mir hatte sich einmal bei mir darüber beklagt, dass sie von einer Beziehung in die andere zu schlittern schien. Sie sagte, dass es ihr so vorkam, als würde sie einfach alle ihre schlechten Angewohnheiten, ihre schmerzhaften alten Muster und ihren emotionalen Ballast in einen Koffer packen. Dann fing sie die nächste Beziehung an, öffnete den Koffer und dieselben alten Muster liefen wieder von vorne ab. Schließlich verstaute sie alle diese Angewohnheiten erneut im Koffer, beendete die Beziehung und stürzte sich in die nächste, öffnete den Koffer, holte ihren emotionalen Ballast heraus … Und immer so weiter, von einer Beziehung zur nächsten. Sie sagte, sie sei es müde, nie ihre Lektionen zu lernen, sondern ständig die alten Gewohnheiten zu wiederholen.

Nancy erinnerte mich an diese Freundin. Sie wiederholte das Verlassenheitsdrama aus ihrer Kindheit und die daraus resultierende Eifersucht mit ihrem Mann Ronald. Wenn sie nicht schnell aufwachte und ihr Verhalten änderte, würde sie vielleicht genau das bewirken, was sie am meisten fürchtete – dass ihre irrationale Eifersucht ihn vertrieb und Ronald sie tatsächlich verlassen würde. Dann hätte sie endlich einen wirklichen, nicht nur in ihrer Vorstellung existierenden Grund, sich verlassen zu fühlen.

Ich dachte bei mir: »Wir alle kennen dieses Verhalten. Ist es nicht erstaunlich, dass man uns bei unserer Geburt keine Gebrauchsanweisung aushändigt, die uns sagt, was wir in solchen Situationen tun und wir wir damit umgehen sollen, wenn diese Dinge hochkommen?«

Nachdem die Verarbeitung der Erinnerung abgeschlossen war, bat ich Nancy, noch einmal ihre innere

Weisheit zu den verbleibenden Schichten sprechen zu lassen und allen übrig gebliebenen Schmerz von der Energie des Friedens auflösen zu lassen. Danach schloss ich eine »Zukunftsintegration« an (ein oft angewandter NLP-Prozess, bei dem der nicht bewusste Geist geprüft wird, um sicherzustellen, dass der Prozess voll integriert ist). Ich forderte sie auf, in die Zukunft zu schauen – zuerst bis zum nächsten Tag, dann eine Woche später, einen Monat, sechs Monate, ein Jahr … und so weiter, um zu sehen, wie sie dann jeweils mit ihrem alten Verlassenheits-/Eifersuchtsthema umgehen würde.

Als Nancy einen Tag in die Zukunft schaute, sagte sie, sie fühle sich definitiv leichter und unbeschwerter, so als sei es kein großes Thema mehr, doch dass sie bewusst darauf achten müsse, sich nicht vorzustellen, dass ihr Mann heimlich irgendetwas hinter ihrem Rücken tat. Nach einer Woche war es schon leichter, das alte Muster loszulassen, doch zuweilen musste sie sich noch selbst dazu ermahnen. Nach einem Monat war das Ganze kaum mehr ein Thema und nach sechs Monaten tauchte es nie mehr bei ihr auf. Nach einem Jahr fühlte sie sich frei und voller Freude und nach fünf Jahren war sie völlig hingerissen von der Weisheit und Freiheit, die sie entwickelt hatte. Zehn Jahre in die Zukunft sagte sie, dass sie das Gefühl hatte, als bestünde sie aus strahlendem Licht und reiner Freude.

Davon überzeugt, dass ihr »zukünftiges Ich« ziemlich weise war, sagte ich: »Warum lässt du deinem gegenwärtigen Ich von der Weisheit deines zukünftigen Ich nicht ein paar Ratschläge zukommen? Schreib deinem gegenwärtigen Ich einen Brief von deinem zukünftigen Ich, in dem es dir ein paar praktische Ratschläge erteilt, was du tun, sagen und denken solltest, wie du deine Beziehung zu Ronald verbessern kannst und so weiter?«

Als sie die Augen öffnete, gab ich ihr ein Blatt Papier, auf dem sie sofort einen Brief an sich selbst zu schreiben begann. Ein paar Minuten vergingen, und als sie fertig war, legte sie ihren Stift nieder und sagte mit einem Lachen: »Mein zukünftiges Ich hatte mir eine Menge zu sagen – und nicht nur über Ronald, sondern über viele Dinge in meinem Leben.«

Indem sie mir den Brief reichte, fragte sie: »Was meinst du?« Ich las ihn und dachte noch einmal: »Das ist zeitlose Weisheit, so etwas wie moderne westliche Sutras. Und es ist nicht nur tiefgehend, sondern auch sehr praktisch.« Ich dankte Nancy dafür, dass ich ihren Brief lesen durfte, und schlug vor, sie solle ihn an ihren Badezimmerspiegel stecken, zur Erinnerung an die verschiedenen Versprechen, die sie sich selbst gegeben hatte.

Drei Tage später, als ich wieder mit Nancy sprach, sagte sie, dass das Eifersuchtsthema erledigt sei. Ich freute mich, war jedoch nicht sicher, ob ich wirklich überzeugt davon war. Also nahm ich mir vor, sie zwei Monate später nochmals anzurufen, einfach um zu schauen, was los war.

»Nein, das Thema ist bis heute nicht wieder aufgetaucht, Brandon. Es gibt andere Dinge, mit denen ich mich beschäftigen muss, doch das Thema Eifersucht hat definitiv seine Kontrolle über mich verloren«, sagte sie, als ich sie anrief.

Welch außerordentliches erstes Experiment! Nicht nur hatte Nancy erfolgreich das entdeckt, wonach wir alle unser Leben lang suchen – die Liebe und den Frieden im Zentrum unseres Wesens, die unsere Seele ausmachen –, sondern es war ihr auch gelungen, zu dem eigentlichen Kern dessen vorzustoßen, was ihr Eifersuchtsmuster ausmachte. Sie hatte wütende Eifersuchtsanfälle gehabt, ohne sie auch nur im Geringsten kontrollieren zu können, doch als sie mit dem wirklichen Problem konfrontiert wurde, das darunter gespeichert war – die Angst vor dem Verlassenwerden –, und als dieses Problem endlich gelöst war, war die Eifersucht überhaupt kein Thema mehr für sie!

»Interessant«, dachte ich. »Es ist also möglich, zum Kern eines Problems vorzustoßen, zu dem Ereignis, das es ausgelöst hat. Sobald dieses Kernproblem gelöst ist, kann sich das darüber gelagerte Muster endlich auflösen.« Ich überlegte: »Was wäre, wenn jeder dazu fähig ist? Wenn wir alle die wirkliche Ursache unserer Schmerzen entdecken und uns befreien können, bevor Krankheiten entstehen? Wenn wir uns selbst aufwecken können, damit unser Körper nicht gezwungen ist, es für uns zu tun?«

Anders als bei Nancy hatte mir mein Körper ein deutliches Warnsignal gegeben – in Form eines Tumors. Und man hatte mir nicht viel Zeit gelassen, herauszufinden, worin das Kernproblem bestand, das in den Zellen des Tumors gespeichert war. Gott sei Dank war ich geführt worden, jene Themen aus der Vergangenheit aufzudecken und loszulassen, sodass mein Körper seinen natürlichen Heilungsprozess beginnen konnte.

Wenn ich mir dieses Warnsignal nur früher gegeben hätte! Vielleicht wäre dann der Tumor gar nicht erst entstanden. Vielleicht hätte ich mich dann selbst befreien können, bevor das degenerative Zellmuster seinen Anfang nahm.

14

Und so begann ich meine individuelle therapeutische Arbeit auf der Basis dieses Abschälprozesses durchzuführen. Ich war entschlossen, den Menschen zu helfen, auf den Grund ihrer Themen und Probleme zu gelangen, zum Kern dessen, was in Wirklichkeit auf einer emotionalen Ebene ihre Handlungen bestimmte – denn ich wusste, dass es für eine echte Transformation wesentlich ist, dass sie auf der Seelenebene stattfindet.

Damit der Prozess sich ohne Druck entwickeln konnte, arbeitete ich zunächst nur mit engen Freunden und Familienmitgliedern. Ich begleitete alle unter ihnen, die offen waren für Selbstentdeckung und die eine starke Sehnsucht danach hatten, sich von einem emotionalen Thema zu befreien, von dem sie sich gefangen fühlten und das automatisch abzulaufen schien.

Eifersucht und Verlassenheitsgefühle sind nicht die einzigen emotionalen Probleme, die uns beherrschen. Wir alle haben unsere Themen und zum einen oder anderen Zeitpunkt kann es sich so anfühlen, als ob sie uns kontrollieren. Doch wissen wir in der Regel nicht, wie wir zum wirklichen *Kern* des Themas vorstoßen können – der dem Schmerz zugrunde liegenden Ursache. Daher nähern wir uns dem Ganzen nur an der Oberfläche, indem wir es entweder ignorieren oder so tun, als existiere es nicht, oder versuchen, uns selbst davon zu überzeugen, dass wir uns vielleicht tatsächlich heilen können, wenn wir uns nur immer wieder die richtigen Dinge vorsagen. Währenddessen bleibt die versteckte Ursache weiterhin in unserem Innersten bestehen und wir wundern uns, warum wir das Problem anscheinend nicht loswerden, so sehr wir es auch versuchen.

Jeder, mit dem ich gearbeitet habe, sank erfolgreich durch die verschiedenen Schichten und war anschließend völlig verblüfft darüber, dass alte Wunden die Ursache für den gegenwärtigen Schmerz waren. Ich war begeistert über die erstaunlichen Resultate. Wir arbeiteten an allen erdenklichen Themen – Eifersucht, Groll, Angst, Schuld, Scham, Verlust, Wut, was immer es auch sein mochte. Im Laufe der Monate stellte ich fest, dass sich ein deutliches Muster herauskristallisierte, und so beschloss ich, eine sehr einfache Anleitung zu schreiben, die dazu benutzt werden konnte, Menschen beim Durchlaufen der verschiedenen Schichten zu unterstützen. Danach entwarf ich eine weitere Anleitung, um Menschen bei der Entdeckung und Lösung ihres emotionalen Themas zu helfen. Diese bestand aus dem Gespräch am Lagerfeuer, dem vollständigen Vergebungsprozess und der Zukunftsintegration – damit man sehen konnte, wie anders die Dinge in Zukunft sein würden. Schließlich folgte ein Brief des zukünftigen Ich an das gegenwärtige Ich.

Da der Text grafische Darstellungen enthielt, half mir Nancy, die ein Computergenie ist, meinen Text mit den Grafiken in eine Datei zu übertragen, um ein klareres Bild des ganzen Prozesses zu bekommen. Nachdem sie das Ganze ausgedruckt hatte, gab ich es Don, von dem ich wusste, dass er nicht nur ein Experte in diesem Bereich, sondern darüber hinaus von Natur aus recht kritisch und skeptisch ist. Nachdem er es gelesen hatte, sagte er: »Das ist wirklich beeindruckend, Brandon. Das ist wahrscheinlich eine der tiefgreifendsten und wichtigsten Arbeiten im Bereich der ganzheitlichen Heilung heute. Hast du was dagegen, wenn ich es bei einigen meiner eigenen Beratungen benutze?«

»Nein«, sagte ich, überwältigt von seiner positiven Reaktion. Ich war davon ausgegangen, dass er sehr kritisch und pingelig sein würde. Stattdessen schien er wirklich beeindruckt.

Er sagte: »Du hast monatelang daran gearbeitet, und das zeigt sich, nicht nur in der Wortwahl, sondern auch in Satzbau und Inhalt. Es ist nicht nur bemerkenswert, es ist *unmittelbar einsetzbar*.«

Ich war sprachlos und fühlte, dass sich vielleicht einige Aspekte der tief greifenden Arbeit, die ich während der letzten paar Monate geleistet hatte, tatsächlich gelohnt hatten. Als wir gemeinsam auf dem Sofa in unserem Wohnzimmer saßen und ich die zwölf Seiten des ersten Entwurfs des »Emotional-Journey-Prozesses« (Emotional Journey = Gefühlsreise, emotionale Reise) durchsah, hatte ich das Gefühl, als ob ein Teil des Puzzles endlich an der richtigen Stelle lag. Ich hielt in meinen Händen ein lebendiges Werkzeug, das auf eine sehr praktische Weise benutzt werden konnte, um anderen zu helfen, sich auf ihre spirituelle und emotionale Reise zu machen.

Leise erzählte ich Don von der Vision, aus der der Emotional-Journey-Prozess entstanden war; wie ungeheuer dankbar ich für den Tumor gewesen war und wie dieser Weckruf mich auf so vielen Ebenen meines Seins befreit hatte, nicht nur körperlich. Er war ein unbezahlbares Geschenk gewesen, von dem ich fühlte, dass es irgendwie an andere Menschen weitergegeben werden musste, und ich betete, dass andere dadurch die immense Weisheit erkennen konnten, die in ihrem Innern ruht, und sich inspiriert fühlten, sich auf ihre eigene spirituelle und körperliche Entdeckungsreise zu begeben.

Ich sagte ihm, wie tief bewegt ich während der letzten Monate gewesen war – wie privilegiert ich mich gefühlt hatte, anderen bei der Entdeckung ihres wahren Selbst helfen zu dürfen, und wie sehr ich von der Tatsache ergriffen war, dass sie sich alle hatten befreien können. Ich war verblüfft über den natürlichen Wunsch und die Bereitschaft der Seele, dem Körper zu helfen, sich von den emotionalen Problemen zu befreien, die jahrelang in ihm gespeichert gewesen waren. Jeder einzelne meiner Freunde, mit denen ich gearbeitet hatte, war so offen gewesen, so bereit, so mutig, und die Resultate spiegelten diese innere Größe wider.

Ich hatte vor langer Zeit einmal die Worte eines spirituellen Lehrers gehört, der sagte: »Wenn du einen Schritt auf die Gnade zugehst, wird sie tausend Schritte auf dich zugehen.« Das schien beim Thema Heilung in jedem Fall zuzutreffen. Es ist, als ob die Weisheit des Körpers es kaum erwarten kann, uns zu helfen, diese alten Themen loszulassen. Wenn wir uns nur ein wenig Mühe geben, übernimmt sie den Rest.

Ich sagte Don, dass es mein tiefster Wunsch war, Menschen zu erreichen, die *körperliche* Probleme, Blockaden und Krankheiten hatten; dass ich ihnen helfen wollte, sich nicht nur von ihren emotionalen Problemen zu befreien, sondern sich auch auf eine körperliche Reise zur Heilung zu begeben. Durch meine eigene Erfahrung mit dem Tumor wusste ich, wie wichtig es ist, die Erinnerungen aufzudecken und ins Bewusstsein zu holen, die in den Zellen gespeichert sind, und auf diese Weise an den Kern des Problems zu gelangen. Ich spürte instinktiv, dass es nicht einfach nur ein zufälliges Erlebnis gewesen war. Ich wusste, dass diese Möglichkeit für uns alle besteht. Also betete ich in meinem Innern darum, dass Menschen mit körperlichen Problemen und Krankheiten sich zu mir hingezogen fühlten, damit wir die Arbeit auf dieser wie auch auf der emotionalen Ebene beginnen konnten.

15

Am nächsten Tag flog Don nach New York, wo er eines seiner Robbins-Research-Seminare gab, und während er dort war, rief ihn eine Frau namens Ruth an und fragte ihn, ob er ihr helfen könne. Die Ärzte hatten bei ihr einen Gebärmuttertumor von der Größe einer Grapefruit diagnostiziert, und obwohl sie schon in den Sechzigern war, glaubte sie nicht an das Sprichwort: »Man kann einem alten Hund keine neuen Kunststücke mehr beibringen.« Sie war offen dafür, alles zu versuchen, was ihr helfen konnte, sich selbst zu heilen.

Die Ärzte hatten ihr gesagt, dass eine Operation unumgänglich sei und dass man ihr die Gebärmutter entfernen müsse. Sie meinte dazu: »Wissen Sie, nur weil ich in einem Alter bin, in dem ich keine Kinder mehr bekommen kann, heißt das nicht, dass ich mir mein Inneres herausschneiden lassen will. Die Ärzte tun so, als sei es etwas Alltägliches und völlig normal, wenn sie mir die Gebärmutter herausnehmen.«

Über eine Freundin hatte sie davon gehört, dass ich mich erfolgreich von einem Tumor geheilt hatte, der wesentlich größer gewesen war als ihrer, und sie wollte wissen, ob Don ihr irgendeinen Rat geben konnte. Ihr Operationstermin war in vier Wochen. Don sprach ihr Mut zu und sagte, es sei nie zu spät zum Lernen und er sei definitiv der Ansicht, dass es möglich ist, an der eigenen Heilung aktiv mitzuarbeiten. Er schlug ihr vor, mich anzurufen und mit mir persönlich zu sprechen, und nachdem sie meine Geschichte gehört hatte, würde er alles tun, was in seinen Kräften stand, um ihr zu helfen.

Es war erst ein Tag vergangen und schon war mein Gebet erhört worden! Menschen mit körperlichen Problemen fühlten sich zu meiner Arbeit hingezogen. Don vergaß mich anzurufen und wissen zu lassen, dass er Ruth meine Nummer gegeben hatte, daher war ich vollkommen überrascht, als sie sich meldete. Ich war erfreut, mit ihr zu sprechen, sagte ihr, wie sehr ich ihren Mut und ihre Offenheit bewunderte, und ließ sie wissen, dass Heilung auf der zellulären Ebene in jedem Fall möglich ist. Ich fragte sie, welcher Art ihr Tumor war, und sie sagte, die Ärzte gingen davon aus, dass es ein Fibrom sei.

»Also ein gutartiger Tumor und kein Krebs, nicht wahr?«

»Ja«, antwortete sie in ihrem rauen New Yorker Akzent.

»Besteht irgendeine Gefahr für Sie, wenn der Operationstermin verschoben wird?«

»Nein, ganz und gar nicht. Es ist nur so … Sie wissen schon, die Ärzte …«

Ich fragte sie, ob sie bereit war, ihren nächsten Untersuchungstermin um sechs Wochen zu verschieben.

»Man hat mir aber bereits einen Operationstermin in vier Wochen gegeben.«

»Ich weiß, dass ich Sie da um etwas Schwieriges bitte, doch könnten Sie den Termin absagen oder zumindest auf einen späteren Zeitpunkt verlegen? Ich habe sechs Wochen gebraucht, bis die Heilung abgeschlossen war, und ich möchte vermeiden, dass Sie sich unter Zeitdruck setzen.«

Sie wirkte nervös und unsicher. Ich war vom ersten Moment unseres Gesprächs an ganz direkt und deutlich gewesen, während sie noch immer mit der Vorstellung zu kämpfen hatte, dass ihre Heilung so schnell vonstatten gehen könnte. Dann erzählte ich ihr meine eigene Geschichte und endete mit dem Vorschlag, dass sie meinen Mann um eine persönliche Beratung unter vier Augen bitten sollte, in deren Verlauf sie eine Möglichkeit haben würde, einen Prozess zu durchlaufen, den ich aufgrund meiner eigenen Heilungserfahrung entwickelt hatte. Zumindest würde sie sich damit emotional von dem befreien, was in ihrem Tumor gespeichert war, und die Lektionen lernen, die er für sie bereithielt.

Sie fragte mich, ob ich diesen Prozess bereits mit jemand anderem durchgeführt hätte, der unter einem Tumor litt, und ich gab zu, dass sie die Erste sein würde – abgesehen von mir selbst. Doch versicherte ich ihr, dass sie nichts zu verlieren hatte außer Begrenzungen, alten schmerzhaften Mustern und traumatischen Erinnerungen, die in ihren Zellen gespeichert waren. Das Schlimmste, was ihr passieren konnte, war, zwei Stunden verschwendet und eine Operation verschoben zu haben, die nicht dringend war. Und wenn alles gut lief, würde es ihr vielleicht gelingen, sich selbst erfolgreich von ihrem Tumor zu heilen.

Wir sprachen ungefähr eine Dreiviertelstunde miteinander und am Ende klang sie dankbar, aber noch immer ein wenig skeptisch. Ich konnte sie verstehen. Ich bin genauso. Bevor ich nicht weiß, dass etwas für mich wahr und richtig ist, sind die Behauptungen anderer Leute einfach nur Worte, mit denen ich nicht viel anfangen kann.

Ruth entschied sich jedoch, den Prozess zu versuchen – sie verschob ihre Operation um zwei Monate und bat Don um einen Termin. Wie sich herausstellte, machten ihr die Ärzte nicht so viel Schwierigkeiten, wie sie befürchtet hatte – vielleicht weil sie ihren Fall mehr als Routine und nicht als dringende Notwendigkeit betrachteten.

Am nächsten Abend rief Don mich an und fragte: »Jetzt sag mir bitte noch mal, wie es genau war. Bist du tatsächlich in den Tumor hineingegangen und hast die Erinnerungen aufgedeckt, die dort verborgen waren?« Ich hatte vor kurzem eine komplett neue Anleitung für den Prozess erarbeitet, den ich ursprünglich auf dem Tisch der Massagetherapeutin durchlaufen hatte. Durch Sprachmuster, die auf das Unbewusste ausgerichtet sind, führt die »Physical Journey« (Körperreise, körperliche Reise) die Betreffenden eine Reihe von Stufen hinab zu ihrer Quelle. Während sie sich dort, in ihrer Essenz, befinden, werden sie aufgefordert, sich innerlich vorzustellen, wie sie ein magisches Raumschiff besteigen, das in der Lage ist, sie sicher und ohne Schwierigkeiten zu jedem Teil ihres Körpers zu bringen – es wird von der ihrem Körper innewohnenden Weisheit gesteuert, also gibt es nichts, worüber sie sich Gedanken machen oder um was sie sich bemühen müssten. Sie müssen sich einfach nur von diesem Raumschiff dorthin bringen lassen, wo es sie hinführt.

Auf diese Weise konnten wir sicher sein, dass der eigenen inneren Weisheit erlaubt wurde, zu bestimmen, wo die Arbeit beginnen sollte – wodurch der bewusste Verstand davon befreit wird, diese Entscheidung treffen zu müssen. Die in den Zellen gespeicherten Erinnerungen werden dort angezapft, wo die Weisheit des Körpers es für richtig hält, und der Prozess kann dort stattfinden.

Ich instruierte Don genauestens in der Abfolge der neuen Physical Journey und machte ihm ein paar präzise Vorschläge, wie er mit Ruth arbeiten sollte. Als er alles verstanden hatte und sich zuversichtlich anhörte, sagte ich zu ihm: »Komisch, dass du derjenige bist, der die Körperreise als Erster begleitet. Findest du es nicht auch interessant, dass es sich dabei um eine Frau handelt, die einen Gebärmuttertumor hat?«

»Ja, doch sie ist schon über sechzig und hat nicht denselben Hintergrund und Einblick in die Dinge wie du, Brandon.«

»Nun, es ist nicht die Person, sondern der *Prozess*, der funktioniert! Das haben wir mittlerweile doch ganz klar festgestellt. Aber weder du noch Ruth sind hier die entscheidende Instanz; es ist Sache der unendlichen Intelligenz in ihrem Körper, die tatsächliche Heilung zu bewirken. Ihr beide werdet einfach nur Teilnehmer bei dem ganzen Prozess sein. Ruf mich an, wenn ihr fertig seid. Ich möchte wissen, wie es gelaufen ist.«

Drei Tage später rief Don an. »Also, überraschenderweise ist alles sehr gut gelaufen. Ruth hat eine Menge Mumm für eine Frau in ihrem Alter und sie war voll bei der Sache. Sie bat um eine weitere Sitzung, um ganz sicherzugehen.«

»Klar, warum nicht? Es kann nur gut für sie sein; sie hat nichts zu verlieren außer altem emotionalem Ballast.« Also machten sie eine zweite Sitzung.

Drei Monate lang hörten wir nichts mehr von Ruth. Robbins Research hatte uns nach Australien geschickt, um dort Seminare zu leiten, daher wussten wir nichts von der Nachricht, die sie auf unserem Anrufbeantworter hinterlassen hatte. Als wir nach Hause zurückkamen und die eingegangenen Gespräche abhörten, musste ich grinsen, als ich ihren typischen New Yorker Akzent vernahm.

»Also, ich war beim Arzt. Er konnte den Tumor nicht finden; das Einzige, was noch übrig war, war ein wenig Flüssigkeit, die er mit einer Nadel absaugte … Ich dachte, das interessiert Sie vielleicht. Da haben wir die Ärzte wohl ausgetrickst, hm?« Sie hörte sich gleichzeitig schelmisch, verspielt und auf eine trockene Art unbeeindruckt an.

16

Während ich mich auf unsere Reise nach Australien vorbereitete, fuhr ich fort, den Emotional-Journey-Prozess zu verfeinern und dabei alles zu berücksichtigen, was ich laufend durch meine Arbeit mit Menschen lernte. Jedes Mal, wenn ich mit jemandem arbeitete, wurde der Text genauer, klarer und benutzerfreundlicher. Ich beschloss, das Manuskript mit nach Australien zu nehmen, falls sich während meines Aufenthalts dort die Notwendigkeit für Journey-Arbeit ergeben würde.

Wir verbrachten eine wundervolle Zeit in Australien. Die Menschen dort sind besonders gastfreundlich und lebensfroh. Das Land macht einen sehr jungfräulichen Eindruck und die Mentalität der Australier ist von einer jugendlichen Begeisterung und Offenheit, die ich besonders anziehend finde.

Während wir dort waren, kam mir der Gedanke, dass sie vielleicht genau die Art von Menschen waren, die den Emotional-Journey-Prozess gern lernen würden. Seit dem Verschwinden meines Tumors waren beinahe zwei Jahre vergangen und ich hatte während dieser Zeit ausschließlich im Rahmen individueller Sitzungen mit anderen gearbeitet. Obwohl die Ergebnisse äußerst positiv gewesen waren, war es doch so, dass ich diese Menschen anleitete und dass sie den Prozess nicht wirklich selbst erlernten. Ich »gab ihnen Fisch«, aber ich lehrte sie nicht, »wie man fischt«. Mir war oft der Gedanke gekommen, wie viel wirksamer es wäre, wenn die Leute lernen könnten, allein durch diesen Prozess zu gehen. Dann müssten sie nicht zu einem speziellen Trainer oder Therapeuten gehen, sondern könnten ihren Prozess des Abschälens selbst durchführen.

Schließlich handelt es sich dabei um eine Reise. Es ist kein Heftpflaster, das man auf ein Problem klebt – und fertig. Wir alle haben zahlreiche emotionale Themen, an denen wir arbeiten müssen, und ich wünsche mir zutiefst, dass wir alle diese Einschränkungen immer wieder loslassen, solange sie auftauchen. Wir sollten nie aufhören, uns zu transformieren, sondern uns immer mehr unseres wahren Selbst als eines makellosen Diamanten bewusst werden, indem wir die begrenzenden Schichten beiseite räumen, die unser wahres Selbst zu verdecken scheinen.

Ich stellte mir vor, wie wunderbar es wäre, wenn ich Menschen zeigen könnte, wie sie den Emotional-Journey-Prozess gemeinsam durchführen können. Dann hätten sie eine Reihe von Werkzeugen für die Arbeit mit allen emotionalen Problemen, mit denen sie in ihrem Leben konfrontiert werden. Es ist nicht so, dass ich persönlich Teil der Heilungsreise jedes Einzelnen sein muss. Es ist besser, wenn Menschen in der Lage sind, ihre eigenen Schichten abzuschälen, die grenzenlose Stille zu entdecken, die ihr innerstes Selbst ist, ihre eigenen emotionalen Probleme zu lösen, ihrer eigenen Geschichte vollständig zu vergeben und sie zum Abschluss zu bringen. Dann ist es Sache der Natur, das zu tun, was sie am besten kann – den Körper und das Wesen zu heilen.

Ich dachte: »Wäre es nicht fantastisch, wenn Menschen ein Manuskript hätten, mit dem sie arbeiten können – einen Text, den sie zusammen mit ihren Partnern und Freunden anwenden können. Anstatt jeden Abend vor dem Fernseher zu sitzen, würden sie vielleicht manchmal beschließen, ein bisschen Transformationsarbeit zu machen, und anfangen, als Ausdruck ihres wahren Selbst zu leben – in Freiheit.«

Also beschloss ich, im Haus meiner Freunde Catherine und Peter einen kurzen Abendworkshop zu veranstalten. Ihr Wohnzimmer war groß genug, um problemlos ungefähr sechzehn Personen unterzubringen. Mir schien, das wäre eine kleine, aber überschaubare Zahl, um die Journey-Arbeit auszuprobieren.

Am Abend von Dons letztem Seminar lud ich die Leute öffentlich ein, zu diesem besonderen ersten Abend zu kommen. Ich erzählte meine eigene Geschichte und fügte hinzu, dass ich wirklich nur diejenigen einladen wollte, die den ernsthaften Wunsch hatten, sich von einem Thema zu befreien, von dem sie sich gefangen fühlten – ein emotionales Muster oder ein körperliches Problem, das immer wieder auftauchte, wie viel sie auch schon versucht hatten, wie lange sie deswegen schon in Therapie waren und wie viele Seminare sie bereits hinter sich hatten.

Ich wollte keine Menschen einladen, die einfach nur einen weiteren Prozess kennen lernen wollten. Ich hatte nur Raum für sechzehn Personen und das Gefühl, dass dieser Platz kostbar war und denjenigen zur Verfügung gestellt werden sollte, die sich wirklich aus tiefstem Herzen danach sehnten, sich von etwas zu befreien, mit dem sie seit Jahren zu kämpfen hatten.

Die Hälfte der Anwesenden hob die Hände, daher wiederholte ich meinen Appell noch einmal: »Dieser Prozess dient unserer inneren Freiheit und ist nichts für Schwächlinge oder Neugierige. Er ist für diejenigen, die wirklich die Ärmel hochkrempeln und dem Ungeheuer in die Augen schauen wollen – die alte emotionale Erinnerungen und Muster erkennen und beseitigen wollen, was unter Umständen nicht sehr angenehm ist. Ich bitte also darum, dass nur diejenigen zu mir nach vorn kommen, die bereit sind, wirkliche Tiefenarbeit zu leisten und ihre Geschichten endlich abzuschließen.«

Die sechzehn Plätze waren so rasch gefüllt, wie ich die Namen aufschreiben konnte. Als ich das Meer enttäuschter Gesichter sah, bedauerte ich zutiefst, alle anderen abweisen zu müssen. Mir war nicht klar gewesen, wie sehr wir uns alle danach sehnen, unser wahres Selbst zu erkennen und die Fesseln abzuschütteln, die uns emotional binden und uns davon abhalten, die grenzenlose Freude im Kern unseres Wesens zu empfinden.

Ich hatte den Journey-Prozess bereits mit ein paar australischen Freunden gemacht, also bildete ich sie zu Assistenten aus, damit die Menschen, die zum ersten Mal Journey-Arbeit machten, sich sicher und unterstützt fühlen konnten. Don war an meiner Seite und stellte bei diesem ersten Journey-Seminar seine große Erfahrung zur Verfügung. Es waren also acht Paare, die durch den Prozess gingen, und vier Helfer, was ein gutes Verhältnis schien – ein Assistent für jeweils zwei arbeitende Paare. Einer von uns würde jederzeit bereitstehen, falls jemand Hilfe brauchen sollte oder eine Frage hatte. Alle Teilnehmer sollten wissen, dass es sich hier um ein sicheres und geschütztes Feld handelte und dass sie alle nur mögliche Unterstützung hatten.

Alle sechzehn Personen erschienen pünktlich zum vereinbarten Termin. Als wir uns im Raum versammelten, konnte ich einen wachsenden Eifer fühlen, aber auch eine Menge Nervosität. Ich schlug vor, ein paar Minuten in Stille zu verbringen, damit unsere Energien sich beruhigen konnten und wir in der Lage waren, voll präsent zu sein. Also setzten wir uns hin, schlossen die Augen und versanken in eine stille Meditation.

Wieder einmal fand ich mich in dem kraftvollen Frieden wieder, der zu einer vertrauten Strömung geworden war, die mein Leben trug. Im Raum wurde es völlig still; man hätte eine Stecknadel zu Boden fallen hören können. Nicht ein Muskel bewegte sich und doch war die Energie im Raum voll Wachsamkeit und sprühendem Geist.

Ich hatte das Gefühl, als würde mein Bewusstsein nicht nur den Raum erfüllen, sondern sich grenzenlos jenseits davon ausdehnen und alles umfassen. Mein Verstand wurde vollkommen still, frei von allen Gedanken, und es schien, als ob wir alle in dieser Präsenz der Liebe badeten. Wir waren in die Quelle eingetaucht.

Nach ein paar Minuten öffneten wir die Augen, und kurz bevor ich zu sprechen begann, fiel mir auf, dass diese Stille ansteckend ist. Wenn auch nur ein einziger Mensch sich im Zustand gedankenfreien Bewusstseins befindet, überträgt sich das auf jeden anderen im Raum. Ich habe kürzlich einen wunderschönen Satz von W. B. Yeats gelesen, der dies perfekt zum Ausdruck bringt:

Wir können unseren Geist dazu bringen, wie ein stilles Wasser zu werden, sodass andere Wesen zu uns kommen, um ihr eigenes Bild zu sehen und so durch unsere Stille für einen Augenblick ein klareres, vielleicht sogar leidenschaftlicheres Leben zu führen.

Im Laufe der Jahre hatte ich schon häufig ein Sanskrit-Wort gehört, das benutzt wird, um dieses Phänomen zu beschreiben. Es lautet *Satsang; Sat* steht für »Wahrheit« und *sang* bedeutet »in Gesellschaft von«. *Satsang* heißt also »in der Gesellschaft, der Gegenwart, der Gemeinschaft von Wahrheit«. Hier waren wir nun und ruhten in einem Gefühl des Friedens, in Stille, in der Gesellschaft der Wahrheit selbst. *Satsang*.

Nach der Meditation erzählte ich allen von meiner Heilungsreise. Auch als die Geschichte sich entfaltete, badeten wir immer noch in diesem Frieden, in *Satsang*. Ich achtete darauf, das Abschälen der einzelnen Schichten zu erwähnen und die Erfahrung, dass sich darunter eine schwarze Leere aus Nichts befand. Ich erzählte, wie ich mich – nachdem ich durch das »Tor« gefallen war – in der Gegenwart einer Liebe wieder fand, die ich als meine eigene Seele erkannte. Ich erzählte der Gruppe von der Ehrfurcht, die ich angesichts meiner eigenen inneren Weisheit fühlte, und wie mir klar wurde, dass die unendliche Intelligenz in unserem Innern für jede Heilung verantwortlich ist und dass ich nur ein demütiger Teilnehmer an diesem Prozess bin.

Ich sagte, ich sei davon überzeugt, dass es allen Menschen möglich ist, ihr wahres Selbst zu erkennen und in dieser Erkenntnis die unendliche Weisheit zu kontaktieren, die ihrer inneren Quelle entspringt. Ich betonte, dass Journey-Arbeit kein Prozess ist, bei dem es darum geht, mit dem Geist über die Materie zu siegen, sondern dass er vielmehr eine Entdeckungsreise in die Seele darstellt.

Weiter erklärte ich ihnen, dass ich sicher sei, dass wahre Heilung auf der Seelenebene stattfindet – auf der Ebene essenziellen Bewusstseins – und sich durch die emotionalen Ebenen zurück bis auf die körperliche Ebene widerspiegelt. Um also an den Kern eines emotionalen Themas zu gelangen, müssen wir erst zu dem Kern dessen gelangen, wer wir wirklich sind. Sobald wir in Kontakt sind mit unserer eigenen Essenz, kann uns jene innere Weisheit anleiten, alle emotionalen Erinnerungen aufzudecken, die im Körper gespeichert sind. Erst dann können wir den Dingen, die uns quälen, auf den Grund gehen und uns selbst befreien. Während ich sprach, schaute ich den einzelnen Anwesenden tief in die Augen, und es ermutigte mich zu sehen, dass ein Teil in ihnen zu erkennen und zu verstehen schien, worüber ich sprach.

Ich fragte einen meiner Freunde, Ian, ob er bereit sei, eine Livedemonstration des Journey-Prozesses zu geben, und er war sofort einverstanden, was ich äußerst liebenswürdig von ihm fand. Er hatte ein Problem mit Frustration, das ihn schon lange quälte, also beschlossen wir, damit zu arbeiten. Obwohl er in Australien lebte, war Ian

Engländer und eher reserviert. Daher war ich ihm sehr dankbar, dass er emotional offen war und authentisch die verschiedenen Schichten durchlief.

Während er das tat, war es, als würde jeder im Raum mit ihm durch die Schichten hinabsteigen. Irgendwann geriet er an eine Schicht von Hilflosigkeit, und als er zu weinen begann, stellte ich fest, dass viele der Anwesenden Tränen in den Augen hatten. Er zögerte einen Augenblick, als er in das schwarze Loch tauchte, das er als Nichts beschrieb, doch dann begann sein Gesicht vor Freude zu strahlen, als er den Frieden in seinem Innern erreichte.

Schließlich kam er an eine Erinnerung aus seiner frühesten Kindheit, als er noch in der Wiege lag. Er hatte das Gefühl, verlassen worden zu sein, und fühlte sich sehr frustriert und machtlos, weil er sein Bedürfnis nach Hilfe nicht mitteilen konnte. Am Lagerfeuer war er schließlich in der Lage, seinen Eltern gegenüber auszudrücken, was er damals wirklich empfunden hatte, und es fiel ihm nicht schwer, ihnen zu vergeben. Als wir mit dem Prozess fertig waren, strahlte er vor stillem Glück und wirkte tatsächlich wie ein Kind.

Ich schaute mich im Raum um und sah, dass einige der Anwesenden weinten. Sie waren überaus bewegt und sehr berührt davon, dass sie in so kurzer Zeit Zeugen einer derart tief greifenden Transformation gewesen waren. Der Raum war erfüllt von Zärtlichkeit, Mitgefühl und einer Bereitschaft zur Offenheit. Es war der richtige Augenblick, um den Teilnehmern vorzuschlagen, sie sollten ihre Manuskripte hervorholen, sich in Paare aufteilen und mit ihrem eigenen Prozess beginnen.

Während ich durch den Raum ging, war ich tief bewegt von der Tiefe der Prozesse, die abliefen, und wie viel die einzelnen Personen losließen. Es gab jedoch eine Frau, der es schwer zu fallen schien, durch die Schichten hinabzusteigen – jedes Mal, wenn sie in die Nähe der Schwärze kam, wandte sie sich ab und kehrte an ihren Ausgangspunkt zurück.

Das fiel mir auf und ich dachte: »Hmm, tun wir das nicht alle? In dem Moment, in dem wir fast bereit sind, den Durchbruch zu schaffen, hält uns etwas in unserem Innern ab, wir stecken fest, und anstatt weiterzugehen, kehren wir zu unseren alten Gewohnheiten zurück. Wir haben Angst vor dem Unbekannten, selbst wenn dies bedeutet, dass wir uns niemals von unseren alten Geschichten von Schmerz und Leid befreien können.«

Bei dieser Frau war eine chronische Depression diagnostiziert worden und sie war dadurch so beeinträchtigt, dass sie nicht mehr arbeiten konnte und seit sechs Jahren von einer kleinen Rente lebte. Als sie an diesem Abend ankam, meinte sie zu mir, dass dieses Seminar ihre letzte Hoffnung war. Sie hatte alles versucht, von Therapie über Medikamente bis zu Seminaren, und nichts hatte ihr geholfen. Selbst das Aufstehen am Morgen war ein Kampf für sie. Sie hatte sich unter Aufbietung aller Kräfte zu dem Seminar an diesem Abend geschleppt.

In ihrer Stimme lag ein Tonfall des Versagens, so als hätte sie bereits im Voraus entschieden, dass sie auch dieses Mal versagen würde, so wie bei jedem anderen Versuch im Laufe der letzten sechs Jahre. Als ich zu ihr ging, war sie bereits dreimal bis zum Abgrund vorgestoßen – doch sie wagte sich einfach nicht in das schwarze Loch hinein. Als ich mir anschaute, was ihr Partner als ihre emotionalen Schichten notiert hatte, dachte ich: »Hmm, das ist schwarz auf weiß das vollständige Muster ihrer Depression. Es ist klassisch. Natürlich weiß sie nicht, wie sie sich durch das schwarze Loch fallen lassen soll – es ist genau das, was sie am meisten fürchtet.«

Ich erinnerte mich an meine eigene erste Erfahrung des schwarzen Nichts, daran, welche Angst ich gehabt hatte, mich am Rand der totalen Auslöschung zu befinden, und wie sehr ich mich gefürchtet hatte. Ich empfand tiefes Mitgefühl mit dieser Frau und gleichzeitig ein klares Wissen, dass sie sich – um endlich ihre alten Muster loslassen zu können – dem Nichts stellen und sich fallen lassen musste.

Mit sanfter, aber fester Stimme fragte ich: »Können Sie das Muster erkennen? Sie bewegen sich von der Depression zur Hoffnungslosigkeit, zu Hilflosigkeit, Trostlosigkeit, Verzweiflung, Angst, Panik – und dann taucht dieses schwarze Nichts auf und Sie stecken fest und sind wütend und frustriert. Was tun Sie dann? Das Gefühl von Frustration macht Sie depressiv – worauf Sie zu Ihrem Ausgangspunkt zurückkehren und das ganze Muster von vorne ablaufen lassen. Kommt Ihnen das bekannt vor?«

»O ja. Dieses Verhalten ist mir sehr vertraut. Ich kenne es gut. Es ist tatsächlich das, was ich immer wieder tue. Wenn ich an die Angst und Panik stoße, gebe ich auf. Was mich wiederum so frustriert, dass ich total depressiv werde.«

Ich fragte sie, ob sie bereit sei, sich endlich von diesem tödlichen Kreislauf zu befreien. Sie erwiderte mit klarer Stimme: »Natürlich will ich das. Ich bin es leid, mich so elend zu fühlen.«

»Nun, dann werden Sie sich der Schwärze stellen und sich ihr hingeben müssen, indem Sie sich einfach entspannen und hindurchfallen lassen.«

»Aber ich weiß nicht, was mit mir passieren wird, wenn ich das tue.«

»Ich weiß«, meinte ich. »Doch wenn Sie frei sein wollen, müssen Sie einfach VERTRAUEN.«

Also führte ich sie durch die Schichten hindurch und achtete darauf, dass sie sich nicht zu lange auf den einzelnen Ebenen aufhielt, da sie die Neigung hatte, ein wenig in den jeweiligen Empfindungen zu schwelgen, und ich wollte vermeiden, dass sie sich dadurch vom Weitergehen abhalten ließ. Beim Journey-Prozess geht es nicht darum, den Schmerz auszudrücken, sondern nur die Emotionen lange genug zu fühlen, um sie zu schmecken, und dann auf die nächste Schicht hinabzugleiten, bis man schließlich alle Schichten durchlaufen hat und bei der Quelle angelangt ist.

Als sie das schwarze Loch erreichte, verkündete sie mit einer »Das habe ich Ihnen doch gleich gesagt«-Stimme: »Ich stecke fest!«

»Was wäre, wenn Sie sich einfach entspannen und mit einem Lächeln in die Schwärze hineinfallen lassen würden? Wie würde sich das anfühlen?«

»Ich weiß nicht, wie das wäre!«

»Nun, ich frage mich einfach, wie es wohl wäre, wenn Sie es täten.«

Ein kurzer Ausdruck von Verwirrung und Unsicherheit überzog ihr Gesicht, dann begann sie am ganzen Körper zu zittern: »Ich falle! Ich falle!«

»Lassen Sie sich ruhig weiter fallen«, sagte ich. Und plötzlich brach sie in Tränen aus, sie schluchzte und schluchzte und konnte gar nicht mehr aufhören zu schluchzen. »Ich bin Liebe … ich bin Gott … es ist Gott … es ist … ich weiß nicht, was es ist … ich bin frei … ich bin Freiheit … ich bin so schön … es ist so schön …« Sie weinte vor Erleichterung und ihr Gesicht strahlte in ehrfürchtigem Staunen.

Da wusste ich, dass der Rest des Prozesses eine Leichtigkeit für sie sein würde. Sie hatte endlich erfahren, was sich jenseits all dieser Angst und Panik befand, und sie hatte erkannt, dass es tatsächlich nichts gab, wovor sie sich fürchten musste. Ich gab ihrem Partner das Manuskript zurück und sie brachten den Prozess erfolgreich zu Ende.

Im weiteren Verlauf des Abends tauchten auch bei anderen Teilnehmern hier und da Angst oder Zögern oder irgendwelche Fragen auf, doch alle brauchten lediglich ein wenig Beruhigung von jemandem, der diesen Prozess bereits durchlaufen hatte.

Die Quelle ist wirklich ansteckend und mir war seit einiger Zeit bewusst, dass es dann, wenn ich tief in der Stille, im Schweigen versunken war, jedem, mit dem ich gerade arbeitete, mit größerer Leichtigkeit gelang, seinen Weg in dieses Bewusstsein zu finden. Um mit anderen zu arbeiten, genügt es nicht, den Prozess einfach nur zu *machen*, Sie müssen der Prozess *sein*, ihn leben. Dann ist es für andere leicht, ihn von Ihnen zu übernehmen.

Ich habe dieses Prinzip unmittelbar in meine persönliche Arbeit und meine Seminare integriert. Die Assistenten erhalten eine immer tiefere Ausbildung. Wenn wir mit Menschen arbeiten, sind wir in der Lage, ihnen erfolgreich während des ganzen Prozesses beizustehen. Wir alle haben ihn mehr als einmal selbst durchlaufen; wir haben alle Arten von Herausforderungen und Schwierigkeiten erlebt, die auftauchen können. Wir haben Fertigkeiten entwickelt, um mit diesen Herausforderungen umzugehen, und können auf diese Weise den Menschen, die sich auf den Prozess einlassen, wesentlich besser helfen.

Das Seminar an jenem Abend dauerte bis weit nach Mitternacht, doch die Leute blieben einfach da. Keiner wollte nach Hause gehen. Wir alle badeten in diesem heilenden Gefühl und genossen die reine Gegenwart der Liebe.

Drei Monate später erhielt ich einen Brief aus Australien. »Seltsam«, dachte ich, »ich habe doch niemandem meine Adresse gegeben. Wer immer diesen Brief geschrieben hat, muss eine Menge auf sich genommen haben, um meine Privatadresse herauszufinden.« Als ich den Brief öffnete, erkannte ich den Namen am Ende der Seite als den der Teilnehmerin mit der chronischen Depression. Mein Herz begann schneller zu schlagen, als ich dachte: »O nein, ist ihr vielleicht etwas zugestoßen?«, bis ich ihre einfachen, aber bewegenden Worte las.

Sie erzählte, dass sie an jenem Abend unter der Schicht der Depression eine überwältigende Angst aufgedeckt hatte. Sobald sie sich diesem Thema gestellt und es gelöst hatte, verschwand die Depression vollkommen – sie hatte seither nicht einen einzigen Moment der Depression mehr erlebt. Sie schrieb, dass es sie in der Vergangenheit oft enorme Mühe gekostet hatte, am Morgen aufzustehen, während sie heute nicht nur automatisch früh aufstand, sondern ohne Schwierigkeiten und effektiv ihre täglichen Aufgaben erledigte. Sie war begeistert, dass sie nach sechs Jahren chronischer Erkrankung endlich wieder in ihren Beruf zurückkehren konnte.

Ihr Brief ist heute einer von Tausenden ähnlicher Briefe, die ich in einem dicken Ordner als Testament des ungeheuren Mutes und der immensen Weisheit aufbewahre, die der menschlichen Seele innewohnen. Jedes Mal, wenn ich einen Brief erhalte, fühle ich mich aufs Neue inspiriert und zutiefst bewegt – fühle tiefe Ehrfurcht angesichts der Furchtlosigkeit, Kraft und Weisheit in jedem von uns –, und es kommt mir so vor, als hörte ich erneut zum ersten Mal, welch erstaunliche Gnade in unseren Herzen existiert. Diese Briefe bringen mich auch heute noch zum Weinen – die in ihnen spürbare Größe erfüllt mich unfehlbar mit ehrfürchtigem Staunen.

Aus diesem einfachen, intensiven ersten Abend entwickelte sich das Journey-Seminar und verfeinerte sich immer mehr. Seitdem ist es zu einem vollen, reichen und äußerst intensiven zweitägigen Programm herangewachsen, in dessen Verlauf die Teilnehmer zu der Erkenntnis dessen gelangen, wer sie wirklich sind – nachdem sie in tiefen Zügen aus dem Brunnen des Friedens getrunken haben, der den Kern unseres Wesens ausmacht.

Am ersten Tag machen wir die emotionale Reise. Wir lernen und erleben den Abschälungsprozess und stoßen zum Kern unserer Seele vor. Dann führt uns unsere innere Weisheit zur Aufdeckung und Lösung alter emotionaler Themen. Wir erlernen den Lagerfeuer-Prozess und die Zukunftsintegration.

Am zweiten Tag begeben wir uns gemeinsam auf die Körperreise, eine wundersame Reise der Entdeckung ins Innere unseres Körpers mit dem Ziel, alle Blockaden oder verhärteten Stellen aufzudecken, die dort vielleicht existieren. Dann entdecken wir die zugrunde liegenden Erinnerungen, die in den Zellen gespeichert sind, und gehen durch den Prozess ihrer Auflösung. Anschließend gehen wir durch den Prozess der Vergebung, um die Geschichte zum Abschluss zu bringen und uns selbst zu befreien.

Nun, möchten Sie jetzt gern eine eigene Erfahrung mit dem Prozess der emotionalen Reise machen? Sie können jetzt aufhören zu lesen oder weiterlesen und den Prozess später machen. Die genauen Anweisungen und das Manuskript, das ich in den Seminaren benutze, befinden sich im hinteren Teil des Buches (Kapitel 29 und 30). Sie sollten sich dafür zusammen mit einem Menschen, dem Sie vertrauen, ein paar Stunden Zeit nehmen – am besten mit jemandem, der dieses Buch bereits gelesen hat und offen und bereit dafür ist, mit Ihnen zu arbeiten.

Stevia Ribauta
Honigblatt

seiner bürgerlichen Welt "eine gemalte, eine ...
hat. Die innere Zerrissenheit Hallers spiegelt die E
Industriegesellschaft wider und reflektiert kultur-
Jahrhunderts.Hermann Hesse, am 2. Juli 1877 in C
Missionars und der Tochter eines württembergisch
Montagnola bei Lugano. Er wurde 1946 mit dem N
Buchhändlerlehre war er seit 1904 freier Schriftste
im Tessin. Er ist einer der bekanntesten deutschen

Autorenporträt

Hesse, Hermann dt. Schriftsteller *2.7.1877 Calw
Siddhartha, 1922 Der Steppenwolf, 1927 Das Glas
meistgelesenen und meistübersetzten deutschen Sc
als eine einzige Autobiografie gelesen werden kan
fernöstliches Gedankengut mit Elementen der Psy
"Weg nach innen". Friedensliebe, Protest gegen al
bieten dabei reiches Identifikationspotenzial. Aufg
Vater war Missionar in Indien), durchlief Hesse ei
Schulbildung: Er besuchte die Lateinschule in Gö
ab; aus dem evangelisch-theologischen Seminar
gescheiterten Buchhändler- und einer Mechanike

17

Nun, da Sie den Emotional-Journey-Prozess kennen gelernt oder sogar selbst erlebt haben, ist es an der Zeit, mehr über die Physical Journey zu erfahren.

Es gibt einen Mann, dessen Reise besonders ergreifend für mich war: Jim, ein einfacher Bäcker, siebenundsechzig Jahre alt, der im Norden Englands eine kleine Bäckerei betreibt. Seine Nichte war bei einem meiner Einführungsseminare gewesen und hatte ihm vorgeschlagen, dass er vielleicht mit mir persönlich über seinen Gesundheitszustand sprechen sollte. Als sie anrief, um zu fragen, ob ich ihm einen Termin geben könnte, warnte sie mich: »Jim hat keinerlei Erfahrung mit dieser Art von ganzheitlicher Heilung. Er kann sehr skeptisch sein und hat definitiv seine eigene Meinung zu den Dingen. Er ist aus Yorkshire und hat ein ziemlich feuriges Temperament. Ich sage Ihnen das, damit Sie sich nicht von ihm eingeschüchtert fühlen.«

Ich musste grinsen und erklärte, ich würde mich freuen, ihn kennen zu lernen. Ich erläuterte ihr, dass es oft leichter ist, mit Leuten zu arbeiten, die nichts über diese Arbeit wissen.

»Ich weiß nicht«, meinte sie zögernd. »Er kann ziemlich dickköpfig sein.«

»Ein starker Wille ist eine gute Sache. Ich glaube, er wird mir sympathisch sein!«

Jim kam mit dem Zug zu unserem Treffen in London, ohne irgendetwas über mich zu wissen oder meine Geschichte zu kennen – er vertraute einfach dem Rat seiner

Lieblingsnichte. Als ich die Tür öffnete, um Jim willkommen zu heißen, blickte ich in ein paar wild funkelnde Augen in einem Gesicht mit feuerroten Wangen. Jim war genau so, wie seine Nichte ihn beschrieben hatte. Es war klar, dass er ein Mann war, dem man nichts vormachen konnte und der definitiv seinen eigenen Kopf hatte.

Mit entschlossenen Schritten ging er unverzüglich in mein Wohnzmmer und setzte sich nieder, bevor ich Gelegenheit hatte, ihm einen Stuhl anzubieten. Ich mochte ihn auf Anhieb. Er hatte ein Funkeln in den Augen und hinter seiner rauen Schale nahm ich ein inneres Leuchten wahr, ein Glühen.

Als wir gemeinsam Tee tranken, verschwendete er keine Zeit und kam sofort auf den Grund seines Besuchs zu sprechen. In seiner direkten Yorkshire-Art sagte er: »Ich weiß nicht, was Sie genau machen, doch meine Nichte scheint zu denken, dass Sie mir vielleicht helfen können.« Ich bereitete mich darauf vor, ihm eine kondensierte Version meiner eigenen Geschichte zu geben, und begann mit den Worten: »Nun, eigentlich …« Doch bevor ich weiterreden konnte, unterbrach er mich abrupt und sagte: »Nein, nein! Ich will Ihnen *meine* Geschichte erzählen …« Und mit einem Funkeln in den Augen fügte er hinzu: »Ich habe es ihnen gezeigt – ich habe es ihnen allen gezeigt!«

Mein Interesse war geweckt. Ich fragte ihn, was er damit meinte. Meine Frage war das Stichwort, auf das er gewartet hatte, und genussvoll legte er mit seiner Geschichte los.

»Vor zwei Jahren ging ich zu meinem Hausarzt. Er sagte, ich solle mich hinsetzen, so als wollte er ein nettes Gespräch mit mir führen, schaute mir voll in die Augen und sagte dann mit ernster Stimme, dass man einen bösartigen Tumor von der Größe eines Eis in meiner Lunge gefunden habe. Die Geschwulst war schon so weit fortgeschritten, dass ich seiner Meinung nach weniger als drei Monate zu leben hatte. Er meinte, es gäbe nichts, was die Ärzte für mich tun könnten, und dass ich meine Angelegenheiten in Ordnung bringen sollte.

»Können Sie sich das vorstellen?«, empörte sich Jim. »Ein Arzt sagt mir, dass ich nur noch drei Monate zu leben habe! Was für ein Schrott! Ich bin noch nicht bereit, den Löffel abzugeben – meine Zeit ist noch nicht gekommen! Vielleicht habe ich ja Lungenkrebs, aber das heißt noch lange nicht, dass ich bereit bin, einzupacken und aufzugeben. So ein Schmarrn – verdammt und zugenäht!«

»Und was passierte dann?«, fragte ich, mittlerweile wirklich neugierig geworden. Ich war fasziniert von seiner kämpferischen Art.

»Nun … ich habe mir einen anderen Arzt gesucht.«

»Was sagte der?«, wollte ich wissen.

»Er meinte, dass ich nur noch *zwei* Monate zu leben hätte!«

»Und was haben Sie dann gemacht?«

»Was hätte ich schon tun sollen? Ich habe ihn zum Teufel geschickt. Dann bin ich zu einem dritten Arzt gegangen, den ich auch zum Teufel geschickt habe.«

»Und was geschah dann?«

»Nun … schließlich fand ich eine Ärztin, die irgendwie vernünftig schien. Sie hatte schon mehrere Krebsfälle erfolgreich behandelt, und bei sieben Patienten mit der gleichen Art von Krebs wie bei mir war es zu einem Stillstand des Wachstums gekommen. Ich wollte mal hören, was sie zu sagen hatte, da sie wenigstens wusste, dass man Krebs überleben und gesund werden kann. Sie war der erste Arzt, der nicht davon überzeugt war, dass ich sterben muss.«

Ich empfand ein großes Gefühl der Bewunderung für diesen siebenundsechzigjährigen Bäcker. Er besaß einen starken Kampfgeist und einen barschen, trockenen Sinn für Humor. Er hatte keinerlei Erfahrung im Bereich von Heilung und doch wusste er, dass man nicht unbedingt der ersten Prognose glauben muss. Ich dachte, wie wunderbar es wäre, wenn wir alle diesen starken Lebenswillen hätten. Welch ein Vorbild für uns alle er ist!

Ich hatte verschiedene Bücher über die Psychologie der Patienten gelesen, die Krebs überleben. Eine der wichtigsten Qualitäten, die die Forscher übereinstimmend als Überlebensfaktor nachweisen konnten, war dieser starke Lebenswille. Die schwierigsten Patienten, die am hartnäckigsten sind und die Geduld der Ärzte am meisten auf die Probe stellen, sind oft genau diejenigen, die wider alles Erwarten gesund werden. Jim war solch ein Mensch.

»Und was passierte dann, Jim? Offensichtlich sind Sie ja noch am Leben!« Er sah kerngesund aus und ich sagte ihm das auch. Er beschrieb die verschiedenen Behandlungsmethoden, denen er sich unterzogen hatte: Chemotherapie, Bestrahlungen und so weiter. Aus seiner Stimme klang echter Stolz, als er seine Geschichte mit den Worten beendete: »Ich hab's ihnen allen gezeigt. Vor drei Monaten wurde wieder eine Untersuchung mit Kernspintomografie gemacht und die Diagnose war gut. Der Tumor ist in Remission – es haben sich keine Metastasen gebildet, wie alle erwartet hatten, und er hat sich nicht ausgebreitet.«

Sein Gesicht strahlte und er lachte leicht, als er hinzufügte: »Vor ein paar Monaten habe ich zufällig meinen früheren Hausarzt getroffen. Der hat vielleicht einen Schock gekriegt, als er mich sah! Er wurde ganz weiß im Gesicht, so als hätte er einen Geist gesehen. Er war absolut davon überzeugt gewesen, dass ich vor zwanzig Monaten gestorben war! Und ich habe nicht vor, jetzt aufzuhören – ich werde weitermachen!« Nach dem Geist des Mannes zu urteilen, der da vor mir saß, wusste ich, dass es so sein würde. Stur und triumphierend krönte er das Ende seiner Geschichte mit den Worten: »Meine Zeit ist noch nicht gekommen!«

Ich sagte zu ihm: »Das ist eine unglaubliche Geschichte, Jim. Sie sollten anderen Menschen davon erzählen. Lassen Sie sie wissen, dass es möglich ist, aktiv zur eigenen Heilung beizutragen, dass man die erste Prognose nicht als endgültigen Richtspruch betrachten muss und dass wir alle die Freiheit haben, zu wählen, welchen Weg zur Heilung wir einschlagen wollen. Sie sollten in die Welt hinausgehen und zu anderen Patienten mit Lungenkrebs sprechen. Sorgen Sie dafür, dass andere die Möglichkeiten mit eigenen Augen sehen können. Sie sind ein wunderbares Beispiel für uns alle.«

»O ja, das weiß ich. Und auf meine eigene Art mache ich das auch schon.« Er zuckte mit den Schultern, ein wenig verlegen.

»Und warum sind Sie dann hier?«, wollte ich wissen.

»Ich habe das Gefühl, Sie sind ein Lehrer für mich. Sie sind solch ein leuchtendes Beispiel für das, was möglich ist.«

Plötzlich wurde seine leutselige, fast schon laute Art sehr leise und verletzbar zart. Seine Stimme wurde beinahe unhörbar und sein Gesicht bekam einen kindlichen, offenen Ausdruck. Ich musste mich nach vorne lehnen, um die Worte zu verstehen, mit denen er den Grund seines Besuchs erklärte.

»Ich möchte wissen, warum es passiert ist … ich möchte wissen, warum das hier ist«, flüsterte er und klopfte auf seine Brust. »Ich weiß, dass ich etwas aus dem Ganzen lernen soll. Das ist nicht nur passiert, damit ich ein paar Ärzten beweisen konnte, dass sie Unrecht hatten. Ich möchte einfach wissen, warum«, sagte er leise, beinahe nachdenklich. »Ich möchte nicht, dass der Krebs in einem anderen Teil meines Körpers auftaucht, nur weil ich das, was er mich lehren wollte, nicht gelernt habe.«

Seine Worte beeindruckten mich tief. Tränen traten mir in die Augen angesichts von so viel Kraft, Mut und gleichzeitig Bescheidenheit. Dieser Mann war bereit zuzugeben, dass er nicht alle Antworten kannte, und er hoffte, ich könnte ihm vielleicht zu der Entdeckung dessen verhelfen, was der Tumor ihn lehren wollte. Ich war so bewegt von seiner demütigen Offenheit, dass mir ein paar Augenblicke lang die Worte fehlten.

Dann erwiderte ich sehr schlicht: »Nun, genau das ist meine Arbeit. Ich helfe Menschen, das aufzudecken, was diese Krankheiten uns lehren wollen. Es ist meine tiefste Überzeugung, dass wir dann, wenn wir diese Lektionen wirklich lernen, sie nicht mehr wiederholen müssen. Ich bin davon überzeugt, dass der Grund, warum bei so vielen Menschen ein bösartiger Tumor operativ entfernt wird und sich dann drei Jahre später an anderer Stelle ein neuer bildet, darin liegt, dass sie die Lektion nicht gelernt und nicht verstanden haben, was ihre Seele ihnen beim ersten Mal vermitteln wollte. Also sagt die Seele: ›He, du hast nicht auf mein Warnsignal gehört – lass es mich noch einmal versuchen. Vielleicht hörst du dieses Mal hin.‹ Und so taucht ein neuer Tumor auf.«

Jim stimmte zu. Er meinte: »Ich bin sicher, dass ich etwas lernen soll. Ich weiß nur nicht, was es ist.«

Also erzählte ich ihm meine eigene Geschichte in Kurzversion und schloss mit der Bemerkung, dass ich ihm gern helfen würde, die alten Erinnerungen aufzudecken, die in seinem Tumor gespeichert waren, damit er das lernen konnte, was der Tumor ihn lehren wollte. Er schaute mir tief in die Augen, so als wollte er mir in die Seele blicken, und sagte dann leise: »Ich weiß noch immer nicht, was Sie eigentlich machen, doch ich vertraue Ihnen und bin bereit, alles zu versuchen.«

Und so begannen wir mit dem Physical-Journey-Prozess. Hier war ein Mann, der nichts über ganzheitliche Heilung wusste, dem nur irgendwie klar war, dass es etwas Tieferes gab, was er verstehen musste. Noch einmal dachte ich, wie sehr wir alle danach hungern, unsere Lektionen zu lernen und frei zu werden. Welch wahrhaft göttlicher Hunger!

Es stellte sich heraus, dass dieser starke, tapfere Mann in seinem Prozess sehr ehrlich und in seiner Offenheit beinahe kindlich war. Als er im Verlauf der Heilungsreise zu den Lungen kam, blitzte vor seinem geistigen Auge – noch bevor ich Gelegenheit hatte, ihn zu fragen, was sich in der Geschwulst befand – eine äußerst lebhafte Erinnerung auf.

Er war sechzehn Jahre alt und es war während des Krieges in England. Sein Vater hatte die Familie verlassen und überließ es ihm, sich um seine Mutter zu kümmern. Die deutsche Luftwaffe warf Bomben auf das ganze Land. Er war in der Schule, als eine Bombe in seinem Stadtteil landete. Etwas in seinem Innern geriet in Panik. Er riss sich von seinem Lehrer los, der ihn zurückhalten wollte, und rannte nach Hause, um seine Mutter zu finden. Er suchte sie überall – sie war nicht da.

Schließlich rannte er durch die Seitenstraßen auf die Hauptstraße hinaus. Dort fand er sie. Sie lag ausgestreckt auf dem Rücken, jung und schön, so als ob sie sich nur für ein Nickerchen hingelegt hätte. Ihre Kleider waren vollkommen unversehrt. Er lief zu ihr hin und versuchte sie wachzurütteln. Er schüttelte und schüttelte sie, bis schließlich ein Polizist kam und ihn wegzog.

»Sie ist tot, Junge.«

Dann kamen die Tränen und die Wut. Eine Wut, die er nicht ausdrücken konnte – denn sie richtete sich gegen Gott. Wie konnte er Gott jemals dafür vergeben, dass er seine Mutter zu sich geholt hatte, bevor ihre Zeit gekommen war? Sie war so jung, so schön, so voller Leben. Wie konnte Gott so etwas tun? Was für ein Gott lässt so etwas zu?

Immer mehr Wut tauchte auf – Wut gegen den Feind. Wie konnte er jemals diesen elenden Nazis vergeben? Seine Mutter hatte kein Gewehr. Sie war nicht an dem Krieg beteiligt. Wie konnten sie eine unschuldige Frau töten? Da der junge Jim nicht wusste, was er mit all seiner Wut und seinem Schmerz machen sollte, packte er diese gleich neben sein Herz – in seinen linken Lungenflügel.

All die niemals ausgedrückte, nicht gelöste Wut brach nun in einem Schwall aus ihm hervor. Also schlug ich ihm etwas vor, was ich noch nie gemacht hatte. Ich forderte Jim auf, ein Lagerfeuer direkt in seiner Lunge anzuzünden und alle Personen in seiner Erinnerung, einschließlich Gott, zu einem Plausch am Feuer einzuladen. Ich saß still daneben, als Jim fünfzig Jahre unterdrückter Wut gegen Gott zum Ausdruck brachte und ihm endlich seine Meinung sagte, sich seinen großen Zorn von der Seele redete und seine Zellen davon befreite.

Ich fragte ihn, was Gott seiner Meinung nach erwiderte, und es schien, als ob eine innere Weisheit irgendwo aus der Tiefe seiner Seele an die Oberfläche stieg. Diese Weisheit erklärte, dass niemand aus dem Leben genommen werden kann, bevor seine Zeit gekommen ist. Es hatte andere Pläne für seine Mutter gegeben und sie war im Frieden und genau da, wo sie sein sollte. Als es Zeit für ihn war, Gott zu vergeben, war es, als würde sein Herz weit aufbrechen, und eine tiefe Vergebung strömte aus ihm heraus, eine so allumfassende Vergebung, dass es mir den Atem verschlug. Seine Demut und Liebe überwältigten mich.

Dann sprach er zu den Nazis. Er gab so herzzerreißenden Gefühlen von Wut und Schmerz Ausdruck, dass ich nicht wusste, ob mein eigenes Herz es ertragen konnte. Doch als er die innere Weisheit nach dem Grund fragte, erwiderten die Feinde, dass sie nur auf Befehl handelten und dass sie genauso viel Angst hatten wie er. Auf ihre Köpfe waren Gewehre gerichtet und auch ihre Mütter starben.

Tränen des Mitgefühls strömten aus Jims Augen, als er ihre Zwangslage begriff. Seine Stimme brach, als er den Feinden aus ganzem Herzen vergab. Dann bat er sie sogar, ihm zu verzeihen, da er sie all die Jahre lang so zu Unrecht verurteilt hatte.

Ich konnte sehen, dass er schließlich alles herausgelassen hatte, was ihn belastet hatte. Fünfzig Jahre unterdrückter Wut hatten sich Bahn gebrochen und aufgelöst. Es sah aus, als wäre eine harte Maske weit aufgebrochen, die sein darunter liegendes, wahres Wesen enthüllte, und er glühte in einem stillen Strahlen.

Als der Prozess beendet war, saß ich noch eine Weile mit diesem außergewöhnlichen Mann zusammen. Kindliche Unschuld und Frieden schienen von ihm auszustrahlen. Leise sagte ich: »Ich hatte Recht. Sie sind als ein Lehrer zu mir gekommen.« Sein Gesicht überzog sich mit einer leichten Röte und seine Augen leuchteten wie Diamanten, wobei ihm eine sanfte innere Süße entströmte. Es gab nicht mehr viel zu sagen.

Bevor er sich erhob, um zu gehen, dankte ich ihm dafür, dass er gekommen war, und sagte: »Ich weiß, dass Sie in zwei Wochen wieder eine Untersuchung haben. Sie sollten die Möglichkeit nicht ausschließen, dass die Ärzte nichts finden werden.«

»O nein, nein«, meinte er, offensichtlich überrascht, dass ich so etwas vorschlagen könnte. »Das ist unmöglich. Wissen Sie, mein Tumor ist nicht wie Ihrer, es ist eine andere Art. Es gibt keinen einzigen dokumentierten Fall von irgendjemandem, bei dem diese Art von Tumor verschwunden ist. Bei Lungenkrebs können Sie nur hoffen, dass er in Remission geht und sich nicht ausbreitet, doch das ist bei mir bereits geschehen. Ich bin nicht zu Ihnen gekommen, um den Krebs zu *heilen*. Ich bin einfach nur gekommen, um herauszufinden, warum er da ist, und das zu lernen, was er mich zu lehren hatte.«

Sanft erwiderte ich: »Nun, trotzdem sollten Sie für diese Möglichkeit offen bleiben – vielleicht werden Sie der Erste sein, bei dem diese Art von Tumor verschwindet. Man kann nie wissen. Bleiben Sie einfach nur weiterhin das leuchtende Beispiel, das Sie bereits sind. Gehen Sie hinaus in die Welt und erzählen Sie den Menschen, dass Heilung auf einer zellulären Ebene möglich ist. Es war mir eine große Ehre, mit Ihnen zu arbeiten.«

Als er ging, dachte ich, welch ungeheurer Segen es doch war, diese Arbeit tun zu dürfen. Ich hatte wirklich großes Glück. Tatsächlich fühlte es sich für mich gar nicht wie Arbeit an, sondern eher wie ein Privileg.

Drei Wochen vergingen ohne ein Wort von Jim. Ich war ein wenig enttäuscht, nichts von ihm zu hören. Dann erhielt ich einen Anruf von seiner Nichte. Übersprudelnd vor Freude und enthusiastisch erzählte sie: »Meine Tante wundert sich, was Sie mit meinem Onkel gemacht haben. Jim ist sanft wie ein Kätzchen geworden! Er stürmt nicht mehr länger wütend durch die Gegend – er brüllt nicht mehr den Lehrling an, wenn er das Mehl verschüttet, und er verliert auch nicht mehr die Beherrschung, wenn die Brote nicht perfekt aus dem Ofen kommen. Er regt sich nicht mehr länger lautstark über den Verkehr auf und kriegt auch bei den Nachrichten keine Wutanfälle mehr. Er ist so unglaublich viel sanfter und freundlicher geworden. Meine Tante hat mich gebeten, Ihnen zu danken. Sie hat das Gefühl, endlich den Mann zu haben, den sie in ihm sah, als sie ihn vor fünfundvierzig Jahren geheiratet hat.«

Ich lachte und sagte ihr, dass ich erfreut sei, diese Neuigkeiten zu hören, und erzählte ihr kurz, welches Privileg es für mich gewesen war, mit ihrem Onkel zu arbeiten. Ich wartete darauf, dass sie die Untersuchung ewähnte. Langsam ging unser Gespräch seinem Ende zu und sie hatte noch immer kein Wort darüber verloren. Endlich, als wir uns gerade voneinander verabschieden wollten, fand ich den Mut, sie zu fragen: »Und was war mit Jims Untersuchung?«

»Ach ja. Sie haben nichts gefunden, außer einer haarfeinen Narbe«, antwortete sie.

»Das ist ja fantastisch! Was sagen die Ärzte dazu?«

»Das Krankenhaus hat sich in einen riesigen Zirkus verwandelt. Sie machen sich alle verrückt bei dem Versuch, herauszfinden, wie das passieren konnte. Die Hälfte der Ärzte ist sicher, dass sie ihn von Anfang an falsch diagnostiziert hatten, und die andere Hälfte ist bemüht, das Verschwinden des Krebses einem Medikament zuzuschreiben, das sie ihm vor zwei Jahren gegeben haben. Sie behandeln Jim wie eine Laborratte und unterziehen ihn allen möglichen Tests. Er ist der erste dokumentierte Fall eines Patienten, bei dem ein bösartiger Lungentumor tatsächlich verschwunden ist.«

»Und was meint Jim dazu?«, fragte ich.

»Nun, Sie kennen ja Jim … Er nimmt das Ganze mit einer großen Dosis Humor.«

Eine Woche später erhielt ich einen frohen und bewegenden Brief von Jims Nichte, in dem sie die bemerkenswerten Fortschritte im Zustand ihres Onkels in allen Einzelheiten beschrieb. Nachdem ich den Brief gelesen hatte, dachte ich: »Es ist wahr, wir alle gehen auf unsere ureigene Reise, jeder auf seine Art. Dieser Mann entschied sich für Chemotherapie und Bestrahlung und glücklicherweise lernte er außerdem die Lektionen, die seine Seele ihn lehren wollte. Er musste sich von fünfzig Jahren Wut befreien. Eine wahrhaft schwierige Lektion.«

Wir alle denken: »Es ist der Verkehr, der mich wütend macht« oder »Es sind die Nachrichten, die mich aufregen« oder »Wenn dieser oder jener seine Sache nur richtig machen würde, müsste ich mich nicht über ihn ärgern«. Wir glauben, dass die Ursache für unsere Wut außerhalb von uns selbst liegt, während sie in Wahrheit doch bereits in unserem Innern gespeichert ist. Die äußeren Umstände drücken lediglich unsere »Knöpfe« und aktivieren die Gefühle, die von Anfang an da waren. Der Knopf der Wut ist nicht der einzige Knopf, den wir haben. Eine ganze Heerschar vergrabener Emotionen ist in unserem Innern gespeichert und die äußeren Umstände sind lediglich die Auslöser, die das aktivieren, was sich bereits in unserem Innern befindet.

Manchmal denke ich, dass Krankheiten sich als unsere größten Geschenke herausstellen können. Für Jim war es das Geschenk des Loslassens von fünfzig Jahren Wut, das ihm endlich sein wahres Selbst zurückgab. Die Ärzte können sich das wundersame Verschwinden seines Tumors noch immer nicht erklären. Ich habe aus einer unabhängigen Quelle vernommen, dass Jims Fall mittlerweile in einem englischen Medizinjournal beschrieben wurde, wobei das Verschwinden des Tumors auf ein Medikament zurückgeführt wurde, das er zwei Jahre vor seinem Physical-Journey-Prozess eingenommen hatte.

18

Einer meiner Lieblingsaspekte von Journey-Arbeit ist die tief greifende Heilung und Vergebung, die dadurch innerhalb von Familien stattfinden kann.

Bei der Journey-Arbeit geht es nicht darum, Erinnerungen aufzudecken, damit wir sie dazu benutzen können, unser gegenwärtiges Verhalten zu rechtfertigen, oder um sie als Waffe einzusetzen, um denen die Schuld zu geben, die wir lieben. Es geht vielmehr darum, unsere Probleme zu *lösen*, den Schmerz zu *heilen*, die Geschichten *abzuschließen* und jenen zu *vergeben*, die wir lieben, damit wir von nun an ein gesünderes Leben führen können – frei vom emotionalen Ballast der Vergangenheit.

Ich möchte hier kurz die Geschichte einer Frau erzählen, die deutlich macht, welch tiefe Vergebung möglich ist und welche vielfältigen Auswirkungen dieser Prozess auf die Heilung einer ganzen Familie haben kann. Rachel war eine warmherzige, zweiunddreißigjährige Frau mit drei Kindern, deren Geschichte nicht viel anders ist als die vieler Menschen, bei denen chronische Depression diagnostiziert wird.

Im Alter von zweieinhalb Jahren adoptiert, war sie im Laufe ihrer frühen Kindheit wiederholt von ihrer Adoptivfamilie und deren Freunden sexuell missbraucht und körperlich misshandelt worden. Wie die meisten Kinder in ihrer Situation war sie nicht fähig, mit dem unerträglichen Trauma und der daraus resultierenden Verzweiflung fertig zu werden. Depression wurde zu einem Mittel, um ihren Schmerz zu betäuben.

Im Alter von elf Jahren lag sie zum ersten Mal auf der Couch eines Therapeuten. Mit sechzehn war ihr inneres Leiden nach wie vor ungelöst und dermaßen unerträglich geworden, dass sie den ersten von mehreren Versuchen machte, ihrem Leben ein Ende zu setzen. Seither war sie bei zahllosen Ärzten und Psychiatern gewesen und immer wieder aufgrund eines Nervenzusammenbruchs oder eines depressiven Anfalls in psychiatrische Institutionen eingewiesen worden. Sie hatte alle verfügbaren Beruhigungsmittel und Antidepressiva ausprobiert, doch weder jahrelange Therapie noch Medikation waren geeignete Mittel, sie von ihrer Verzweiflung zu erlösen.

Ihre drei wunderbaren Kinder wurden ihr weggenommen und zu Pflegeeltern gebracht, da sie als emotional instabil diagnostiziert wurde und unfähig, ihren Pflichten als Mutter nachzukommen. Selbst mit hohen Dosen von Schlaftabletten brachte sie es auf nicht mehr als zwei Stunden Schlaf pro Nacht. Sie hatte das Gefühl, in eine Hoffnungslosigkeit hinabzusinken, aus der sie nie mehr zurückkehren würde.

Sie schrieb mir einen bewegenden Brief, in dem sie ihre erstaunliche Rückkehr zur Gesundheit seit ihrem ersten Journey-Prozess beschrieb. Sie erzählte, dass einige Tage lang keine bemerkenswerte Verbesserung zu bemerken war. Dann beschloss sie eines Abends, keine Schlaftabletten mehr zu nehmen. Sie schlief acht Stunden durch. »Es war absolut wunderbar. Keine Albträume, nichts. Ich wäre am liebsten durch die Gegend gerannt und hätte vor Freude laut gebrüllt.«

Sie begann sich selbst mit anderen Augen zu sehen. Sie fing tatsächlich an zu lächeln, etwas, das sie seit mehr als zwei Jahren nicht mehr getan hatte. Sie besuchte ihre Mutter und führte ein langes Gespräch mit ihr. »Es war wunderbar, nach so vielen Jahren in der Lage zu sein, sie zu umarmen und ihr zu sagen, dass ich sie liebe und dass ich ihr wirklich vergeben habe, was sie mir angetan hat.«

Sie hörte auf, Antidepressiva zu nehmen, und hat seither keine mehr angerührt. Stattdessen fühlt sich ihr Leben wieder gut und vollständig an. Sie beendete den Brief mit der Nachricht, dass sie endlich ihre Kinder zurückbekommen hatte. Sie alle nahmen kurz danach gemeinsam an einem Journey-Retreat für Kinder teil und es war sehr bewegend, sie vereint zu sehen, wie sie ganz natürlich in dieser liebevollen Umgebung spielten.

Sean, ihr Sohn, wurde zu einem der »Stars« im Kinderprogramm, von den Kindern wie auch von den Erwachsenen bewundert. Er und sein Bruder durchliefen beinahe denselben intensiven und tief greifenden Heilungsprozess wie ihre Mutter und auch sie ließen Jahre emotionalen Schmerzes los.

Zusammen sind sie ein wunderbares Beispiel dafür, dass selbst die scheinbar hoffnungslosesten familiären Umstände geheilt werden können.

19

Eine der lohnendsten Varianten von Journey-Arbeit ist für mich, wenn ganze Familien gemeinsam durch den Heilungsprozess gehen. Auf diese Weise kann Heilung auf allen Ebenen stattfinden, wobei die Familie enger zusammenwächst. Es scheint keine Rolle zu spielen, wie alt oder jung jemand ist – die Seele sehnt sich danach, uns zu befreien.

Kinder können wunderbare Beispiele für Offenheit und Bereitschaft zur Heilung sein. Sie haben kaum Blockaden oder Widerstände und daher ist Transformation für sie sehr einfach. Ich liebe es, mit ihnen zu arbeiten. Sie sind allesamt wunderbare Lehrer. Bei den Kinderseminaren ist immer ein Trainer für jeweils zwei bis drei Kinder da. Doch meist sind es die Kinder, die den Erwachsenen zeigen, wie leicht es ist, die Schmerzen der Vergangenheit loszulassen und zu vergeben. Im Gegensatz zu vielen Erwachsenen machen sie keine so große Sache daraus. Ich habe mit Kindern gearbeitet, die nach dem Journey-Prozess den Gang entlanghüpften, sangen, in den Garten rannten, freudig spielten und sich dem Leben hingaben, ohne sich auch nur ein einziges Mal umzuschauen und bei den vergangenen Schmerzen zu verweilen.

Häufig sind Kinder ganz spontan in Verbindung mit der »Quelle«, daher ist der Journey-Prozess für sie etwas ganz Natürliches – kaum als Arbeit zu bezeichnen. Sie haben eine wunderbare Art, diesen Vorgang vergnüglich und spielerisch zu gestalten. Sie sind schnell bereit zu verzeihen und ihre Identität und ihr Ego hängen nicht an den alten begrenzenden Mustern und Gewohnheiten. Sie freuen sich, frei zu sein, und sie vertrauen darauf, dass sie schnell geheilt sind.

In der Regel mögen Kinder die Körperreise am liebsten. Dabei besteigt man ein magisches Raumschiff, das einen sicher in jeden Teil des Körpers bringt, der Heilung braucht. Dieses Raumschiff kann überallhin fliegen – in Organe, Venen, Arterien, Gewebe, Blut, Knochen und so weiter – und kann problemlos jeden Teil des Körpers erreichen. Sobald man angekommen ist, nimmt man große Taschenlampen und schaut sich um. Die Kinder lieben diesen Abschnitt der Arbeit und können in ihrer Beschreibung der inneren Organe sehr anschaulich sein. Es erstaunt mich immer wieder, wie häufig kleine Kinder ein bestimmtes Organ genau beschreiben, beinahe bis ins kleinste Detail, obwohl sie sich noch nie mit Anatomie beschäftigt haben.

Sie nehmen einen Helden oder einen Schutzengel mit auf die Reise, der ihnen hilft, die in den Zellen gespeicherten Erinnerungen aufzudecken. Sobald sie eine Erinnerung gefunden haben, projizieren sie die ganze Szene auf eine Filmleinwand und lassen sie von Anfang bis Ende abspielen. Dann laden sie die Personen aus der Erinnerung ein, von der Leinwand herunterzukommen und sich mit ihnen ans Lagerfeuer zu setzen. Dabei erhalten sie Ballons voll stärkender, kreativer Verhaltensmöglichkeiten, die ihnen zum Zeitpunkt jenes erinnerten Erlebnisses hätten helfen können.

Das Kind, das die traumatische Erinnerung wieder erlebt, erhält also ein ganzes Bündel von Ballons mit starken und positiven Eigenschaften und Fähigkeiten – wie zum Beispiel Mut, Kraft, Ehrlichkeit, Wahrheit, Kreativität, Unbekümmertheit, Sinn für Humor, Selbstvertrauen, Selbstachtung, Verständnis, Mitgefühl, Freude, Liebe, die Fähigkeit, zu kommunizieren, seine wahren Gefühle auszudrücken und die richtigen Personen um Hilfe zu bitten, sowie eine »Kristallkuppel«, die dafür sorgt, dass das verletzende Verhalten anderer Menschen abprallt, und so weiter.

Und dann, ausgerüstet mit diesem Bündel an inneren Ressourcen, geht das Kind zurück auf die Filmleinwand und spielt die Szene so, wie sie abgelaufen wäre, wenn ihm damals diese hilfreichen Aspekte zur Verfügung gestanden hätten. Das Kind sieht, wie viel müheloser die Szene abläuft, wenn es seine besten Eigenschaften zu Hilfe nimmt. Dieser einfache Prozess ist in Wahrheit sehr wirkungsvoll, weil das Kind lernt, dass es bereits kraftvolle Ressourcen in seinem Innern hat, auf die es in Zukunft in ähnlichen Situationen zurückgreifen kann.

Sobald die neue Szene abgelaufen ist und die Kinder die neuen, positiveren Möglichkeiten erlebt haben, werden alle Personen aus der Erinnerung eingeladen, von der Leinwand herabzutreten und sich neben das Kind ans Lagerfeuer zu setzen, um sich mit ihm zu unterhalten. Endlich hat das Kind eine Möglichkeit, das auszudrücken, was es damals wirklich gefühlt hat. Die Kinder reden sich ihren Kummer von der Seele und aus den Zellen. Und wie bei den Erwachsenen folgt anschließend der Prozess der Vergebung, doch anstatt das Wort »Vergebung« zu benutzen, nennen wir es den »Es tut mir Leid und es ist okay«-Prozess. Selbst sehr kleine Kinder scheinen das zu verstehen und es fällt ihnen nicht schwer, wirklich von Grund auf zu verzeihen.

Wenn der Prozess vollständig abgeschlossen ist, nehmen die Kinder wieder ihre imaginären Taschenlampen heraus und schauen sich in dem betreffenden Organ um. Es ist verblüffend, wie schnell sie eine Veränderung in ihren Zellen erkennen können und wie farbenfroh ihre Beschreibungen sind.

Ich erinnere mich an einen Jungen, der Halsschmerzen hatte, bevor er mit der Körperreise begann. Als er mit seinem Raumschiff in den Hals reiste und seine Taschenlampe herausholte, wirkte die Oberfläche überall rau und rissig. In seinem Prozess deckte er eine Erinnerung auf, wie er in den Ferien mit seinen Eltern in Spanien war. Er hatte sich verlaufen und dachte, dass sie ihn vergessen hätten. Er wusste nicht, wie er um Hilfe bitten sollte, und hatte große Angst. Schließlich fanden seine Eltern ihn, doch er erzählte ihnen nie, wie sehr er sich gefürchtet hatte. Während des Gesprächs am Lagerfeuer war es sehr befreiend für ihn, seinen Eltern endlich zu sagen, wie schlimm das Ganze für ihn gewesen war. Er redete sich endlich seine ganze Angst von der Seele.

Seine Eltern baten ihren Sohn um Verzeihung. Er erkannte, dass sie ihn in Wahrheit nie verlassen hatten; sie waren nur für kurze Zeit weggegangen. Der »Es tut mir Leid und es ist okay«-Prozess war liebevoll und vollkommen. Als er sich am Ende des Vergebungsprozesses noch einmal mit seiner großen Taschenlampe in seinem Hals umschaute, wirkte dieser nicht mehr rau und rissig, sondern rosig und glatt. Und als die Reise beendet war, hatte er nicht mehr die geringste Spur von Halsschmerzen.

Ist es nicht interessant, dass er dann, als er endlich seine wahren Gefühle ausgedrückt hatte, indem er sie laut *aussprach*, keine Halsschmerzen mehr hatte? Ein anderer kleiner Junge hatte seit dem Tod seines Vaters einige Monate zuvor kein Wort mehr gesprochen. Da er während seiner Reise nicht sprechen konnte, schlug ihm Freya, die Leiterin des Kinderprogramms, vor, ihr immer zu signalisieren, was gerade passierte. Er sollte mit seinen Händen anzeigen, wo er in seinem Körper war, und auf die ihm gestellten Fragen ein »Ja« oder »Nein« anzeigen. Freyas Sachkenntnis und Kreativität in Verbindung mit dem vorgegebenen Text, der sich fast wie ein geführtes Märchen anhört, ermöglichte es den beiden, den Prozess erfolgreich durchzuführen.

Das Wunderbare war, dass der Junge anschließend zum ersten Mal seit Monaten sprach. Er erklärte Freya, dass er wegen des plötzlichen Todes seines Vaters keine Gelegenheit gehabt hatte, sich von ihm zu verabschieden. Während sie gemeinsam am Lagerfeuer saßen, konnten er und sein Vater sich die Dinge sagen, die zum Zeitpunkt seines Todes unausgesprochen geblieben waren, und der kleine Junge war endlich mit seinem Vater im Reinen. Sein Vater versicherte ihm, dass er immer für ihn da war, dass er stets über ihn wachte und dass seine Liebe für alle Zeiten im Herzen seines Sohnes verankert bleiben würde. Seit diesem Prozess spricht der Junge wieder und ist in der Lage, sein Leben unbeschwerter zu führen.

Ein anderer Junge kam ziemlich widerstrebend zu dem Kinderseminar. Seine Mutter war eine unserer Assistentinnen und seinem Gefühl nach hatte sie ihn einfach »mitgeschleppt«. Er hatte mit Leseschwäche zu kämpfen und war nicht gut in der Schule. Seine Mutter Jenny sagte uns, dass sein Lehrer sie angerufen hatte, um ihr mitzuteilen, dass Nathan höchstwahrscheinlich das Schuljahr nicht bestehen würde. Sie war niedergeschlagen und brachte ihn zum Seminar mit, um zu sehen, ob es ihm vielleicht in irgendeiner Weise helfen könnte.

Zunächst wehrte er sich dagegen, doch bald wurde er zu einem positiven Vorbild für die jüngeren Kinder. Er wurde so etwas wie ein Mentor oder größerer Bruder für eines der fünfjährigen Mädchen und zwischen den beiden entwickelte sich eine besondere Freundschaft, die sein Selbstvertrauen förderte.

Sehr zur Verblüffung seiner Lehrer bestand er die nächste Prüfung eine Woche später mit Bravour. Noch überraschter war seine Mutter, als sie bei seinem Tennismatch am darauf folgenden Wochenende sah, wie dramatisch sich sein Selbstvertrauen und sein Spielgeschick verbessert hatten. Und das Überraschendste war, dass Nathan – der für sein Alter recht klein gewesen war – plötzlich beachtlich in die Höhe schoss. Jenny meinte, dass die Veränderungen bei ihrem Sohn so drastisch waren, dass sie kaum glauben konnte, wie selbstsicher er nun schien.

Brett, der Vater eines teilnehmenden Jungen, schrieb uns diesen wunderschönen Brief über seinen Sohn Richard:

… Ich würde Ihnen gern ein Feedback bezüglich meines Sohnes Richard geben, der am Kinderseminar im letzten November teilgenommen hat. Das Thema, von dem ich hoffte, dass es an die Oberfläche kommen würde, war sein Mangel an Selbstvertrauen.

Vergangenen Mittwoch gingen meine Frau Mary und ich zum ersten Elternabend an seiner neuen Schule. Ohne Ausnahme und ohne von uns dazu aufgefordert worden zu sein, sagten die Lehrer, dass sie eine auffällige Verbesserung im Selbstvertrauen unseres Sohnes bemerkt hatten, was sich wiederum positiv auf seine Arbeit auswirkte.

Als wir nach Hause kamen und dies Richard gegenüber erwähnten, war seine sofortige Reaktion: »Das kommt nur von Brandons Seminar.«

Die Geschichten, die bei den Kinderseminaren auftauchen, sind so vielfältig und wundersam wie die Kinder selbst. Sie singen inspirierende Lieder über ihren Weg zu Freiheit, Liebe und Vergebung und sie erzählen einander die Geschichten ihres Prozesses.

Ich bin immer sehr berührt von den Zeichnungen, die sie während der Arbeit anfertigen. Sie malen Bilder vor dem Prozess und danach. Der Kontrast ist umwerfend.

In der Regel sehen die Bilder »vorher« sehr traurig und trostlos aus und sind meist schwarz, rot oder dunkelblau gehalten. Den kleinen Cartoongesichtern laufen oft Tränen über die Wangen. Die Bilder »danach« haben in der Regel helle, sonnige Farben – Gelb, Rosa und Orange. Meistens zeigen sie große Sonnen und bunte Blumen und jede Person auf dem Bild hat ein breites Lächeln im Gesicht. Ein ungeheurer Kontrast!

Während des Seminars entdecken die Kinder, welche positiven und kraftvollen inneren Qualitäten sie besitzen, und sie haben die Möglichkeit, diese Qualitäten im Umgang mit den anderen Kindern zu praktizieren. Sie erhalten Ballons, auf denen positive Begriffe und Qualitäten stehen, wie beispielsweise Mut, Liebe, Freundlichkeit, Ehrlichkeit, Güte, Spaß, Vergebung, und dann durchlaufen sie mehrere interaktive Gruppenprozesse, bei denen sie die Chance haben, diese Qualitäten zu demonstrieren.

Ich liebe es, diese tapferen jungen »Helden« zu sehen, wie sie in die Welt hinausgehen und denken, dass es echt »cool« ist, liebevoll oder fürsorglich zu sein, oder »hip«, Großzügigkeit zu zeigen. Ich bete darum, dass alle Kinder ihr Leben als wahren Ausdruck ihrer Essenz leben können – damit sie nicht den limitierenden emotionalen Ballast anhäufen, der zu den vielen körperlichen Blockaden und Krankheitsmustern führt, die bei Erwachsenen so weit verbreitet sind.

Ich bin davon überzeugt, dass sich keine Krankheiten entwickeln müssen, wenn wir unserem wahren Selbst, unserer Seele, Ausdruck geben und entsprechend leben. Bei diesen Kindern habe ich wirklich den Eindruck, dass sie einen gesunden Vorsprung bekommen, und ich bete darum, dass sie die Arbeit weiterhin anwenden. In Wahrheit sind wir alle in unserem Innern Kinder. Wäre es nicht herrlich, wenn wir ihrem Beispiel folgen und darauf vertrauen könnten, dass Loslassen leicht und vergnüglich sein kann?

Falls Sie in Ihrem Herzen den Wunsch verspüren, mit Ihrem Kind zu arbeiten, so finden Sie am Ende des Buches besondere Anleitungen für die Arbeit mit Kindern (Kapitel 29).

20

In verschiedenen Städten habe ich die Seminarteilnehmer dazu ermutigt, Selbsthilfegruppen zu bilden, die sich einmal im Monat treffen. Diese Treffen waren von Anfang an sehr beliebt und sind eine wunderbare Möglichkeit, weiterhin die emotionalen Schleier zu entfernen, die unsere inneren »Diamanten« zu verbergen scheinen. Es ist wunderbar, mit anderen zu arbeiten, die bereit sind, uns als das zu sehen, was wir wirklich sind.

Haben Sie jemals erlebt, dass Sie sich als Mensch entwickelt hatten und dann von Verwandten nach wie vor als die Person behandelt wurden, die Sie vorher waren? Selbst wenn Sie das Gefühl hatten, einen Schritt weitergegangen zu sein, schienen die Verwandten sich an das alte Bild zu halten, das sie von Ihnen hatten. Wie sehr Sie auch versuchten, von Ihrer neuen Perspektive aus mit ihnen zu kommunizieren, wurden Sie von diesen Menschen doch weiterhin auf die alte Art gesehen.

Bei den Absolvententreffen empfinde ich es als sehr befreiend, dass wir alle bereit sind, einander so zu begrüßen, als sähen wir uns das erste Mal, sozusagen mit neuen Augen. Wir wissen, dass jeder in Entwicklung begriffen ist, und wir klammern uns nicht an alten Eindrücken fest. Wir stellen immer wieder die Frage: »Wer ist es, der heute gekommen ist?« Und oft frage ich die Absolventen: »Was würdet ihr lieber tun – herumsitzen und Fernsehen schauen oder mit anderen zusammen ein paar Stunden damit verbringen, sich emotional zu befreien?« So einfach kann es wirklich sein.

Bei einem Absolvententreffen in Manchester, bei dem ich zugegen war, meldete sich Anita, eine Frau in den Fünfzigern, um uns ihre Geschichte zu erzählen. Sie sagte, dass sie drei Wochen zuvor an einem Wochenendseminar in Newcastle-under-Lyme teilgenommen und nicht wirklich ein körperliches Resultat erwartet hatte. Sie hatte jahrelang unter chronischen Schmerzen im Knie gelitten und diese waren so schlimm geworden, dass sie kaum noch im Auto die Kupplung drücken, geschweige denn bis zum Auto laufen konnte. Sie sagte: »Ich dachte, Brandon kann vielleicht sich selbst heilen, aber ich kann das bestimmt nicht. Alles, was ich will, ist die emotionale Freiheit.« Dennoch machte sie den vollständigen Prozess mit.

Mit einem strahlenden Lächeln erzählte sie: »Ehrlich, ich habe kein Resultat erwartet und habe nach dem Prozess auch erst mal keinen Unterschied festgestellt. Doch gestern dämmerte es mir langsam – als ich nämlich in meinem Garten *hockte* und Unkraut jätete! Vorher hätte ich mich nicht einmal hinknien können. Ich hatte gar nicht bemerkt, dass mein Knie tatsächlich geheilt war – es schien so natürlich, in die Hocke zu gehen, dass ich nicht einmal darüber nachgedacht hatte.«

Nur drei Wochen waren seit ihrem Prozess vergangen. Später schrieb sie mir folgenden Brief:

Liebe Brandon,

1991 war ich in Österreich im Tiefschnee Ski laufen und verletzte mich dabei am linken Knie, was das Gehen schwierig und schmerzhaft machte. Selbst nach physiotherapeutischer Behandlung erholte es sich nie mehr ganz und jedes Jahr sah ich mich gezwungen, eine weitere Aktivität aufzugeben, die mir am Herzen lag – zuerst Tanzen, dann Wandern.

Dieses Jahr verschlechterte sich der Gesundheitszustand meines Knies so sehr, dass ich vor lauter Verzweiflung zum

Arzt ging. Er sagte nur, dass ich Arthritis im Knie hätte und dass es nichts gab, was ich dagegen tun konnte. Er verschrieb mir weitere Krankengymnastik, doch jede Übung, die mir der Therapeut empfahl, verstärkte die Entzündung. Ich konnte mich nicht mehr ohne Schmerzen bücken. Ich konnte nicht einmal mehr das Gewicht einer Decke auf meinem Bein ertragen.

Im Verlauf des Journey-Seminars war ich mir so sicher, dass ich den Prozess nicht richtig gemacht hatte, dass ich hinterher gar nicht auf irgendwelche Veränderungen achtete. Dann entdeckte ich plötzlich eines Tages, dass ich mehr als dreißig Minuten lang in der Hocke gearbeitet hatte, was eine starke Belastung für mein Knie war – und das ohne Schmerzen!

Ein paar Tage später ging ich schnellen Schrittes eine Meile den Hügel in der Nähe meines Hauses hinunter und merkte, als ich unten ankam, dass ich überhaupt nicht daran gedacht hatte, langsam und vorsichtig zu gehen.

Es ist herrlich, wieder tanzen und ins Dorf gehen zu können, und vor zwei Wochen war ich zum ersten Mal wieder wandern – und nichts tat mir weh. Welche Freude!

Die körperliche Heilung ist natürlich wunderbar, doch noch wichtiger ist für mich das Wissen, dass ich jede Zelle in meinem Körper beeinflussen kann.

Nachdem Anita bei dem Treffen ihre Geschichte erzählt hatte, meldete sich ein Mann zu Wort. Bill sagte, dass er vor einem Jahr wegen chronischer Depressionen am Journey-Seminar teilgenommen hatte. Nach dem Wochenende war er davon überzeugt, dass alle anderen einen großen Durchbruch geschafft hatten und er der Einzige war, dem dies nicht gelungen war.

Bill vergaß seinen Prozess und erst mehrere Monate später fiel ihm auf, dass er nicht mehr unter Depressionen litt. Er erklärte, dass er nur zu dem Treffen gekommen war, um mir persönlich für etwas zu danken, das er irgendwie fast schon als selbstverständlich hingenommen hatte.

So ist es tatsächlich – wenn wir unseren ursprünglichen Zustand von Gesundheit wiedererlangen, erscheint uns dies so natürlich, dass wir glatt vergessen, dass es irgendwann einmal anders war.

21

Vor einiger Zeit machte ich selbst eine ähnliche Erfahrung. Wie meine Absolventen, so mache auch ich weiterhin Journey-Arbeit, sobald ein körperliches oder emotionales Thema auftaucht. Eines Tages stellte ich fest, dass meine Sicht schlechter wurde. Meine Sehkraft war immer perfekt gewesen, doch als ich an diesem Tag mit dem Auto unterwegs war, merkte ich, dass mir leicht übel war. In einiger Entfernung sah ich ein Straßenschild, das ich normalerweise deutlich hätte lesen können, doch erschien es mir jetzt verschwommen und undeutlich. Ich führte dies darauf zurück, dass ich müde war, und dachte nicht weiter darüber nach bis zum nächsten Tag, als es erneut passierte. Nach einer Woche verschwommener Sicht beschloss ich, lieber eine Körperreise zu machen und das Problem aufzudecken. Bei meinem Alter von dreiundvierzig Jahren würden die meisten Leute wohl sagen, es sei normal, dass die Augen schlechter werden, doch ich dachte: »Das entspricht nicht meinem Glaubenssystem. Ich glaube nicht, dass es eine Frage des Alters ist. Da muss etwas sein, das ich mir nicht anschauen will.«

Als ich in meinen Körper reiste, kam ich überraschenderweise nicht an dem Punkt an, den ich erwartet hatte. Ich war einfach davon ausgegangen, dass ich in meine Augen reisen und das Problem dort finden würde. Doch als ich mein Raumschiff betrat, brachte mich die unendliche Intelligenz stattdessen in meine Gebärmutter. Obwohl es unlogisch schien, hatte ich durch frühere Erfahrungen gelernt, dass die Weisheit des Körpers den Weg genau kennt und sich niemals irrt. Also beschloss ich, ihr zu vertrauen.

In meiner Gebärmutter deckte ich eine alte Erinnerung auf, die mich im Laufe der Jahre oft irritiert hatte. Wann immer ich versucht hatte, mir diese Erinnerung voll ins Gedächtnis zu rufen, wollte es mir nicht gelingen – ich konnte nichts sehen.

Mein Vater hatte sich das Leben genommen, als ich neunzehn Jahre alt war, und sein Tod hatte mich emotional völlig niedergeschmettert. Nach außen hin bin ich damals sicher zentriert, gefasst und tapfer erschienen. Ich konzentrierte mich darauf, meiner Familie bei den Vorbereitungen zum Begräbnis zu helfen. Doch innerlich fühlte ich mich wie betäubt und verstand überhaupt nichts mehr – ich war unfähig, den Schmerz, den ich empfand, zu fühlen oder auszudrücken. Später habe ich gehört, dass sich die unmittelbaren Familienmitglieder bei einem Selbstmord häufig irgendwie dafür verantwortlich fühlen. So war mit dem Gefühl der Taubheit, das kaum die Verzweiflung und Trauer überdeckte, ein tief gehendes Gefühl von Schuld verbunden – so als hätte ich in der Lage sein müssen, ihn irgendwie vor dem Selbstmord zu bewahren.

Nach dem Begräbnis ging ich zurück an die Universität mit dem Gefühl, in einer unwirklichen Welt zu leben. Ich hatte gerade erst mit dem Studium begonnen und war kaum zwei Wochen vor dem Tod meines Vaters an diesen neuen, fremden und einsamen Ort gekommen. Ich war allein, zutiefst unglücklich, verlassen und ohne einen einzigen Freund, an den ich mich hätte wenden können.

Die Erinnerung, die ich jetzt aufdeckte, stammte aus einer rauen, bitterkalten Winternacht im Norden des Bundesstaates New York. Ich hatte mich mit einem jungen Mann verabredet, den ich kaum kannte – nur um mich von dem Schmerz in meinem Innern abzulenken. Ich sagte ihm nicht, was mit meinem Vater passiert war, und setzte ein fröhliches, unbeschwertes Gesicht auf in dem Versuch, reif und erwachsen zu wirken. Wir gingen in eine Bar und tranken ein paar Cocktails. Ich hatte kaum Erfahrung mit der Wirkung von Alkohol und es dauerte nicht lange, bis ich betrunken war. Im Gegensatz zu meinem normalen, praktischen Wesen legte ich in jener Nacht ein schamloses, gewagtes, leichtsinniges Verhalten an den Tag. Ich dachte: »Es ist doch sowieso alles egal. Nichts macht mehr Sinn. Alles ist bedeutungslos.« Ich trank viel und ohne nachzudenken.

Auf dem Rückweg zum Studentenwohnheim kauften wir eine Flasche Gin. Im Zimmer des Mannes trank ich alleine drei Viertel der Flasche. Ich muss die Besinnung verloren haben, da ich mich später nicht mehr daran erinnern konnte, was danach geschah.

Zwei Tage später fand ich mich im Wald in der Nähe der Unversität wieder. Mir war kalt und feucht und ich trug noch immer dieselben Kleider wie in der Nacht mit dem jungen Mann. Ich fühlte mich emotional ausgebrannt, ausgelaugt und desorientiert. Ich empfand einen tiefen Ekel mir selbst gegenüber, verbunden mit einem Gefühl von »Es ist sowieso alles egal«. Ich hatte keine Ahnung, wie ich in den Wald gekommen war. Verkatert fand ich irgendwie den Weg zu meinem Zimmer auf dem Universitätsgelände, wo ich am schwarzen Brett lauter Notizen mit meinem Namen fand. Offensichtlich hatte man zweieinhalb Tage lang nach mir gesucht. Ich hatte zwei Tage meines Lebens verloren und mich nie mehr an sie erinnert – bis zu diesem Journey-Prozess.

Ich glaube, die Erinnerung an diese zwei Tage war zu schmerzhaft, um sie mir anzuschauen, und mein unbewusster Verstand hatte es vorgezogen, sie einfach auszublenden. Doch offenbar war meine Seele der Meinung, dass es jetzt an der Zeit war, sich das damalige Geschehen anzuschauen und zu sehen, was während dieser zwei Tage wirklich passiert war. Während meines Prozesses kamen mir zum ersten Mal Erinnerungsfetzen an das, was damals stattgefunden hatte. Es war nicht besonders nett.

Ich konnte verstehen, warum ich mich unbewusst all die Jahre davor geschützt hatte. Doch schließlich stellte ich mich der Erinnerung. Ich hatte schwer daran zu arbeiten und viel Vergebungsarbeit war notwendig. In diesem Fall musste ich vor allem mir selbst vergeben, dass ich mein Leben so leichtsinnig, gefährlich und gefühllos aufs Spiel gesetzt hatte. Und dass ich mich selbst für ein Schuldgefühl bestraft hatte, das ich nicht unterdrücken konnte. Ich konnte von Glück sagen, dass ich die Alkoholmenge überlebte, die ich in jener Nacht zu mir genommen hatte. Doch vielleicht war genau das der Punkt.

Als ich mit der Reise fertig war, erwartete ich eine sofortige Verbesserung meiner Sehkraft. Schließlich hatte ich mir endlich etwas angeschaut, das viele Jahre lang unsichtbar gewesen war. Doch drei Tage vergingen und es trat keine Änderung ein. Ich sah immer noch alles leicht verschwommen und mir wurde immer noch übel beim Autofahren.

»Hmm«, dachte ich, »wie seltsam. Die Zellen der Augen brauchen nur achtundvierzig Stunden, um sich zu erneuern. Vielleicht hat sich die unendliche Weisheit dieses Mal geirrt – vielleicht hätte ich zu meinen Augen und nicht in meine Gebärmutter gehen sollen.« Ich dachte nicht mehr an den Prozess, gab mir aber selbst das Versprechen, bei der nächsten Reise bewusst zu meinen Augen zu gehen.

Drei Wochen danach kam ich eines Abends sehr spät nach Hause. Im Garten brannte kein Licht und plötzlich fiel mir auf, dass meine Sicht klar war, ja dass ich in der Lage war, alles deutlich in der Dunkelheit zu erkennen. Ich konnte die Grashalme und Blätter genau erkennen – ich kann mich nicht erinnern, jemals nachts so gut gesehen zu haben.

Am nächsten Tag stellte ich fest, dass mir beim Autofahren nicht mehr schlecht wurde. Meine Sehkraft war völlig wiederhergestellt. Sie hatte sich anfangs so unauffällig verbessert, dass ich es nicht einmal bemerkt hatte. Es war so natürlich, dass ich nicht darüber nachdachte. Mir ging es genauso wie Anita und Bill, die ebenfalls die Besserung erst dann bemerkten, als sie bereits eingetreten war.

Ich habe festgestellt, dass es sich bei der Journey-Arbeit oft so verhält. Wenn wir erst einmal geheilt sind, fällt es uns schwer, uns vorzustellen, dass wir jemals nicht normal und gesund waren. Ich muss Menschen, die Journey-Arbeit machen, immer wieder daran erinnern, darauf zu achten, dass sie alles aufschreiben und festhalten. Aufgrund unserer neurologischen Abläufe ist es so, dass Erfolg zu immer mehr Erfolg führt. Daher sind der Rückblick auf die Vergangenheit und die Veränderungen in unserem Leben ein wichtiger Aspekt, der unsere Heilung verstärkt.

Mir ist aufgefallen, dass es bei der Arbeit mit dem Journey-Prozess manchmal eine Weile dauern kann, bevor die Heilung abgeschlossen ist. Bei jedem Prozess liegt es in den Händen der inneren Intelligenz, uns auf einzigartige Weise in einem Tempo zu führen, das für uns angemessen ist. Manchmal hat es den Anschein, als würde ein Schalter umgelegt, und im nächsten Moment ist das alte Muster für immer verschwunden. Doch manchmal ist es eher wie bei einem Ventilator, der langsam ausläuft. Haben Sie jemals einen Ventilator ausgeschaltet und festgestellt, dass es eine Zeit lang braucht, bis er langsamer wird und schließlich völlig zum Stillstand kommt? Bei den Journey-Prozessen verhält es sich zuweilen ähnlich, je nach dem besonderen Thema. Es gibt keinen »richtigen« Zeitraum, in dem die Heilung stattfinden soll oder muss.

Also, möchten Sie nun gerne die Physical Journey durchführen, die in meinen Seminaren angewandt wird? Dann bitten Sie einen Freund, dem Sie vertrauen – am besten jemand, der dieses Buch gelesen hat –, sich zwei Stunden Zeit zu nehmen, um mit Ihnen zu arbeiten. Sorgen Sie dafür, dass Sie während dieser Zeit weder von Lärm noch von Ablenkungen anderer Art gestört werden.

Sie sollten sich das Skript vielleicht ein paar Mal durchlesen, einfach um sich damit vertraut zu machen. Wenn Sie sich dann bereit fühlen, kann es losgehen. Es ist gut, den Text wie ein inneres Abenteuer zu behandeln – mit der Offenheit eines Kindes. In Kapitel 30 am Ende des Buches finden Sie den vollständigen Prozess der Physical Journey. Jedoch ist es wichtig, zunächst die Anweisungen in Kapitel 29 vollständig durchzulesen.

22

Jetzt, da Sie Gelegenheit hatten, die emotionale wie auch die körperliche Reise auszuprobieren, werden Sie es vielleicht genießen, von den unerwarteten positiven »Nebenwirkungen« zu hören, die als Folge dieser Arbeit auftreten können.

Sehr oft haben Menschen dabei eine solch tief greifende Erfahrung der Quelle, dass viele alte Gewohnheiten und begrenzende Glaubenssätze spontan wegfallen, ohne dass die Betreffenden bewusst daran arbeiten müssen. Je mehr sie mit ihrem wahren Selbst in Kontakt kommen, desto schneller werden die alten, destruktiven Muster überholt und unnatürlich. In letzter Zeit habe ich immer mehr Absolventen bei den Seminaren über dieses Phänomen sprechen hören.

Noreen ist eine fröhliche und warmherzige fünfzigjährige Irin, die während eines Wochenendseminars die Kinder zweier Journey-Absolventen betreute. Es war ein Zufall (oder vielleicht Schicksal), dass Noreen gebeten wurde, auf die Kinder aufzupassen, während ihre Eltern, Jerry und Cathy, das Fülle-Retreat machten – ein Seminar, das uns von den vielen versteckten Begrenzungen befreit, mit denen wir uns unbewusst davon abhalten, Fülle in unserem Leben zu manifestieren.

Noreen saß vor der Tür zu dem Seminarraum und wartete geduldig darauf, dass Cathy während der Pausen herauskam, um ihren Sohn zu stillen. Nach und nach setzten sich immer mehr Teilnehmer des Retreats zu Noreen und begannen sich mit ihr zu unterhalten, angetan von ihrem Humor und irischen Charme. Sie ihrerseits begann zu bemerken, dass die Teilnehmer etwas Besonderes an sich hatten – eine Präsenz von Liebe, die von ihnen auszustrahlen schien, wenn sie mit ihnen sprach. Sie bemerkte ein gewisses Strahlen – ein Funkeln in ihren Augen. Sie spürte, dass sie etwas von dem haben wollte, was sie in der Gegenwart dieser Menschen empfand, und beschloss an Ort und Stelle, dass sie unbedingt das Journey-Seminar machen wollte.

Noreen hatte seit Jahren unter chronischen Rückenschmerzen gelitten, außerdem war eine gutartige Geschwulst in ihrer Brust diagnostiziert worden. Sie war an der Möglichkeit interessiert, sich selbst zu heilen, doch noch wichtiger war ihr, mehr über die Energie herauszufinden, die sie immer fühlte, wenn sie einem Seminarteilnehmer begegnete, der zu seinem wahren Selbst erwacht war.

Noreen meldete sich für das nächste Journey-Wochenende an. Sie durchlief einen ungeheuer intensiven Emotional-Journey-Prozess, und als sie durch die verschiedenen Schichten sank und sich der Erfahrung ihrer eigenen Seele bewusst wurde, ihrer Quelle, war das so überwältigend für sie, dass sie beschloss, diese Erfahrung von nun an um jeden Preis zu würdigen.

Noreen hatte das Gefühl, als ob sie ihr Leben lang nach dieser inneren Größe gesucht hätte – dieser Liebe, die sich im Kern eines jeden von uns befindet. Nachdem sie einmal diese Schönheit in ihrem eigenen Herzen erlebt hatte, schwor sie sich, sie zu bewahren, dem Diamanten gegenüber treu zu sein, den sie ausgegraben hatte. Sie wollte nie mehr etwas tun, was dieses immense Strahlen überdecken, beflecken oder trüben konnte; sie wollte einfach immer darin verweilen – in dieser Einfachheit und Reinheit – und diesen Zustand nie mehr verlassen.

Noreen hatte immer gern ein Bier am Abend getrunken; es schien Teil ihrer irischen Herkunft zu sein. An den meisten Abenden der Woche ging sie in die Kneipe, amüsierte sich mit ihren Freundinnen, rauchte und trank und genoss jeden Augenblick, oft bis in die frühen Morgenstunden. Sie sagte mir, dass sie nie ein anderes Leben gekannt hatte. »Das tut doch jeder, oder nicht? Man kommt von der Arbeit nach Hause, isst etwas und dann geht man in die Kneipe, um einen schönen Abend mit Freunden zu verbringen.«

Nachdem sie den Journey-Prozess gemacht hatte, fühlte sie einen solchen Frieden in ihrem Innern – eine solche Zufriedenheit –, dass sie keine konstanten Aktivitäten oder Freundschaften mehr brauchte, um ein Gefühl der Erfüllung zu haben. Die Zufriedenheit war immer da, bei der Arbeit wie auch danach. Sie war so sehr im Frieden mit sich selbst, dass sie sich abends nicht mehr gedrängt fühlte, bis nach Mitternacht unterwegs zu sein, sondern stattdessen begann, ihre eigene Gesellschaft zu genießen.

Sie sagte, dass ihr die Kneipen nach einiger Zeit zu rauchig und zu dunkel waren, und ihr Interesse an derlei abendlichen Unternehmungen verschwand. Unerwartet stellte sie fest, dass sie Widerwillen gegen Zigaretten empfand – sie gaben ihr ein schmutziges Gefühl und fingen an, wie Sägespäne zu schmecken –, und, was sie noch mehr überraschte, sie brauchte auch keinen Alkohol mehr – es kam ihr jetzt so vor, als würde er nach Urin schmecken. Früher hatte sie Rauchen und Trinken immer als entspannend empfunden, doch jetzt fühlte sie sich natürlich entspannt und hatte kein Bedürfnis mehr nach diesen Dingen. Zu ihrer Überraschung hatte sie stattdessen Lust auf gesündere Nahrungsmittel. Fleisch bekam sie plötzlich nicht mehr hinunter. Es dauerte nicht lange und sie wurde Vegetarierin.

So viele Veränderungen – und alles völlig mühelos. All die alten Gewohnheiten fielen spontan weg, sobald sie erkannte, dass sie selbst das war, wonach sie gesucht hatte. Sobald sie wahre Erfüllung und Frieden fühlte, brauchte und wollte sie die alten, destruktiven Gewohnheiten nicht mehr, die immer nur dazu gedient hatten, eine tiefe Leere in ihrem Innern zu füllen.

Sie sagte, sie hätte das Gefühl, ein Licht in ihrem Innern gefunden zu haben, das sie ehren und beschützen wollte, und sie verstand zutiefst, was der Ausspruch bedeutet: »Der Körper ist der Tempel der Seele.« Dass außerdem die Geschwulst in ihrer Brust und ihre chronischen Rückenschmerzen verschwanden, schien im Vergleich zu dieser umfassenderen Erkenntnis beinahe nebensächlich. Sie hatte einen kostbaren Diamanten entdeckt, den sie nicht länger zu verdecken gewillt war.

Auch Suzy war eine Journey-Absolventin, die mir lachend erzählte: »Brandon, ich habe immer gedacht, gesundheitsbewusste Leute seien langweilig – sie trinken Perrier, essen Hasenfutter, gehen regelmäßig ins Fitnessstudio, rauchen nicht, trinken keinen Alkohol – ich habe immer gedacht: ›Das sind alles solche braven Musterkinder. Ich will nicht so sein wie sie.‹ Und jetzt schauen Sie mich an, ich bin tatsächlich eine von ihnen geworden! Ich weiß nicht, was mit mir passiert ist, doch seit dem No-Ego-Retreat (ein mehrtägiges Seminar für Fortgeschrittene) habe ich tatsächlich zum ersten Mal in meinem Leben das Gefühl, dass ich auf meinen Körper achten möchte. Ich mag mich und möchte mir die gleiche natürliche Fürsorge zukommen lassen wie jemandem, den ich liebe.«

Während sie diese Worte sagte, schaute ich in ihre strahlend lebendigen Augen und musste lächeln – wieder einmal fasziniert davon, wie die Seele mit uns zusammenarbeiten will, damit wir unsere eigene Freiheit erfahren; sie will tatsächlich das Höchste und Beste für uns.

Wenn Sie erst einmal Ihr eigenes inneres Licht erlebt haben, werden Sie es ehren wollen und immer weniger bereit sein, irgendetwas zu tun, was es verdecken oder verbergen könnte. Wir sind nicht mehr so schnell bereit, einen »Lampenschirm« über unser Licht zu stülpen. Marianne Williamson beschreibt dies sehr ausdrucksvoll in ihrem Buch *A Return to Love*:

Unsere größte Angst ist nicht die, dass wir unzulänglich sind. Unsere größte Angst ist die, dass wir unendlich machtvoll sind. Es ist unser Licht, nicht unsere Dunkelheit, was uns die größte Angst einjagt. Wir stellen uns selbst die Frage: »Wer bin ich, dass ich brillant, hinreißend, talentiert und fantastisch sein sollte?«

Wer sind Sie, dass Sie es nicht sein sollten?

Sie sind ein Kind Gottes. Wenn Sie sich klein machen, nützt das der Welt nichts. Es dient niemandem, wenn Sie sich klein machen, damit sich andere Menschen in Ihrer Gegenwart nicht unsicher fühlen. Wir sollen strahlen, so wie Kinder es tun. Wir sind geboren, um das Licht Gottes zu manifestieren, das in uns ist. Es ist nicht nur in einigen von uns, es ist in uns allen. Wenn wir unser Licht leuchten lassen, geben wir unbewusst anderen Menschen die Erlaubnis, das Gleiche zu tun. Wenn wir uns von unserer eigenen Angst befreien, befreit unsere Gegenwart automatisch die anderen.

23

Unser Licht ist nicht das Einzige, was wir häufig verstecken. Sehr oft versuchen wir auch unsere Gefühle zu verdecken und zu verbergen. Ich habe festgestellt, dass dies besonders bei Menschen mit Suchtproblemen zutrifft. Suchtverhalten ist in vielen Fällen ein Versuch, sich abzulenken oder ein tiefes emotionales Problem zuzudecken, mit dem wir nicht umgehen können oder das wir uns vielleicht nicht einmal anzusehen wagen.

In unserer Kultur wird uns oft beigebracht, gegen das *oberflächliche Suchtverhalten* (Essstörung, Alkohol- oder Drogenabhängigkeit, Einkaufssucht, Kleptomanie, Spielsucht etc.) anzugehen, statt das *Kernproblem* näher zu betrachten, das das äußere Verhalten überhaupt erst verursacht.

Zum Beispiel ist uns vielleicht bewusst, dass wir ein Problem mit unserem Gewicht haben, und wir gehen dieses Problem an, indem wir unsere Essgewohnheiten verändern, Diäten machen oder versuchen, uns mehr zu bewegen. Wir arbeiten an unserem Verhalten, doch es fällt uns nicht ein zu fragen: »Was ist denn eigentlich der Grund dafür, dass ich mich so mit Essen voll stopfe?«

Oft kommt es dann vor, dass eine Diät nur kurze Zeit den gewünschten Erfolg bringt, bevor wir langsam wieder in die alten Gewohnheiten verfallen und erneut an Gewicht zunehmen. Warum? Weil wir nie herausgefunden haben, was uns eigentlich dazu veranlasst, so übermäßig viel zu essen. Die emotionale Ursache lauert unbeachtet nach wie vor in unserem Körper.

Oft meldet sich bei den Journey-Seminaren jemand zu Wort und sagt: »Ich habe kein emotionales Problem, aber ich kann einfach nicht aufhören, zu viel zu essen oder ständig zu naschen.« Wenn jemand so etwas sagt, frage ich mich immer, was die Betreffenden »hinunterzustopfen« versuchen, welchem Gefühl sie sich da bisher nicht stellen konnten. Natürlich sind sie sich nicht bewusst, dass sie ein emotionales Problem haben – sie haben es weggestopft und mundtot gemacht, bevor sie sich jemals die Möglichkeit gegeben haben, zu fühlen, um was es dabei wirklich geht.

Wir alle kennen den Ausdruck »Essen als Trost«. Die Frage ist, für welches Gefühl oder Problem brauchen wir Trost? Nahrung betäubt unsere Möglichkeit zu fühlen. Wie viele von uns können ehrlich behaupten, dass sie essen, nur weil der Körper Hunger hat und Nahrung braucht?

Daher lade ich während des Seminars oft die Teilnehmer ein, folgendes Experiment zu versuchen: »Schließen Sie einfach die Augen … Jetzt stellen Sie sich einen Moment vor, in dem Sie etwas genascht haben … einen bestimmten, einzelnen Augenblick … Sobald die Erinnerung hochkommt, rollen Sie den Film ein paar Sekunden zurück zu dem Augenblick, in dem der Impuls, nach der Leckerei zu greifen, aufgetaucht ist … (Ich warte, bis sie diesen Moment erkennen) … Nun gehen Sie ein paar weitere Sekunden zurück zu dem Moment, bevor der Impuls aufgetaucht ist … bevor Sie die Entscheidung trafen, etwas Süßes zu holen oder zu essen – was empfanden Sie da wirklich? … Seien Sie bereit, das zu fühlen, was wirklich da ist.«

Unweigerlich überzieht ein Ausdruck des Erstaunens die Gesichter, wenn sie entdecken, was sie wirklich fühlten, *bevor* der Impuls auftauchte, *bevor* sie davor geflüchtet sind, die Emotion wirklich zu fühlen, indem sie sie einfach hinuntergestopft haben. Oft handelt es sich dabei um ein Gefühl großer Leere, Einsamkeit, Verzweiflung oder überwältigender Angst. Es ist in den meisten Fällen *ein sehr starkes und tiefes* Gefühl. Sobald wir auch nur einen leichten Hauch davon wahrnehmen, greifen wir bereits nach der Nahrung, um ihm aus dem Weg zu gehen; wir laufen vor ihm davon und sorgen dafür, dass es wieder einschläft.

Bei Journey-Arbeit sage ich stets: »Wacht auf.« Wenn Sie das emotionale Problem erst einmal identifiziert haben, das zu fühlen Sie vermeiden wollen, haben Sie das nötige Werkzeug, um sich im Emotional-Journey-Prozess endlich damit zu befassen. Doch wenn Sie zu sehr damit beschäftigt sind, es zu unterdrücken, wie wollen Sie dann jemals die Ursache des Problems aufdecken und es lösen?

Bei einem Journey-Seminar in London meldete sich eine Frau Mitte dreißig mit genau diesem Problem zu Wort. Sie war offensichtlich zu dick und sagte, dass sie sich zeitlebens mit allen möglichen Diäten herumgeschlagen habe. Sie sehnte sich aufrichtig danach, ihren Zustand ein für alle Mal zu verändern. Als ich mit ihr den eben beschriebenen Prozess durchging, entdeckte sie ein tiefes Gefühl von Scham, gemischt mit Angst. Sie öffnete völlig erstaunt die Augen und erklärte, dass sie keine Ahnung habe, woher dieses Gefühl kommen könnte. Sie war sich keines Ereignisses bewusst, für das sie sich schämte oder vor dem sie sich fürchtete. Sie stand vor einem völligen Rätsel. Ich schlug ihr vor, einfach darauf zu vertrauen, dass das emotionale Gefühl aus einem bestimmten Grund da war und dass sie es als Ausgangspunkt benutzen sollte, wenn sie am Nachmittag ihren Emotional-Journey-Prozess durchlaufen würde.

Während des Prozesses bemerkte ich, dass sie wohl etwas zutiefst Beunruhigendes entdeckt hatte. Gegen

Ende ihres Prozesses konnte ich deutlich eine enorme Erleichterung in ihrem ganzen Körper erkennen. Da der Prozess bei jedem Einzelnen immer vertraulich behandelt wird, fragte ich nicht nach, was sie erlebt hatte, doch war mir klar, dass es sich dabei um etwas Wichtiges gehandelt haben musste.

Einen Monat später erschien sie bei unserem monatlichen Absolvententreffen. Sie hatte sechsundzwanzig Pfund verloren! Mit großer Begeisterung war sie die Erste, die sich zu Wort meldete, um ihre Erfolgsgeschichte zu erzählen. Sie sagte, dass sie vor dem Seminar nie in der Lage gewesen war, sich an irgendetwas zu erinnern, was vor ihrem zehnten Lebensjahr passiert war – dieser Zeitraum war immer ein leeres Blatt für sie gewesen. Während des Emotional-Journey-Prozesses gewann sie endlich Zugang zu einer Erinnerung aus ihrer frühen Kindheit, die ihr bis dahin verborgen gewesen war. Es handelte sich um sexuellen Missbrauch, der extrem traumatisch gewesen war, und sie nahm an, dass sie diese Erfahrung unbewusst verdrängt hatte.

Bei ihrem Lagerfeuer-Prozess fand sie nicht nur endlich Zugang dazu, sondern – was noch wichtiger war – sah sich in der Lage, das Erlebnis vollständig aufzulösen und hinter sich zu lassen. Obwohl sie das *Verhalten* des betreffenden Mannes niemals gutheißen oder vergeben konnte, war es ihr nach ihren eigenen Worten möglich, seiner *Seele* von ganzem Herzen zu verzeihen. Sie sagte, dass sie sich seitdem frei, leicht und unbeschwert fühlte. Später habe ich von ihr gehört, dass sie noch mehr Gewicht verloren hat.

Bei einem anderen Journey-Seminar war ein Mann mit einem Alkoholproblem anwesend. Er sagte, dass er sich selbst nicht als Alkoholiker bezeichnen würde, gab jedoch zu, jeden Abend drei bis vier Flaschen Bier zu trinken. Nach dem oben beschriebenen Prozess öffnete er die

Augen und meinte mit schwacher Stimme: »Ich habe Angst davor zu versagen. Ich kann das Muster deutlich erkennen. Diese Angst kommt hoch, wenn ich allein zu Hause bin und anfange, mich zu entspannen, und dann sage ich mir – obwohl mein Verstand meint, ich solle es nicht tun: ›Oh, *ein* Bier kann nicht schaden.‹ Dann werden es schnell drei oder vier. Natürlich wache ich am nächsten Morgen mit einem Kater auf und fühle mich elend und dann gehe ich zur Arbeit und mache meine Sache nicht gut. Ich versage in dem Bemühen, die Resultate zu erzielen, die ich erreichen will. Was tue ich also? Ich fühle mich schlecht, weil ich versagt habe, gehe am Abend nach Hause und trinke wieder Alkohol, um mich zu betäuben. Und so geht der Kreislauf immer weiter.«

In seinem Prozess deckte er Kindheitserinnerungen auf, in denen sein Vater ihm immer wieder sagte, dass nie etwas aus ihm werden würde – dass er stets ein Versager bleiben würde. Seitdem war das Leben für ihn ein erfolgloser Kampf gewesen, nicht zu versagen. Als ich ihn das nächste Mal sah, war sein Bierbauch verschwunden und er strahlte. Er hatte sowohl mit dem Trinken als auch mit dem Rauchen aufgehört und es war ihm gelungen, einen besseren Job zu finden.

Dies sind nur zwei Menschen von zehntausend, die sich selbst von Suchtproblemen befreit haben, indem sie sich der emotionalen Ursache stellten, anstatt sich nur mit den Symptomen zu beschäftigen. Der Emotional-Journey-Prozess war ihr Schlüssel zur Freiheit. Sie alle haben erfolgreich die Freiheit und Vollkommenheit entdeckt, die seit jeher in uns allen darauf wartet, endlich gefunden zu werden.

24

Es scheint keine Rolle zu spielen, wie alt oder jung jemand ist. Irgendwie spüren wir alle, dass es in unserem Innern etwas gibt, das wunderbar und frei ist. Wir wissen intuitiv, dass wir zu wahrer Größe fähig sind, und insgeheim sehnen wir uns danach, Zugang zu unserem wahren Potenzial zu finden und es in seiner Fülle zum Ausdruck zu bringen.

Noreen saß einmal mit einem ehemaligen katholischen Mönch zusammen, einem siebenundachtzigjährigen Iren. Sie tranken Tee und unterhielten sich. Er erklärte ihr, dass er es mit fortschreitendem Alter irgendwie tröstlich empfand, still in der letzten Reihe der Dorfkirche zu sitzen – er verspürte dort starken Frieden und innere Ausgeglichenheit. Doch in letzter Zeit hatte ihn irgendetwas gestört. Wann immer sich in den vergangenen Wochen jenes Gefühl der Zufriedenheit einstellte, empfand er gleichzeitig Furcht. Er erzählte Noreen, dass es ihm daher immer mehr widerstrebte, zu seiner täglichen Kontemplation in die Kirche zu gehen.

Noreen fragte: »Wovor haben Sie Angst, Arthur?«

Er errötete und antwortete in einem stockenden Flüstern: »Vor dem Sterben ... glaube ich ...« Seine Stimme verlor sich.

Sanft meinte Noreen: »Lassen Sie uns ins Wohnzimmer gehen. Ich möchte einen kurzen Prozess mit Ihnen durchführen.«

Der alte Mönch folgte Noreen still und ließ sich in einem bequemen Sessel nieder. Liebevoll führte Noreen ihn durch die emotionalen Schichten. Als er durch die Schwärze in den Frieden sank, traten ihm Tränen in die Augen und flossen schließlich leise über seine Wangen. Er öffnete die Augen und flüsterte verwundert: »Warum lehren sie uns das nicht in den Kirchen? All die vielen Jahre, und ich wusste nichts davon.«

Wie alt wir auch sind, jeder von uns spürt die Sehnsucht, sich daran zu erinnern, wer wir wirklich sind. Jeder von uns sehnt sich danach, endlich »nach Hause« zu kommen. Durch die Schichten hinabzusinken ist nicht die einzige Möglichkeit, diese Erfahrung zu machen und direkt in den Frieden und die Freiheit der inneren Quelle einzutauchen. Es gibt zahllose andere Möglichkeiten, die sich in jedem Moment des täglichen Lebens ergeben können.

Meine eigene Erfahrung ist die, dass nach dem ersten Erwachen zu dem, wer wir in Wahrheit sind, die Quelle uns sozusagen »ruft«. Sie wird Sie einfach nicht in Ruhe lassen! Wenn Sie erst einmal nach Hause gekommen sind, ruft Ihr Zuhause wieder und wieder nach Ihnen. Die Wahrheit ruft Sie zu sich selbst, bis Sie sich schließlich so vollkommen in sie verlieben, dass Sie nicht länger bereit sind, irgendetwas zu tun, das Sie von ihr fernhalten würde.

Am zweiten Tag des Journey-Seminars, nachdem jeder Teilnehmer eine direkte Erfahrung des Hinabsinkens durch die emotionalen Schichten bis in seine Quelle gemacht hat, beginnen wir damit, Möglichkeiten zu erforschen, wie wir noch unmittelbarer und schneller zu unserer inneren Bewusstheit finden können.

Ich empfehle das Hinabsinken durch die Schichten stets als die erste und stärkste Möglichkeit. Dann, wenn Sie erst einmal die Quelle erfahren haben – selbst wenn Sie sozusagen nur einen Zeh hineingetaucht haben –, sind all die anderen zahllosen Möglichkeiten relativ einfach.

Es gibt einen besonders kraftvollen Prozess, bei dem die Leute immer wieder verblüfft sind, wie tief greifend ihre Erfahrung der Quelle ist, vor allem, weil diese Methode so einfach ist. Es handelt sich dabei um eine uralte Technik der Selbsterforschung, die seit Jahrtausenden in vielen buddhistischen Klöstern praktiziert wird. Wenn Sie möchten, können Sie dies sofort zu Hause ausprobieren. Am besten ist es, wenn Sie auch dabei wieder mit einem Partner zusammenarbeiten.

ÜBUNG

Nehmen Sie sich ungefähr eine Stunde Zeit, in der Sie nicht gestört werden. Bitten Sie einen Freund – vorzugsweise jemanden, der dieses Buch gelesen hat –, Ihnen gegenüber Platz zu nehmen. Machen Sie es sich beide bequem. Wenn Sie bereit sind, können Sie die Augen schließen. Ihr Begleiter wird Ihnen eine sehr einfache Frage stellen und Sie bleiben einfach entspannt und offen wie ein Kind, mit einer starken inneren Ausrichtung darauf, die Antwort zu erfahren, und in dem Vertrauen, dass diese in Worten oder als wortlose Erfahrung auftauchen wird.

Der Begleiter sollte Ihnen wirklich seine hundertprozentige Aufmerksamkeit schenken und zuhören, als würde er den Worten Gottes lauschen. Auf diese Weise wird er für Ihre Erfahrung voll präsent sein und einen »heiligen Raum« für Sie schaffen, in dem Sie Ihren Prozess beginnen können.

Der Begleiter hat die Augen geöffnet, während Ihre geschlossen sind. Er beginnt, indem er leise fragt: »Wer bist du?« Mit geschlossenen Augen, ruhend in Ihrem eigenen Bewusstsein, stimmen Sie sich einfach ein und erlauben der Antwort, aus Ihrem Innern aufzutauchen, ohne irgendetwas von dem zu zensieren, was auftaucht. Dann sprechen Sie Ihre Antwort laut aus.

Daraufhin antwortet Ihr Partner mit »Danke« und fragt erneut: »Wer bist du?« Wieder achten Sie mit geschlossenen Augen darauf, was aus Ihrem Innern an die Oberfläche kommt, und sprechen es laut aus. Ihr Partner sagt »Danke« und fragt wieder: »Wer bist du?«
Auf diese Weise fahren Sie eine Weile fort.
Oft zählen wir zu Beginn unsere oberflächlichen Rollen auf, wie beispielsweise: »Ich bin ein Lehrer, eine Mutter, ein Geschäftsmann etc.« Doch wenn wirkliche Offenheit vorhanden ist und die echte Sehnsucht, zu wissen, wer Sie wirklich sind, dann wird sich in der Regel Ihr inneres Selbst während dieses Prozesses zu enthüllen beginnen.
Es ist möglich, dass Sie sich an einem bestimmten Punkt so unendlich weit und still fühlen, dass nach der Frage »Wer bist du?« keine Worte aus Ihrem Innern an die Oberfläche dringen. Dann bleiben Sie einfach still und sagen nichts.
Ihr Partner wird auch in diesem Fall als Antwort auf Ihre nonverbale Erwiderung »Danke« sagen und erneut fragen: »Wer bist du?«
Ihr Begleiter stellt diese Frage so lange, bis der Prozess abgeschlossen ist – was ungefähr fünfzehn bis zwanzig Minuten dauert. Dann können Sie sich bei Ihrem Partner bedanken und die Rollen tauschen.

Der Schlüssel zu dieser Übung besteht darin, offen wie ein Kind zu sein, den ersten Worten zu vertrauen, die sich melden, und bereit zu sein, ehrlich das zu äußern, was an die Oberfläche drängt – egal, wie lächerlich es zu sein scheint.

Einige Antworten werden ihre wahre Bedeutung vielleicht nicht auf Anhieb enthüllen, sondern erst zu einem späteren Zeitpunkt, oder Ihnen sogar idiotisch vorkommen. Bei einem Journey-Seminar vor einiger Zeit hörte ich im Vorbeigehen, wie einer der beiden Partner fragte: »Wer bist du?«, woraufhin der andere antwortete: »Ich bin eine Zapfsäule.« Der erste Partner konnte sich kaum das Grinsen verkneifen, fragte aber unbeirrt weiter: »Danke … Wer bist du?«

Ich bekam den Rest des Prozesses nicht mit, doch später erzählte derjenige, der sich als Zapfsäule erfahren hatte, dass er sich auch als das Benzin, die Tankstelle, die Luft und schließlich als alles erlebte. Er fühlte, dass er *alles* war, was lebte, und dass das ganze Leben *in ihm* geschah – einschließlich der Zapfsäule!

Wie verrückt das, was hochkommt, also auch klingen mag, zensieren Sie sich bitte nicht. Lassen Sie zu, dass die Quelle ihre Natur auf ihre eigene, magische und mysteriöse Weise enthüllt. Dies ist eine einfache, doch äußerst tief gehende Übung. Mir persönlich ist sie am liebsten.

Ich liebe es, mir jeden Tag ein paar stille Minuten zu gönnen, mich ruhig hinzusetzen, nach innen zu gehen und zu fragen: »Wer bin ich?« Normalerweise habe ich die Frage kaum ausgesprochen und schon enthüllt sich die unermessliche, machtvolle Erkenntnis meines Selbst in allem und überall. Dann ruhe ich in einer gedankenlosen, wortlosen Präsenz von Stille, die so ehrfurchtgebietend ist, dass mir oft die Tränen in die Augen treten, wenn ich diese unendliche Stille als das erkenne, was ich bin.

Sehr oft ist es bei diesem Prozess genauso intensiv, der Zuhörer zu sein, der seine Aufmerksamkeit ganz auf seinen Partner richtet, wie der zu sein, dem die Frage gilt. Dieses einfache, aber kraftvolle Prinzip ist etwas, das Sie problemlos in Ihrem täglichen Leben anwenden können. Erlauben Sie einfach Ihrem ganzen Sein, sich auf das zu konzentrieren, was Sie gerade tun. Wenn Sie Ihre Aufmerksamkeit wirklich vollkommen auf eine bestimmte Sache richten, wenn Sie also hundertprozentig präsent sind, dann können Sie unter Umständen das zeitlose Bewusstsein erleben, das immer dann spürbar ist, wenn Sie frei sind von Gedanken. Sie werden feststellen, dass Sie von Augenblick zu Augenblick in einem endlosen Strom des Jetzt leben – in einem reinen Bewusstsein der Gegenwart. Diese Bewusstheit ist geprägt von Einfachheit, gedankenfreier Stille und absoluter Angstfreiheit (Abwesenheit von Angst). Darin geschieht jede Handlung voll Anmut, Freiheit und Effizienz, da es keine Gedanken gibt, die Sie ablenken oder von Ihrem Kurs abbringen. Bewusstheit wird durch Handlungen nicht gestört und ist im Gegenteil die Quelle, der alle Schöpferkraft und Inspiration entströmt.

Eine andere Möglichkeit, das Selbst direkt zu erfahren, ist Meditation. Viele von Ihnen, die dieses Buch lesen, haben vielleicht schon spezielle »Meditationstechniken« gelernt. Hier beziehe ich mich aber nicht auf die Art von Meditation, bei der Sie Ihre Aufmerksamkeit auf ein Wort, ein Mantra oder die verschiedenen Empfindungen in Ihrem Körper richten. Menschen, die solch eine Art von Meditation praktizieren, verwechseln häufig einen tranceähnlichen Zustand mit der Freiheit, von der ich spreche. Der Zustand, den ich meine, fühlt sich nicht im Geringsten schläfrig an. Er ist nicht »losgelöst«, »weggetreten«, »entspannt«, »betäubt« oder »zombiemäßig«. Er ist vielmehr die Quintessenz der Wachheit. Er ist klar, scharf, präsent und sprühend vor Leben. Er ist kristallklares, reines Sein und Sie fühlen sich darin mit allem verbunden. Mehr noch, Sie wissen, *dass Sie alles sind*.

Oft wird gesagt, Meditation sei eine Zeit der Kontemplation, um sich seine eigenen Gedanken anzuschauen. Für viele ist es eine Zeit, in der der Verstand Amok läuft und wie eine Horde plappernder Affen herumhüpft. Wenn Sie also eine bestimmte Methode haben, verwechseln sie diese bitte nicht mit dem, wovon ich hier spreche.

Ich meditiere seit über fünfundzwanzig Jahren, und obwohl ich es entspannend und beruhigend finde, hat Meditation, wie sie in der Regel gelehrt wird, bei mir weder zum »Erwachen« geführt, noch hat sie mir die volle Erkenntnis dessen gegeben, wer ich wirklich bin. Der Frieden, auf den ich mich beziehe, ist eine Stille *jenseits* des Verstandes. Dieser Frieden ist erfüllt von einer Energie und Liebe, die oft zu absichtsloser Freude führt. Ich bezeichne diese Art von Meditation lieber als »Sitzen«. Sie ist ein Ausruhen, ein Eintauchen, ein Baden in Bewusstheit, in Stille, in reinem Sein. Keine Gedanken, keine Mantras, keine Methoden. Und ich habe festgestellt, dass diese Präsenz sich durch die einfache Frage »Wer bist du?« mühelos entfalten kann.

Möchten Sie diese »Meditation ohne Methode« gern einmal ausprobieren? Möchten Sie gerne ein »Sitzen« erleben?

ÜBUNG

Nehmen Sie sich zwanzig oder dreißig Minuten Zeit. Finden Sie eine bequeme Position, in der Sie still und ungestört sitzen können. Sie können beginnen, indem Sie fragen: »Wer bin ich?« Erlauben Sie dann der wortlosen Präsenz, sich zu enthüllen … Tauchen Sie einfach in diese Präsenz ein.

Wenn Sie möchten, können Sie dieser Präsenz erlauben, sich grenzenlos vor Ihnen auszudehnen … dann hinter Ihnen … dann um Sie herum … endlos nach oben … und endlos nach unten … und schließlich lassen Sie Ihr Selbst als ein grenzenloses Meer reinen Seins ruhen, ein Ozean der Stille.

Wenn Gedanken auftauchen, können Sie diese einfach wie Treibgut oder Strandgut betrachten, das an der Oberfläche

dahingleitet, während Sie tief in die Präsenz der Bewusstheit eingetaucht bleiben.
Oder falls Gedanken sich melden, kümmern Sie sich einfach nicht darum – behandeln Sie sie wie Wolken am Himmel, die vorbeiziehen, während Sie in den Tiefen dieses unergründlichen Ozeans der Stille baden, in reinem Bewusstsein.
Lassen Sie sich selbst einfach unendlich, grenzenlos sein und baden Sie in diesem Zustand des Friedens, bis ein inneres Wissen oder ein Impuls Sie drängt, die Sitzung zu beenden.
Ich lasse das »Sitzen« gerne so lange dauern, wie es will, doch möglichst nicht weniger als zwanzig Minuten. Wenn Sie anschließend Ihre Augen öffnen, halten Sie Ihr Bewusstsein sehr leicht, offen und weit. Spüren Sie, wie Ihre Präsenz den Raum erfüllt; alle Handlungen, die Sie im Laufe des Tages verrichten, können in diesem erweiterten Raum ganz natürlich passieren. Ich habe festgestellt, dass dieser Präsenz eine Intelligenz innewohnt, die mir erlaubt, meinen ganzen Tagesablauf fließend geschehen zu lassen. Wenn ich in diesem Zustand ruhe, können Handlungen mühelos und elegant geschehen, ohne dass ich den Dingen im Weg stehe. In dieser Bewusstheit lässt sich alles schneller und effizienter erledigen, und das ohne die üblichen Mühen und Anstrengungen.

25

Beim Journey-Seminar bitte ich die Teilnehmer nach dem Abschluss des »Wer bist du?«-Prozesses immer, mir einige der Qualitäten zu nennen, die ganz von allein aus der Quelle zu strömen scheinen. Die verschiedensten Eigenschaften werden genannt und alle Begriffe werden auf einer großen Tafel festgehalten, bis sie über und über mit diesen wunderbaren Qualitäten voll geschrieben ist.

Welche Qualitäten tauchten bei Ihnen im Verlauf des »Wer bist du?«-Prozesses auf? Hier folgt eine typische Aufzählung von Begriffen, wie sie in der Regel auf der Tafel festgehalten sind:

Freiheit, Grenzenlosigkeit, Freude, Klarheit, Fülle, Vergebung, Synchronizität, Bewusstheit, Frieden, Humor, Fließen, Anmut, Stille, Furchtlosigkeit, Offenheit, Stille, Göttlichkeit, Hingabe, reines Sein, Munterkeit, Spontaneität, Leichtigkeit, Weisheit, Fürsorglichkeit, Mitgefühl, Mühelosigkeit, Schönheit, Vertrauen, Inspiration, Heilung, Lebenskraft, Vergnügen, Lachen, Reinheit, Verspieltheit, Erregung, Erfüllung, Seligkeit, Einssein, Demut, Verstehen, Akzeptanz, Entzücken, Stärke, Mut, Weite, Lebendigkeit, Dynamik, Leidenschaft, Ausgeglichenheit, Harmonie, Zeitlosigkeit, Sanftmut, Neugier, Einfachheit, reine Energie, Zärtlichkeit, Ganzheit, Vollkommenheit, Gelassenheit, Wahrheit.

Sobald die Tafel voll geschrieben ist, bitte ich jeden, sich die Qualitäten anzuschauen und sie wirklich zu verinnerlichen. Und ich frage, wie viele dieser Qualitäten sie im Laufe des Wochenendes erlebt haben. Dann folgt normalerweise eine lange Pause, während die Menschen über diese Frage nachdenken, bis sich unweigerlich jemand zu Wort meldet und sagt: »Jede einzelne!«

Darauf antworte ich jedes Mal, dass dies absolut richtig sei. Wir haben jede einzelne dieser Qualitäten erfahren. Jedes Mal, wenn die Quelle Sie wissen lassen möchte, dass Sie mit ihr in Kontakt sind, gibt sie Ihnen ein Geschenk in Form einer dieser Qualitäten. Das ist die Art, in der Ihre Essenz, Ihre Seele Sie eindeutig wissen lässt, dass Sie sich in Kontakt mit Ihrem tiefsten Wesen befinden. Das ist die Art, wie die Quelle zu Ihnen sagt: »Richtig! Du hast die Verbindung hergestellt. Und weil du die Verbindung hergestellt hast, erhältst du den Preis, bekommst du das Geschenk!« Das ist die Art, wie das Bewusstsein dem Körper signalisiert, dass Sie auf dem richtigen Weg sind.

Jedes Mal, wenn Sie im Kontakt mit der Quelle sind, lässt sie Ihnen ein Zeichen zukommen, und wenn Sie anfangen, Ihr Leben auf die Augenblicke hin zu untersuchen, in denen Sie irgendeine dieser Qualitäten empfunden haben (beispielsweise Mitgefühl, Zärtlichkeit, Klarheit etc.), so war das die Quelle, die Ihnen anzeigte, dass Sie sich im Fluss befanden.

So viele Menschen sagen: »Ich wünschte, ich wüsste, was ich im Leben zu tun habe.« Nun, halten Sie nach diesen Zeichen Ausschau – die Quelle streut Ihnen Brotkrumen entlang des Weges, damit Sie sich nicht verirren. Wenn Sie diesen von einer Erfahrung der Quelle zur nächsten folgen, können Sie Ihr Leben als ein nie endendes Fließen der Quelle führen und damit dem Entwurf Ihrer Seele für Ihr Leben folgen, anstatt sich von widersprüchlichen Vorstellungen und verwirrenden Gedanken in die Irre leiten zu lassen.

Ihr Körper ist ein Barometer der Seele. Wenn Sie wissen wollen, ob Sie auf dem richtigen Weg sind, prüfen Sie Ihren Körper. Falls Sie irgendeine der Qualitäten der Quelle empfinden, sind Sie im Kontakt mit der Quelle, befinden Sie sich im Fluss.

Auf diese Weise kann Ihre Seele Sie von einer Erfahrung der Quelle zur nächsten führen.

26

Nicht jeder, der sich für den Journey-Prozess interessiert, kommt mit einem schwierigen emotionalen oder gesundheitlichen Problem. Im Gegenteil – die meisten, die auf diese Reise gehen, haben ihr Leben bereits sehr gut im Griff. Sie fühlen sich gesund und führen ein erfolgreiches und erfülltes Leben.

Ich glaube, ein echtes Zeichen für Erfolg ist die ehrliche Erkenntnis, dass es *immer* Raum für Verbesserung gibt, dass man immer weiter wachsen und lernen kann. Erfolg hat die Tendenz, weiteren Erfolg nach sich zu ziehen, und um auch in Zukunft erfolgreich zu sein, müssen Sie wachsen. Und daher kommen auch bereits sehr erfolgreiche Menschen zu den Journey-Seminaren, um einen allgemeinen inneren »Hausputz« zu machen und noch freier zu werden, noch lebendiger und gesünder, in ihren Beziehungen, in ihrer Arbeit wie auch in ihrem eigenen Innern. Sie kommen, um *noch* erfolgreicher zu sein.

Wenn jemand scheinbar alles erreicht hat – eine perfekte Familie, ein nettes Haus auf dem Land, eine erfolgreiche Karriere –, sagt ihm oft eine Stimme im Innern: »Ich habe alles erreicht, was ich mir jemals gewünscht hatte, und doch weiß ich irgendwie, dass es da noch mehr gibt, etwas Größeres.«

Das sind die Menschen, die oft die größte Sehnsucht haben, zu ihrem wahren Selbst, zur Quelle zu erwachen. Sie haben erkannt, dass all das äußere Drumherum durchaus seine angenehmen Seiten hat, doch irgendwie wissen sie, dass das nicht genug ist: »Das ist es einfach noch nicht.« Diese Menschen werden oft zu wahren spirituell Suchenden. Nachdem sie in der äußeren Welt nach dem Großen und Wunderbaren gesucht und erkannt haben, dass ihnen etwas fehlt, beginnen sie, ihre Aufmerksamkeit nach innen zu richten in der Hoffnung, dort die Wahrheit zu finden, die sie frei machen wird.

Dieser Hunger, herauszufinden und zu wissen, wer man wirklich ist, ist für mich der tiefste Hunger, den es gibt, ein Hunger wahrhaft göttlicher Art. Sehr oft sind sich diese Suchenden nicht einmal bewusst, dass es das ist, was sie suchen. Alles, was sie wissen, ist, dass es etwas Größeres, Wunderbareres geben muss, und sie wollen es erfahren, wollen es kennen lernen, wollen in diesem Seinszustand leben.

Manchmal müssen erst alle äußeren Umstände zufriedenstellend sein, muss alles optimal laufen, bevor die Seele jemandem zuflüstert: »Ja, aber es gibt noch etwas, das darüber hinausgeht.« Das ist dann der Punkt, an dem die Betreffenden zu einer persönlichen Beratung oder zu einem Journey-Wochenende kommen.

Ich bin davon überzeugt, dass man bei Menschen, die zu einem Journey-Seminar kommen oder dieses Buch lesen, davon ausgehen kann, dass ihre Seele bereit ist. Irgendwo in ihrem Innern haben diese Menschen eine intensive Bitte geäußert – die Bitte, zur Wahrheit zu erwachen, die Größe im eigenen Innern zu finden. Ich fühle mich immer sehr geehrt, die Menschen kennen lernen zu dürfen, die zu persönlichen Beratungen oder zu Journey-Seminaren kommen, denn ich weiß, dass sie dieses Gebet, diese tiefe Bitte geäußert haben und dass selbst dann, wenn ihr bewusster Verstand dies nicht weiß, ihre Seele sie nach Hause ruft. Sie sind gekommen, um ihr *wahres Selbst* zu entdecken, und wenn sie sehr viel Glück haben, werden sie sich vielleicht so sehr in die Quelle verlieben, in die Wahrheit, dass sie beschließen, sie nie mehr zu verlassen.

Geoffrey ist ein solcher Mensch. Er ist Geschäftsführer einer höchst erfolgreichen Firma in Manchester. Als er zu einer persönlichen Beratung kam, machte er einen selbstsicheren, dynamischen Eindruck – ein richtiger Erfolgstyp. Ich denke, dass die meisten Leute seinen Lebensstil als beneidenswert bezeichnen würden – er hat eine wunderschöne Tochter, eine liebevolle Ehefrau, ein fantastisches Haus und eine erfolgreiche Karriere hinter sich. Praktisch alles in seinem Leben schien sich in die richtige Richtung zu bewegen.

Er ließ mich wissen, dass tatsächlich alles zufriedenstellend lief und dass er nur gekommen war, um ein paar unbedeutende Dinge zu klären, sozusagen eine »Feinabstimmung« vorzunehmen. Es störte ihn schon lange, dass er – obwohl er Geschäftsführer eines erfolgreichen Computerunternehmens war – noch immer Angst davor hatte, öffentlich Vorträge zu halten, und dass er sich bei Präsentationen vor dem Aufsichtsrat scheu und unbeholfen fühlte. Er erklärte, wie lächerlich er das fand, da die Firma schließlich sehr gut lief, und wie dumm er sich vorkam, sich als Geschäftsführer vor seinem Aufsichtsrat so offensichtlich unbeholfen und verlegen zu fühlen. »Ich weiß, dass ich ein guter Chef bin – unsere Resultate beweisen das –, doch wenn es ums Präsentieren geht, erstarre ich jedes Mal.«

Wir lachten und ich erzählte ihm, dass man mittels einer Studie in den Vereinigten Staaten zu dem Ergebnis kam, dass die Angst vor öffentlichem Reden die größte aller Ängste ist – größer als die Angst vor dem Tod! Die Unbeholfenheit und Verlegenheit, die er fühlte, waren also äußerst weit verbreitet. Ich fuhr fort: »Da die Menschen mehr Angst vor öffentlichem Reden als vor dem Tod haben, sind Sie den meisten wahrscheinlich weit voraus, da Sie immerhin Ihre Präsentationen halten. Das ist mehr als das, wozu sich die meisten in der Lage fühlen.«

Er lächelte, doch betonte er noch einmal, dass er sich danach sehnte, von allem frei zu sein, was ihn vielleicht zurückhielt. Ich stimmte ihm zu und erklärte, dass auch ich mich jeder Herausforderung in meinem Leben stelle, die mich auf irgendeiner Ebene zurückzuhalten scheint. Dann versicherte ich ihm, dass ich mein Bestes tun würde, um ihm zu helfen, die Wurzel seiner Angst aufzudecken, damit er sich endlich davon befreien konnte.

Bevor wir mit dem Prozess begannen, schaute er auf die Uhr und ließ mich wissen, dass er anschließend einen Termin hatte, rechtzeitig am Flughafen sein musste und dass alles bis zwei Uhr abgeschlossen sein musste. Da war er nun gekommen, um die größte Angst seines Lebens loszuwerden, und wollte das in gerade mal eineinhalb Stunden erledigt haben! Sogar wenn es sich um inneres Wachstum handelte, wollte er in Rekordzeit die besten Resultate erzielen. Ich lächelte und erklärte ihm, ich würde mein Bestes versuchen.

Als ich nach meinen Unterlagen griff, sprach ich innerlich das Gebet, das ich immer vor Beginn einer Sitzung spreche – eine Bitte um die höchste und tiefste Heilung auf allen Ebenen, emotional, körperlich und spirituell. Und in meinem Herzen wusste ich, dass dieser Mann – auch wenn er dachte, er sei nur hier, um sich von der Angst vor öffentlichem Reden zu befreien – in Wahrheit viel mehr bekommen würde – er würde sein wahres Selbst kennen lernen, die unendliche Weisheit in ihm, die innere Schöpferkraft.

Obgleich er nichts dergleichen erwähnt hatte und seine Angst vor öffentlichem Reden sein sichtbares emotionales Problem darstellte, wusste ich, dass er in seinem Innern darum gebeten hatte, zu dem zu erwachen, der er wirklich ist, und dass seine wahre Sehnsucht der Freiheit galt, dem Frieden, der Wahrheit an sich.

Während wir durch die emotionalen Schichten hinabstiegen, gab er ständig begleitende Kommentare ab, so als würde er überprüfen, wie gut er vorankam. Selbst in dieser Situation war seine leistungsorientierte Identität deutlich sichtbar. In einigen Abschnitten des Prozesses schienen seine Kommentare ihn ziemlich abzulenken und ich musste ihn daran erinnern, den Verstand beiseite zu lassen und einfach nur zu fühlen und seine Emotionen zuzulassen. Schließlich kam der Moment des Durchbruchs. Es war für uns beide ein eindrucksvolles Erlebnis. Hier saß dieser Mann mit perfekt gebügeltem Hemd und Seidenkrawatte, während ihm Tränen der Ehrfurcht und des Staunens über die Wangen strömten – Staunen über die Ehrfurcht gebietende Schönheit, die er entdeckt hatte, das weite, grenzenlose Einssein mit allem und jedem. Er saß still da, tief berührt von der machtvollen Präsenz der Liebe in seinem eigenen Herzen.

Nachdem er einmal in Kontakt mit seiner eigenen unendlichen Weisheit gekommen war, zeigten sich seine Kindheitsmuster mit außerordentlicher Klarheit. Er sah Szene um Szene mit seinem Vater und immer ging es darum, dass er nie gut genug war. Wenn er bei einer Prüfung fünfundneunzig Prozent richtige Antworten hatte, fragte sein Vater: »Und was ist mit den restlichen fünf Prozent?« Es schien, dass er nie den Respekt und die Anerkennung seines Vaters erringen konnte, wie sehr er sich auch bemühte und wie viel er erreichte.

Er erkannte nun mit absoluter Klarheit, was sich hinter seiner Angst vor öffentlichem Reden verbarg. Denn auch bei seinem Aufsichtsrat hatte er das Gefühl, nie den Respekt dieser Menschen gewinnen zu können, wie viel er auch erreicht haben mochte. Es war beinahe so, als ob er jedes Mal, wenn er vor ihnen sprach, in Wahrheit ein kleiner Junge war, der vor seinem Vater stand. Die alte Angst (»Ich werde es nie richtig machen. Ich werde nie gut genug sein«) führte dazu, dass er innerlich zusammensackte.

Nachdem er den Prozess abgeschlossen und das Thema mit seinem Vater gelöst und ihm vergeben hatte, dass er sich so oft missverstanden, ungeliebt und abgelehnt gefühlt hatte, machten wir weiter und gingen durch die verbleibenden emotionalen Schichten.

Als wir fertig waren, blickte ich in die Augen eines Mannes, der endlich Frieden gefunden hatte. Er sah aus wie ein kleines, unschuldiges Kind. Er warf einen Blick auf die Uhr und merkte, dass er gerade noch Zeit hatte, rechtzeitig zum Flughafen zu kommen, doch er meinte, es sei vielleicht besser, die Aufsichtsratssitzung für diesen Nachmittag abzusagen. Die Erfahrung war so tiefgehend gewesen, dass er sich ein wenig Zeit nehmen wollte, um sie zu genießen und zu integrieren. Innerlich stellte ich fest, wie unwahrscheinlich diese Reaktion für den Mann gewesen wäre, der knapp zwei Stunden zuvor durch meine Tür gekommen war.

Zwei Wochen später befand ich mich bei einem Journey-Seminar, als Geoffrey überraschend auftauchte. Ich hatte nicht mit seinem Erscheinen gerechnet, da er so viel zu tun hatte, und war umso mehr erfreut, ihn zu sehen.

Im Laufe einer Frage-und-Antwort-Session meldete Geoffrey sich zu Wort und stand stolz und furchtlos auf, um vor einem Raum mit mehr als einhundert Menschen zu sprechen. Er sprach forsch und gewandt und inspirierte jeden, so als ob öffentliches Reden für ihn so natürlich sei wie das Binden seiner Krawatte.

»Was für eine Kehrtwendung«, dachte ich. Er erzählte den Anwesenden, dass er bis vor kurzem Angst vor öffentlichem Reden hatte und zu einer persönlichen Beratung bei mir gekommen war. Nicht nur hatte er seine Angst verloren, sondern er fühlte sich seither so sehr im Fluss, dass er unter anderem jetzt auch viel besser Golf spielte. Zwei Tage nach der Sitzung hatte er sogar ein Golfturnier gewonnen.

Alle spendeten seinem offensichtlichen Erfolg begeistert Beifall. Dann fügte er hinzu: »Als ich meinen Siegespokal entgegennahm, hielt ich problemlos eine perfekte Dankesrede. Das war der Augenblick, in dem ich erkannte, dass meine Angst vor öffentlichem Reden verschwunden war.«

Als er sich setzte, schaute ich ihm in die Augen und sah dasselbe Glitzern – dieser Funke, den ich so oft sehe, wenn jemand erwacht und zu seinem wahren Selbst heimgekehrt ist. Er strahlte über das ganze Gesicht. Und ich dachte: »Ist es nicht erstaunlich, dass selbst ein Geschäftsmann, der völlig auf Leistung ausgerichtet war, sich danach sehnt, diese Liebe, diesen Frieden in seinem Innern zu erfahren?«

Zum ersten Mal, seit ich ihn kannte, sah er für mich *wirklich* erfolgreich aus. Er hatte jenen unbezahlbaren Schatz gefunden, den ihm niemand mehr nehmen konnte. Er hatte sein wahres Selbst gefunden.

Am gleichen Seminar nahm auch ein Mann teil, dessen Situation beinahe das genaue Gegenteil darstellte. Alan war vor Jahren ein äußerst erfolgreicher Unternehmer gewesen, der Millionen gemacht hatte. Er war in den Sechzigern, hatte mittlerweile sein gesamtes Vermögen verloren und war nur in der Lage, an dem Seminar teilzunehmen, weil seine Freunde die Kosten dafür übernommen hatten.

Während seiner Körperreise passierte etwas Ungewöhnliches. Sein Raumschiff hatte ihn in eines seiner Augen gebracht, durch das die Außenwelt völlig diffus und neblig erschien. Interessanterweise deckte er jedoch keine negative Erinnerung aus seiner Vergangenheit auf, sondern eine *positive*. Alan ging zurück zu einer Zeit in seinem Leben, als er äußerst erfolgreich gewesen war – ein leistungsorientierter Unternehmer, dem alle Türen offen standen. Er ging zurück zu einer Zeit, in der alles, was er anfassste, zu Gold wurde – eine Zeit, in der es schien, als könnte ihn nichts aufhalten.

Bei seinem Lagerfeuer waren keine anderen Personen anwesend – nur der jüngere, vierzigjährige Alan, der heutige Alan und sein Mentor. Aber der jüngere Alan hatte eine Menge zu sagen! Er redete leidenschaftlich auf den heutigen Alan ein und erinnerte ihn klar und deutlich daran, dass die gleiche Schöpferkraft, die gleichen positiven Eigenschaften, die ihn in seinen Vierzigern zum Millionär gemacht hatten, nach wie vor in ihm schlummerten. Sie lagen brach und ungenutzt, da der heutige Alan vergessen hatte, wer er war. Er hatte die innere Größe vergessen, die es ihm erlaubt hatte, solche Erfolge zu erzielen. Der jüngere Alan rügte ihn und bat ihn inständig zu erkennen: »Ich bin noch immer da!«

Es war dem heutigen Alan nie in den Sinn gekommen, dass sein Erfolg kein Produkt äußerer Umstände gewesen war. Er wusste nicht, dass seine eigene innere Größe seinem Erfolg zugrunde lag. Es war das erste Mal seit über zehn Jahren, dass Alan überhaupt an die Möglichkeit eines erneuten Erfolges dachte.

Nach dem Prozess fühlte sich Alan voller Schwung und zum ersten Mal wirklich frei von der Position des hilflosen Opfers, in der er so viele Jahre lang gefangen gewesen war. Durch den Prozess hatte er sich daran erinnert, wie es war, wieder mit der Quelle in Kontakt zu sein, und wie es sich anfühlte, sein eigenes inneres Genie anzuzapfen. Es war das erste Mal seit vielen Jahren, dass er sich im Fluss fühlte, in Kontakt mit seiner Seele. Er hatte nicht mehr an diese Möglichkeit geglaubt.

Als er sich nach dem Seminar verabschiedete, sah ich ein jugendliches Funkeln in seinen Augen und war sicher, dass er in seinen erfolgreichen jüngeren Jahren genau so ausgesehen haben musste. Er hatte sich an diesen Funken erinnert, daran, wie es ist, in Kontakt zu sein mit seinem wahren, freien Selbst.

27

Es ist meine persönliche Erfahrung, dass die Reise nicht mit einem einzigen Journey-Prozess abgeschlossen ist. Im Gegenteil, in der Regel ist dieser erste Prozess nur der *Anfang* eines lebenslangen Abschälens emotionaler Schichten und einer sich immer weiter vertiefenden Erfahrung des Selbst im Zustand der Freiheit. Freiheit hat keine Grenzen. Es ist nicht so, dass Sie bei der Quelle ankommen und sich in ihr niederlassen. Vielmehr beginnen Sie in Kontakt mit der Quelle und als Ausdruck von ihr zu leben, und sie wird Ihnen im Laufe der Zeit alle noch verbliebenen Schleier, schmerzhaften Muster und alten Themen enthüllen, die noch loszulassen sind. Doch das, was Sie wirklich sind, die Quelle, bleibt dabei still, rein und unberührt vom Tanz des Lebens.

Die Quelle ist unnachgiebig in ihrem Wunsch, Sie zu befreien. Aufgrund ihrer eigenen Natur bringt die Freiheit alles an die Oberfläche, das noch nicht frei ist, und sagt: »Das ist willkommen, doch es ist nicht das, was du *wirklich* bist.« Die Quelle weist Sie auf das hin, was Sie *nicht sind*, während sie Sie gleichzeitig tiefer in das führt, was Sie *in Wahrheit sind*. Als bei mir der Tumor auftauchte und verschwand, war mir nicht klar, dass dies lediglich der Anfang eines lebenslangen Loslassens sein würde.

Ungefähr eineinhalb Jahre nach dem Tumor, im Herbst des Jahres 1993, wütete in den Hügeln von Malibu ein verheerendes Feuer. Vielleicht haben Sie in den Nachrichten oder im Fernsehen davon gehört. Das Feuer war so zerstörerisch, dass ihm zweihundertachtzig Häuser zum Opfer fielen und Hunderte von Menschen obdachlos wurden.

Ich war zu diesem Zeitpunkt gerade in einem Fernsehstudio in New York. Der Regisseur kam auf mich zu und meinte: »Ich glaube, Sie gehen jetzt besser in den Aufenthaltsraum und schauen sich die Nachrichten an. Sie haben doch ein Haus in Malibu, nicht wahr? Vielleicht sollten Sie besser dafür sorgen, dass daheim alles in Ordnung ist. In den Nachrichten heißt es, dass das Feuer außer Kontrolle ist und die Flammen über zwanzig Meter hoch in den Himmel lodern.«

Während ich die Nachrichten anschaute, begriff ich überhaupt nichts – alles schien vollkommen unwirklich. Da war meine Stadt, das schöne Malibu, verborgen hinter schwarzem Rauch und ein einziges Flammenmeer. Still saß ich in dem Aufenthaltsraum und sah, wie Häuser von Freunden eines nach dem anderen wie Streichhölzer in Flammen aufgingen. Es war wie ein schlechter Katastrophenfilm und mir war, als müsste gleich der Abspann laufen.

Ich konnte mein eigenes Haus nicht sehen, doch da sich das Feuer über die Hügel ausbreitete und mein Haus am Strand lag, hatte es nicht den Anschein, als ob wirkliche Gefahr bestand, dass die Flammen über den Highway springen und die Strandhäuser in Brand setzen würden.

Als mir klar wurde, dass ich nicht wirklich etwas zu der Situation beitragen konnte, indem ich benommen und wie hypnotisiert vor dem Fernsehschirm saß, schaltete ich den Apparat aus und beschloss, mich still hinzusetzen und für all die Menschen zu beten, deren Leben plötzlich total auf dem Kopf stand. Ich wusste, dass die Betreffenden großes Leid verspüren mussten, und ich dachte an meine Freunde und schickte ihnen all meine

Liebe. Unfähig, sie telefonisch zu erreichen, fühlte ich mich sehr allein und hilflos. Ich wünschte mir so sehr, ihnen helfen zu können, und Beten war das Einzige, was mir in diesem Augenblick einfiel.

Anschließend saß ich einfach ruhig da, noch immer benommen, eingehüllt in eine zeitlose Stille, in der es nichts zu sagen oder zu tun gab. Langsam begann sich eine innere Vorahnung ihren Weg in diese Stille zu bahnen. Ich überlegte, ob sich auch niemand aus meiner Familie derzeit in unserem Haus aufhielt – für alle Fälle. Ich dachte an meine Tochter Kelley, die vor kurzem mit ihrem Verlobten in das acht Meilen entfernte Santa Monica gezogen war. Und Don war bei einem Seminar in Santa Fe. Wir hatten keine Haustiere mehr, also empfand ich einen Moment lang Erleichterung, dass niemand aus meiner Familie zu Hause war … und doch, immer stärker breitete sich ein Gefühl innerer Vorahnung in mir aus.

Um es abzuschütteln, beschloss ich meine Tochter und ihren Verlobten anzurufen und mich zu vergewissern, dass sie in Sicherheit waren, und sobald das geklärt war, bat ich den Regisseur, mich früher gehen zu lassen.

In jener Nacht schlief ich schlecht und wachte am nächsten Morgen mit entsetzlichen Kopfschmerzen auf. Ich fuhr direkt in das Fernsehstudio. Als ich dort ankam, blieb jeder stehen und schaute mich an. Ich überlegte schon, ob ich mich vielleicht verspätet hatte. Mir fiel auf, dass unter der ansonsten emsigen, aufgedrehten Crew ein unheimliches Schweigen herrschte.

Einige Leute warfen sich Blicke zu, so als versuchten sie zu entscheiden, wer mir die Neuigkeiten mitteilen sollte. Schließlich erbarmte sich jemand, nahm all seinen Mut zusammen und sagte: »Brandon, ich glaube, Sie müssen Ihren Rückflug buchen … Ihr Haus ist gerade niedergebrannt … Es tut mir Leid … ich weiß nicht, was ich sagen soll.« Verlegene Pause … »Sind Sie versichert?«

»Nein … niemand in Malibu ist versichert – es ist einfach zu teuer, wenn man am Meer lebt …« Eine weitere lange Pause … »Nun, ich sollte mich jetzt wohl lieber um einen Rückflug kümmern.« Keiner machte eine weitere Bemerkung. Es gab nichts, was noch gesagt werden konnte.

Ich trat durch die Studiotür in den kalten, scharfen New Yorker Wind hinaus. Es war ein grauer Herbsttag, doch schienen die Farben äußerst intensiv, die Gerüche unglaublich stark, der Verkehrslärm dröhnend. Dennoch empfand ich in all dieser Intensität eine sehr tiefe Stille in meinem Innern.

Seltsamerweise hatte ich das Gefühl, als sei eine große Last von meinen Schultern genommen worden, so als ob Jahre alten Karmas irgendwie von mir abgefallen waren. Ich fühlte mich sonderbar leicht und frei. In meinem Innern begann ich ein kleines Lied zu singen, das ich bei einem spirituellen Treffen kennen gelernt hatte. Die Worte lauteten: »Hab Vertrauen, alles ist gut.« Es schien mir zwar etwas kitschig, doch vollkommen treffend, also fuhr ich fort, leise dieses Lied zu singen, als ich zum Hotel zurückfuhr, um meine Koffer zu packen.

Ich rief die Fluggesellschaft an. Obwohl ich ein nicht umbuchbares Ticket hatte, war die Agentin in Anbetracht der Umstände bereit, mich auf die Warteliste zu setzen, warnte mich jedoch, dass der nächste Flug ziemlich voll war. Als ich am Flughafen ankam, war der Flug ausgebucht, und da in der Economyclass kein Platz mehr frei war, gab mir die freundliche Frau an der Abfertigung einen Sitz in der ersten Klasse. Mir traten die Tränen in die Augen angesichts der Großzügigkeit eines mir völlig fremden Menschen, der mir so liebevoll eine Hand reichte, als ich es am meisten brauchte. Das Lied »Hab

Vertrauen, alles ist gut« lief weiterhin in meinem Innern ab.

Auf dem Heimflug wurde mir bewusst, dass die Kleidungsstücke in meinem Koffer alles waren, was mir noch geblieben war. Hier war ich, vierzig Jahre alt, und besaß nichts mehr außer einem einzigen Koffer. Irgendwie fand ich das gar nicht so schlimm.

Bei der Ankunft in Los Angeles begrüßte mich mein Ehemann und sagte: »Ich glaube, es ist das Beste, wenn wir gleich zum Haus fahren. Du hast deinen Führerschein dabei, nicht wahr? Die Polizei lässt niemanden durch, der nicht beweisen kann, dass er in Malibu wohnt und dass sein Haus abgebrannt ist. Jeder muss seinen Ausweis vorweisen. Es hat schon eine Menge Plünderungen gegeben.«

Als wir den Pacific Coast Highway nach Malibu entlangfuhren, wirkte die Szene nicht mehr wie ein surrealer Katastrophenfilm. Alles war sehr, sehr echt. Die Zerstörung raubte mir schier den Atem. Als wir uns der Stelle näherten, wo unser Haus gestanden hatte, holte ich tief Luft, um mich auf den Anblick vorzubereiten. Doch nichts hätte mich wirklich vorbereiten können. Als wir in die Auffahrt einbogen, sah ich, dass von unserem Haus nichts übrig geblieben war als schwarze, verbrannte Holzbalken, die hier und da noch rauchten, eine Menge Schutt und Trümmer, und unsere herrliche, tiefrote Bougainvillea – unberührt von den Flammen, frisch, in voller Blüte, strahlend und lebendig im Kontrast zu dem schwarzen Haufen an Überresten von achtzehn Jahren Familienleben.

Ich hatte erwartet, in Tränen auszubrechen, doch stattdessen empfand ich eine tiefe Ruhe und Demut und wusste, dass dies ein geheiligter Augenblick für mich war – ein kostbarer Moment. Ich wollte nichts von dem unterdrücken oder verdecken, was ich vielleicht fühlte.

Ich wollte einfach nur präsent sein für alles, was auftauchen würde. Ein tiefes, unerklärliches Gefühl von Dankbarkeit durchflutete mich. Mir wurde bewusst, wie glücklich ich war, eine so liebevolle Beziehung zu meinem Mann und meiner Tochter zu haben, und schließlich war das alles, was wirklich zählte. Alles andere waren lediglich »materielle Dinge«.

Als wir an die Stelle traten, wo unsere Küche gewesen war, ermahnte mich Don, vorsichtig zu sein, da die Holzbalken des Bodens zum Teil verbrannt waren. Ein paar Stücke geschwärztes Holz standen noch, der Kühlschrank und die Spülmaschine waren komplett geschmolzen und das Plastik hatte sich mit dem Metall zu einer harten schwarzen Masse verbunden. Es war deutlich, dass Geschirr und Keramikgegenstände, die das Feuer unbeschadet überstanden hatten, bereits geplündert worden waren. Es schien irgendwie grotesk, dass es Menschen gab, die sich den Verlust anderer zum Vorteil machten und von denen stahlen, die sowieso fast nichts mehr besaßen.

Nichts von dem, was übrig geblieben war, schien auch nur im Geringsten dem zu ähneln, was ich als mein Zuhause gekannt hatte, bis ich einen Becher fand, den ich in einem spirituellen Zentrum gekauft hatte und den die Plünderer wohl übersehen hatten. Auf ihm standen die einfachen Worte: »Hab Vertrauen, alles ist gut.« Ich lachte und erkannte, dass mir Zeichen gegeben wurden, dass Gottes Gnade definitiv zugegen war.

Don und ich wühlten uns weiter durch den Schutt, um vielleicht das eine oder andere Andenken oder Erinnerungsstück zu retten. Erstaunlicherweise war ein metallener Aktenschrank auf unser ledergebundenes Hochzeitsalbum gefallen. Wir waren begeistert über diesen Fund, und obwohl die Fotos teilweise durchnässt waren, konnte man sie immer noch erkennen. Außerdem fand ich einen halb geschmolzenen Ansteckknopf aus Metall, den mir vor langer Zeit ein Lehrer gegeben hatte. Darauf stand: »Wenn das Leben dir Zitronen gibt, mach Limonade draus.« Es schien, als ob mir überall Zeichen gegeben wurden, und ich lächelte bei dem Gedanken, wie viel Limonade ich jetzt wahrscheinlich machen konnte.

Jeder Augenblick schien sowohl kostbar als auch wehmütig, überhaupt nicht so, wie ich es erwartet hatte. Wir lachten darüber, wie viel besser jetzt die Sicht aufs Meer war, da es keine Wände mehr gab, und buddelten weiter durch die Überreste unseres Hauses. Plötzlich und unerwartet hörte ich hinter mir eine Stimme. Ich drehte mich um und sah mich einer riesigen Fernsehkamera gegenüber. Eine Reporterin hielt mir ein Mikrofon unter die Nase und fragte: »Macht es Ihnen etwas aus, wenn ich Ihnen ein paar Fragen stelle?« Aufgeschreckt und erstaunt murmelte ich: »… nein … wenn es Ihnen nichts ausmacht, dass ich mit der Arbeit weitermache … Wir sind gerade erst hier angekommen.«

»Nun, wie fühlt es sich an, Opfer dieser Katastrophe zu sein?«

Ich schüttelte ungläubig den Kopf angesichts der verblüffenden Gefühllosigkeit einer derartigen Frage zu einem solchen Zeitpunkt, doch antwortete ich leise: »Nun, ich fühle mich eigentlich gar nicht als Opfer.«

»Okay, wie fühlt es sich also an, *Überlebende* dieser Katastrophe zu sein?«

Ich schaute sie an und sagte ruhig: »Offen gesagt, ich fühle mich auch nicht als Überlebende.«

»Okay, dann frage ich einfach, wie *fühlen* Sie sich?« Endlich hatte sie die erste wirkliche Frage gestellt.

»Also, um die Wahrheit zu sagen, was ich im Moment am stärksten fühle, ist Dankbarkeit.«

»Dankbarkeit? Wie können Sie zu einem Zeitpunkt wie diesem Dankbarkeit empfinden?«

Ich hörte mit dem Buddeln auf. Ich wandte mich der Fragestellerin zu und schaute ihr voll in die Augen. Als ich ihr Gesicht sah, tauchte in mir für einen Augenblick der Gedanke auf, wie schwierig die Arbeit als Reporter doch zuweilen sein muss. Ruhig sagte ich: »Ich empfinde Dankbarkeit, weil mir heute bewusst geworden ist, wie viele Menschen mit Freuden zehn Häuser niederbrennen lassen würden, um die Art von Liebe zu erfahren, die ich in meinem Leben habe – eine tief erfüllende Beziehung zu meinem Ehemann und ein wunderbar nahes Verhältnis zu meiner Tochter.«

Indem ich auf die Trümmer zeigte, fuhr ich fort: »Das ist keine Katastrophe. Wenn Sie Zeuge einer wirklichen Katastrophe sein wollen, dann besuchen Sie die achtzigjährige Frau, die auf dem Hügel gegenüber gewohnt hat. Sie hat keinen Kontakt mehr zu ihren Kindern und ihr Haus war alles, was ihr noch geblieben war. Das nenne ich eine Katastrophe. Was mich betrifft, ich bin vierzig Jahre alt. Ich habe Menschen um mich, die ich liebe, und einen Beruf, in dem zu arbeiten ich als Privileg empfinde. Sie würden zu einer Achtzehnjährigen auch nicht sagen: ›Oh, was für eine Katastrophe – du hast nichts als zwei Koffer, um dein Leben zu beginnen.‹ Vielmehr würden Sie sagen: ›Du hast dein ganzes Leben vor dir!‹ Ich bin wie dieser Teenager. Zwar bin ich vierzig Jahre alt, und nein, ich habe keine Versicherung, doch habe ich mein ganzes Leben noch vor mir … Nein, das ist keine Katastrophe.«

Sie gab dem Kameramann ein Zeichen, nicht weiterzudrehen, und fragte mich privat, ob ich mich wirklich so fühlte. Sie hatte Tränen in den Augen. Ruhig antwortete ich: »Wissen Sie, zu einem Zeitpunkt wie diesem kommt es einem nicht in den Sinn, irgendetwas zu erfinden. Verletzbarkeit und Demut stehen im Vordergrund und die Wahrheit hat eine Art, sich selbst klar und einfach Ausdruck zu verschaffen.«

»Aber wie können Sie Dankbarkeit empfinden, wenn Sie wissen, dass Ihr Haus das einzige Haus am Strand ist, das in Flammen aufgegangen ist? Gibt Ihnen das nicht das Gefühl: ›Warum ich? Warum mein Haus?‹« Ich sah, dass sie dem Kameramann ein Zeichen gab, weiterzudrehen.

»Nun, ich will Ihnen die Geschichte dieses Hauses erzählen. Zehn Minuten bevor Sie kamen, habe ich mit einem Feuerwehrmann gesprochen, der mir sagte, er sei zum Zeitpunkt des Feuers hier gewesen. Ein Stück Glut war über den Highway geflogen, und obwohl eine ganze Brigade von Löschfahrzeugen vor unserem Haus positioniert war, bereit, die Flammen zu löschen, war es den Männern nicht möglich, da der Wind mit einer Stundengeschwindigkeit von siebzig Meilen einfach zu stark war. Sie konnten nichts tun. Also brannte das Haus in weniger als fünf Minuten bis auf den Boden nieder. Doch daneben erwähnte er etwas noch viel Interessanteres. Er sagte, das ganze Haus sei abgebrannt, außer diesem einen Raum hier – meinem Meditationsraum. Er meinte: ›Ich weiß nicht, was es mit diesem Raum auf sich hatte, doch das Feuer ist hier zum Stillstand gekommen.‹ Die Männer waren in der Lage, die restlichen Flammen zu löschen.

Dank dieses einen geheimnisvollen Raumes blieben alle anderen Häuser in der Nachbarschaft von den Flammen verschont. Falls mein Haus geopfert werden musste, damit all die anderen gerettet werden konnten, nun, dann ist das ein geringer Preis, wenn Sie sich das übergeordnete Bild anschauen.«

Nach dieser letzten Antwort sagte die Reporterin nichts mehr, und da sie keine Fragen mehr hatte, packten sie und der Kameramann still ihre Sachen ein und gingen.

Später kam der Feuerwehrmann noch einmal vorbei und fragte, was jenen Raum denn eigentlich so besonders gemacht habe. Er schien wirklich perplex zu sein. Weder er noch seine Kollegen konnten sich das Geschehen erklären.

»Nun«, erwiderte ich, »dieser Raum ist erst kürzlich angebaut worden. Da es mein Meditationsraum war, habe ich Bilder von Heiligen verschiedener spiritueller Traditionen in die Mauern gelegt, als der Raum gebaut wurde. Ich kann zwar nicht erklären, warum er verschont geblieben ist, doch da das Feuer dort zum Stillstand gekommen ist, kann ich eigentlich nur annehmen, dass in dem Raum eine beschützende Gnade am Werk war. Ich kann Ihnen die Frage nicht wirklich beantworten, doch das Wichtige ist, dass das Nachbarhaus, das Wand an Wand mit dem unseren steht, von den Flammen völlig unberührt geblieben ist. Und dafür bin ich dankbar.«

»Wenn die Flammen auf das Nachbarhaus übergegriffen hätten, wäre jedes Haus in diesem Teil von Malibu niedergebrannt, da wir nicht die geringste Möglichkeit hatten, das Feuer zu stoppen.«

Kopfschüttelnd fügte er hinzu: »Ich glaube nicht an solche Dinge, doch als Feuerwehrmann kenne ich mein Geschäft – und ich muss sagen, ich wundere mich schon sehr.«

Ich wunderte mich nicht. Es hatte den Anschein, als wären wir von Zeichen göttlicher Gnade umgeben. Und es stimmte, mir war alles geblieben, was mir wirklich wichtig war – mein Mann, meine Tochter und meine Fähigkeit, genug Geld zu verdienen, um Essen auf den Tisch zu bringen und bald wieder ein Dach über dem Kopf zu haben. Und am wichtigsten war ein Gefühl der Fülle, das mir geblieben war – als sei ich mit dem gesegnet, was im Leben wirklich zählt, nämlich mit Liebe selbst. Zumindest sah es in diesem Moment so aus.

28

Das Leben hatte mich jedoch noch mehr über die wahre Natur von Liebe zu lehren.

Es war ein Jahr nach dem Brand. Wir hatten uns in einer neuen Wohnung in Malibu eingerichtet, südlich der Brandstelle, diesmal in den Hügeln mit Blick aufs Meer. Irgendwie schien die göttliche Gnade uns dabei zu helfen, unser Leben ganz von vorne zu beginnen. So viele Menschen, sogar vollkommen fremde, zeigten sich uns gegenüber im Laufe dieses Jahres besonders entgegenkommend und großzügig. Wir hatten unser ganzes Geld in die Einrichtung unserer neuen Wohnung gesteckt und Don hatte beim Finanzamt einen Antrag gestellt, uns in Anbetracht der Umstände die Möglichkeit einer Ratenzahlung für unsere überfälligen Steuern zu gewähren.

Der Brand war eine finanzielle Katastrophe für uns gewesen und wir unternahmen alles, um unser Leben so schnell wie möglich wieder in Gang zu bekommen.

Don und ich hatten fast zwei Monate lang im Ausland gearbeitet. Unsere Flugtickets erlaubten uns einen Zwischenaufenthalt in Indien und so – mit wenig Geld und einem Gebet im Herzen – beschlossen wir, einen spirituellen Lehrer in Nordindien zu besuchen. Es schien, als sei dies die Zeit für die verschiedensten Lektionen – zuerst der Tumor, dann das Feuer –, und als wir den Lehrer besuchten, fühlte ich eine tiefe Hingabe und den unstillbaren Durst, alles zu lernen, was die Quelle mich über ihre Natur zu lehren hatte.

Während des Aufenthalts in Indien hatte ich eine extreme spirituelle Erfahrung – das Gefühl, als sei »mein Topf zerschmettert worden«, als wäre meine eigene, separate Identität, alles, was ich als »Ich« bezeichnete, mein Ego, zu Staub zerfallen. Was übrig blieb, war reines Bewusstsein, das in allem und jedem strahlte. Auf dem Flug zurück nach Los Angeles hatte ich das Gefühl, als betrachtete ich die Welt mit neuen Augen, so als sähe ich sie zum ersten Mal. Alles funkelte und sprühte vor Geist, genau wie ich selbst. Ich hatte keine Ahnung, dass das, was mich in Malibu erwarten sollte, meine Erfahrung in Indien exakt spiegeln würde. Mein Leben würde nie mehr so sein wie zuvor.

Während ich meine schweren Koffer die Treppe zu unserer Wohnung hinaufschleppte, erschöpft und müde von dem langen Flug, sah ich immer noch alles mit neuen Augen. Der Hibiskus wirkte so herrlich üppig, die blühenden Mittagsblumen so strahlend bunt. Und als ich unsere Wohnung betrat, die Schiebetüren öffnete und die frische Meeresluft einsog, die meine Lungen mit dem salzigen Geruch des Ozeans erfüllte, fragte ich mich, ob es jemals zuvor so herrlich gerochen hatte.

Ich wandte mich um und ging zum Küchentisch. Ein Stapel Briefe lag dort und gab mir wie immer ein Gefühl von »willkommen – ja, du bist wieder zu Hause«. Bevor ich also unsere Koffer auspackte, ging ich schnell den Stapel durch, um zu sehen, ob uns vielleicht jemand gute Neuigkeiten geschickt hatte. Unter den Briefen befanden sich fünf dicke Umschläge vom Finanzamt, mit verschieden datierten Poststempeln. »Gut«, dachte ich, »offensichtlich haben sie endlich auf Dons Anfrage reagiert und einem Ratenplan zugestimmt.« Obwohl ich das Bezahlen von Rechnungen normalerweise Don überließ, fühlte ich mich auf eigenartige Weise dazu gedrängt, die Briefe zu öffnen.

Da ich gute Neuigkeiten erwartete, war ich nicht im Geringsten auf das vorbereitet, was da stand. Schockiert dachte ich: »Das muss ein Versehen sein. Das können die doch nicht wirklich machen? Wir haben gerade einen Brandschaden hinter uns.« In der Annahme, dass es sich um einen Irrtum handelte, riss ich schnell den nächsten Umschlag auf, der später datiert war. Die gleichen Worte, nur noch drängender: Das Finanzamt drohte, hundert Prozent unserer Honorare einzuziehen und unsere Bankkonten einzufrieren.

»Wie ist es möglich, dass die Regierung einem alles wegnehmen kann, nachdem man gerade alles bei einem Brand verloren hat? Ist ihnen nicht klar, dass sie uns *alles* nehmen, was wir haben?« Ich hatte das Gefühl, als würden mir die Beine weggezogen.

»Don, du musst dir das hier anschauen.«

Ich stand am Küchentisch, völlig überwältigt und unfähig zu denken. In der Hoffnung, etwas Angenehmeres zu finden, wühlte ich durch den Stapel Briefe und fand einen Brief von meiner Tochter Kelley. Sie war seit jeher meine Seelengefährtin gewesen. Ich war stolz auf den tiefen, unerschütterlichen Respekt, den wir füreinander hegten – und dass wir einander alles sagen und unsere tiefsten Geheimnisse miteinander teilen konnten. Ich hatte das Gefühl, dass wir nicht nur eine ganz besondere Mutter-Tochter-Beziehung hatten, sondern eine Verbindung, die weit darüber hinausging. Der Anblick ihrer Handschrift wärmte mir sofort das Herz und ungeduldig riss ich den Umschlag auf, da ich es kaum erwarten konnte, ihren Brief zu lesen.

Mein Herz stand still. Tränen stiegen mir in die Augen. Ihre Worte schnitten mir ins Herz. Sie schrieb, dass während unserer Abwesenheit einige dramatische Veränderungen in ihrem Leben geschehen waren und dass sie rückblickend das Gefühl hatte, dass Don und ich einen zu starken Einfluss auf sie ausgeübt hatten. Sie wollte ab sofort keinen Kontakt mehr mit uns und wusste nicht, wann sich dies wieder ändern würde. Sie hinterließ weder eine Telefonnummer noch eine Adresse.

Ihr Brief war wie ein Blitz aus heiterem Himmel gekommen – wie aus dem Nichts. Ich konnte mir beim besten Willen nicht vorstellen, was Don oder ich gesagt oder getan hatten – ich begriff überhaupt nichts mehr. Wir waren gerade nach Hause zurückgekommen und innerhalb von fünf Minuten schien unsere ganze Welt über uns zusammenzubrechen.

Zwei Tage später, ohne Mittel für einen Rechtsanwalt und ohne die geringste Ahnung, an wen wir uns wegen der Sache mit dem Finanzamt wenden konnten, standen Don und ich in unserem Schlafzimmer. Die Luft war erfüllt von einem Gefühl, als säßen wir auf glühenden Kohlen, als würde der Boden unter unseren Füßen schwanken. Die Belastung war offensichtlich zu viel für Don; er brauste auf und schrie unerwartet, dass ich »endlich die Augen aufmachen« und erkennen musste, was um mich herum vorging – und nicht nur bezüglich des Geldes. War mir denn nicht klar, dass er sich in eine andere Frau verliebt hatte? Hatte ich das noch nicht bemerkt?

Ich stand da mit offenem Mund, vollkommen verblüfft. In der Annahme, dass er vielleicht für jemanden schwärmte, den wir beide kannten, stammelte ich schließlich: »Was meinst du damit, ›in eine andere Frau verliebt‹? … Wer ist sie?«

»Eine Frau, die ich letzten August an meinem fünfzigsten Geburtstag kennen gelernt habe. Wir sind seitdem leidenschaftlich ineinander verliebt.«

Immer noch verblüfft und völlig verständnislos stellte ich die dumme Frage: »Schläfst du mit ihr?«

Er warf mir einen Blick zu, als wollte er sagen: »Muss ich es dir wirklich vorbuchstabieren?«, und antwortete:

»Was glaubst du wohl, was ich mit ›leidenschaftlich‹ gemeint habe? Das ist nicht irgendeine kurze Affäre, Brandon. Das ist etwas Ernstes. Ich habe mit ihr schon über Heirat gesprochen.«

Ich war völlig fassungslos, wie ein Fisch auf dem Trockenen. Ich hatte nie auch nur das geringste Anzeichen oder irgendwelche Hinweise bemerkt. Ich war so ahnungslos, so vertrauensselig. Wir hatten beide stets eine so tiefe Liebe füreinander empfunden. Unsere Ehe schien so vollkommen gesund und lebendig zu sein. Es war nicht so, als ob wir eine tote, leere Ehe führten, wie ich es oft bei anderen Paaren gesehen hatte. Wir konnten einander nach all den Jahren immer noch als unsere »wahre Liebe« bezeichnen und Don brachte noch immer mein Herz zum Flattern, wenn ich sein Auto kommen hörte. Unsere Liebesgeschichte war von Anfang an intensiv gewesen, eine »legendäre Liebe«. Selbst der spirituelle Lehrer in Indien hatte sich über die seltene Hingabe geäußert, die wir füreinander empfanden, und gemeint, wir seien ein wunderbares Beispiel für andere Ehepaare. Ich hatte immer dieses Bild vor mir, wie wir uns noch im Schaukelstuhl an den Händen hielten, bis zu unserem Tod in tiefer Liebe miteinander verbunden.

Unsere Liebe war das Einzige in meinem Leben, dessen ich mir absolut sicher gewesen war. Don und Brandon waren zwei Namen, die einfach zusammengehörten. Es musste sich um einen Irrtum handeln. Dons Äußerung passte nicht im Geringsten zu dem, was ich in meinem Herzen als wahr empfand. Seine Worte stimmten nicht mit der Wahrheit in mir überein – dass er mich mehr liebte als das Leben selbst, genau wie ich ihn.

Unser Gespräch wandte sich nun den banalen Einzelheiten zu, wobei er mich auf die vielen Anzeichen hinwies, die ich übersehen hatte, dumm und vertrauensselig wie ich war. Als ich schließlich hinüber ins Wohnzimmer ging, schien es, als sei die ganze Welt, wie ich sie kannte, über mir zusammengestürzt. Nichts war so, wie es schien. Alles, was ich als mein Leben betrachtet hatte, war mir unter den Füßen weggezogen worden, und es gab nichts, woran ich mich festhalten, keinen Ort, wohin ich mich wenden konnte. Ich hatte das Gefühl, als würde ich ins Bodenlose stürzen – im freien Fall ins Nichts. Keine Mauern, an denen ich mich hätte festhalten können, und kein Platz, wo ich landen konnte.

Der Tumor, der Brand, das Finanzamt, kein Geld, Ehemann weg, kein Kontakt mit meiner Tochter – gab es noch irgendetwas in meinem Leben, das mir genommen werden konnte? Es war wie in Indien, als ich das Gefühl hatte, mein Ego sei zerschmettert worden. Hier war mir meine Identität in der Welt, wie ich sie kannte – Mutter, Ehefrau, Lebensunterhalt, selbst meine Fähigkeit zum Überleben –, genommen worden. Gab es wirklich nichts Sicheres und Dauerhaftes auf der Welt?

Mit einem Gefühl extremer Wachheit und Schärfe ging ich die Stufen zur Küche hinauf, um ein Glas Wasser zu holen. Als ich am Kühlschrank vorbeikam, fiel mein Blick auf ein Zitat, das meine Freundin Robbie mir geschenkt und das ich an der Tür befestigt hatte. Die Worte ließen mich innehalten. Sie schienen mir regelrecht entgegenzuspringen: »Wisse, dass alles, was dir unerwartet widerfährt, ein Geschenk Gottes ist, das dir zum Segen gereichen wird, wenn du es voll nutzt. Nur das wird dir Schwierigkeiten bereiten, wonach du aus deinen eigenen Vorstellungen heraus strebst.« Ich las dieses Zitat dreimal. Die Worte drangen bis in mein Innerstes.

»WISSE, DASS ALLES, WAS DIR UNERWARTET WIDERFÄHRT, EIN GESCHENK GOTTES IST, DAS DIR ZUM SEGEN GEREICHEN WIRD, WENN DU ES VOLL NUTZT. NUR DAS

WIRD DIR SCHWIERIGKEITEN BEREITEN, WONACH DU AUS DEINEN EIGENEN VORSTELLUNGEN HERAUS STREBST.«

Während ich auf die Worte starrte, wusste ich, dass sie der Wahrheit entsprachen. Jede Zelle in meinem Körper erkannte ihre Wahrheit. Die Wahrheit selbst wusste, dass die Wahrheit sprach. Und obwohl ich das Mysterium dieser Geschehnisse nicht durchdringen konnte, konnte ich nur darauf vertrauen, dass irgendwo in dem Ganzen ein Geschenk verborgen war, welches mir zum Segen gereichen würde – sollte es mir gelingen, es voll zu nutzen.

Wieder einmal, mitten in einer Katastrophe, sprachen die Zeichen göttlicher Gnade laut und deutlich. Die Zeit stand still. Alles wurde ruhig und aus meinem Innern erwuchs ein tiefer Entschluss – der Entschluss, dem zu vertrauen, was geschah, *was es auch war*, in der Sicherheit, dass alles irgendwie ein Geschenk Gottes war. Und obgleich ich das Mysterium nicht völlig verstehen konnte, wusste ich, dass sich das Geschenk zum richtigen Zeitpunkt offenbaren würde.

Dieser Entschluss, zu vertrauen, war von einem Gefühl vollkommener Hingabe begleitet. Mit dieser Hingabe begann eine Präsenz von Liebe den Raum zu erfüllen und alles zu durchdringen. Ich war darin gebadet, davon umhüllt. Gleichzeitig wusste ich, dass *ich diese Liebe war*. Die Gegenwart der Liebe war überall und es gab keinen Ort, an den ich gehen konnte, an dem sie nicht war.

Die Quelle hatte mich tiefe Lektionen gelehrt und dabei mein Leben als Klassenzimmer benutzt. Mit dem Tumor: Du bist nicht dein Körper. Mit dem Brand: Du bist nicht dein materieller Besitz. Mit dem Finanzamt: Du bist nicht dein Geld oder deine Fähigkeit zum Überleben. Mit Kelley: Du bist nicht deine Beziehungen. Mit Don: Du bist nicht deine Liebesbeziehung oder Ehe. *Du bist diese Liebe, die bleibt, wenn alles andere kommt und geht.*

Körper welken dahin und sterben. Besitztümer gehen verloren, Beziehungen enden, Lebensweisen verändern sich; doch du bist diese Liebe, die bleibt, wenn alles gekommen und alles gegangen ist. Ewige Liebe. Unendliche Liebe. Die einzig *wahre* Liebe. Das Einzige, was nicht kommen und gehen kann. Dies ist die *eine* Liebe, die es wert ist, ihr treu zu bleiben. Dies ist die eine Liebe, die es wert ist, sich mit ihr zu vermählen. Ich schwor, dass ich dieser Liebe für den Rest meines Lebens treu sein würde. Ich würde mein Leben zu einem endlosen Dankgebet in Hingabe an diese Liebe machen, die bleibt, wenn alles andere mich verlassen hat.

Ich musste an eine Geschichte denken, die ich einmal gehört hatte:

Eines Nachts hatte ein Mann einen Traum.

Er träumte, dass er mit Gott den Strand entlangging. Am Himmel erschienen blitzartig Szenen aus seinem Leben. In jeder Szene bemerkte er zwei Paar Fußspuren im Sand; die eine Fußspur war seine, die andere die Fußspur Gottes.

Als die letzte Szene seines Lebens vor ihm aufblitzte, wandte er sich um und betrachtete die Fußspuren im Sand.

Er sah, dass viele Male auf dem Weg seines Lebens nur ein Paar Fußspuren zu sehen waren. Er sah außerdem, dass dies immer zu den schwierigsten und traurigsten Zeiten in seinem Leben der Fall gewesen war. Das beunruhigte ihn sehr und er wollte von Gott wissen, warum es sich so verhielt.

»Herr, du hast gesagt, dass du immer an meiner Seite gehen würdest, wenn ich beschließe, dir zu folgen. Doch ich habe festgestellt, dass es während der schwierigsten

Phasen in meinem Leben nur eine einzige Fußspur gibt. Ich verstehe nicht, warum du mich verlassen hast, als ich dich am meisten brauchte.«

Gott erwiderte darauf: »Mein kostbares Kind, ich liebe dich und würde dich niemals verlassen. In den Zeiten der Prüfung und des Leidens, wo du nur ein Paar Fußspuren siehst, da habe ich dich getragen.«

Nun wurde mir die Bedeutung dieser Geschichte zum ersten Mal wirklich klar. Jetzt, in den schwierigsten Augenblicken meines Lebens, war die Quelle gegenwärtig, trug mich, hielt mich in ihren Armen. *Nicht zwei Spuren, nur eine.*

Später kam Don und sagte mir, was ich bereits als wahr erkannt hatte – dass er mich nach wie vor zutiefst liebte und dass er verwirrt war. Es gab ein seit langem währendes emotionales Problem zwischen uns, das noch nicht gelöst war und ihn sehr bekümmerte. Außerdem vertraute er mir seine Verwirrung bezüglich seiner Beziehung zu Karen an und bat mich inständig, ihm Zeit zu geben, sich Klarheit zu verschaffen und die zwanzig Jahre der Liebe zu würdigen, die wir miteinander verbracht hatten.

Ich war einverstanden und schwor mir innerlich, dass ich nichts tun würde, um die Heiligkeit der Liebe zu beflecken oder zu zerstören, die wir geteilt hatten – was immer passieren würde und wie schmerzhaft es auch werden sollte. Ich wusste, dass die Möglichkeit bestand, dass er mich verließ, und ich beschloss, nicht zwanzig Jahre einer »legendären Romanze« von der Trauer und dem Schmerz zerstören zu lassen, die sich nicht vermeiden lassen würden. Die Trauer sollte Trauer sein und zwanzig Jahre Schönheit sollten zwanzig Jahre Schönheit bleiben.

Gleichzeitig schwor ich mir, jetzt nicht meine Freunde oder meine Familie anzurufen, um über meine Situation zu reden und damit die anderen in das Drama hineinzuziehen. Es schien mir eine geheiligte Zeit, eine kostbare Zeit, und ich wollte nicht, dass sich die Urteile und projizierten Schmerzen anderer Menschen über dem ergießen würden, was für mich eine Zeit ungeheuren Lernens war und der vollen Erkenntnis dessen, *was Liebe wirklich ist*.

Also behielt ich alles für mich und blieb jeden Tag wach und bewusst den Gefühlen gegenüber, die in diesem unendlichen und allgegenwärtigen Ozean der Liebe kamen und gingen. Die Liebe war da, während ich wach war, schlief oder aß – sie verließ mich nie, noch verließ ich sie. Und doch setzte sich das ganze Drama des Lebens auf seine stürmische Weise fort, während ich gleichzeitig in dieser Präsenz reiner Liebe badete.

Es schien, als ob diese Liebe völlig unberührt war von allen Gefühlen, die auftauchten, und von allen Umständen, die sich ergaben. Es war, als ruhte ich in einem Ozean der Liebe, in dem das Leben stattfand, während der Ozean davon unberührt blieb.

Don versprach, offen zu mir zu sein und mir alles zu sagen, was in seinem Herzen wirklich vor sich ging. Obgleich es schmerzhaft war, offen zu bleiben und Zeuge zu sein, wie der Mann, mit dem ich seit zwanzig Jahren verheiratet war, in meiner Gegenwart eine Liebesaffäre aufrechterhielt, so empfand ich zumindest die Kraft der absoluten Ehrlichkeit zwischen uns. Don war mein bester Freund und ich wusste, dass ich mich darauf verlassen konnte, dass er auch in dieser schmerzhaftesten aller Zeiten an meiner Seite war.

Er ging auf Geschäftsreise und Karen begleitete ihn. Bei seinem ersten Anruf sprach er offen über seine Gefühle – was bei ihm hochkam. Er war sich noch immer nicht sicher, was dies alles bedeutete oder wohin es ihn führen würde. Seltsamerweise war seine offensichtliche Ehrlichkeit ein Trost für mich und ich fühlte, dass alles, was passieren würde, im Sinne der Wahrheit war, solange wir klar und offen miteinander kommunizierten.

Als er gegen Ende des Wochenendes wieder anrief, konnte ich in seiner Stimme jedoch sehr deutlich etwas Verdecktes hören. Ein Schleier hatte sich gesenkt und die reine, offene Wahrheit war nicht mehr zu erkennen. Aus dem Meer der Stille, in dem ich ruhte, begann sich eine riesige Woge des Zorns Bahn zu brechen. Noch nie im Leben hatte ich etwas Derartiges erlebt. Die Macht dieses Zorns überwältigte mich beinahe und während ich seiner Stimme lauschte, schrie alles in meinem Innern: »DAS IST NICHT RICHTIG! SO NICHT!«

Der Zorn war enorm und doch schien er eigenartig unpersönlich zu sein. Ich hatte nicht einmal das Gefühl, dass »ich« zornig war, sondern dass die Wahrheit selbst zürnte und dass sie ihre ureigene Lebenskraft hatte. Ich fühlte, dass die Wahrheit eine Stimme bekommen hatte und dass sie wie ein Vulkan ohne irgendwelche Heuchelei oder Nettigkeit aus mir herausbrach. Ich bin sicher, es war das erste Mal in unserer Ehe, dass Don so etwas erlebt hatte. Mit Sicherheit war es das erste Mal für mich. Ich legte den Hörer auf und konnte die Macht des Zorns in mir immer noch wachsen fühlen, so als ob ein Vulkan kurz davorstand zu explodieren.

Noch immer in der Quelle ruhend, setzte ich mich auf mein Meditationskissen. Die Worte *»Das ist nicht richtig. So nicht!«* brachen erneut aus mir hervor. Ich hatte einen Tumor bekommen, weil ich nicht in der Lage gewesen war, präsent zu sein und mir zu erlauben, das zu fühlen, was wirklich los war. Nun, dieses Mal würde ich nichts unterdrücken und wegstecken. Ich würde keinen neuen Tumor entstehen lassen. Ich würde einfach hier sitzen bleiben und mir erlauben, die Wut voll zu spüren. Ich würde sie willkommen heißen und vollkommen präsent bleiben.

Plötzlich breitete sich ein Schmerz im Bereich meines Steißbeins und meines Unterleibs aus. Während ich weiterhin still dasaß, fühlte ich, wie sich der Zorn in eine weiß glühende Flamme verwandelte, die durch meinen ganzen Körper tobte. Die Flamme loderte durch meinen Unterleib in meinen Magen und ließ mich erhitzt und verschwitzt im Gefolge des Feuers zurück. Sie brannte weiter nach oben durch meine Brust und in meinen Hals hinein und schien mich schließlich durch die Spitze meines Kopfes zu verlassen.

Die weiße Flamme hatte meinen Körper gereinigt und ich saß da, schwitzend und glühend in einem Zustand von Freiheit und tiefster Stille. Dann kam die nächste Welle – ein Gefühl von Trauer und Verlust, wie ich es noch nie zuvor erlebt hatte. Auch dieses Mal blieb ich präsent und erlaubte mir, die Empfindung uneingeschränkt zu fühlen. Ich wand mich vor Schmerzen. Auch auf dieses Gefühl folgte Ruhe, bevor die nächste Welle des Schmerzes kam, reinste Seelenqual. Während die Schmerzwelle durch meinen Körper tobte, lag ich zusammengerollt wie ein Embryo auf dem Boden. Auch dieses Mal stellte sich danach tiefe Stille ein. Die nächste Welle ließ nicht lange auf sich warten. Jede vorstellbare Emotion brannte sich ihren Weg durch meinen Körper.

Der Prozess dauerte sechs Tage. Während dieser Zeit nahm ich elf Pfund ab. Zum Schluss war ich rein gewaschen von allem Schmerz. Das Gefühl der Trauer und des Verlusts hatte sich in nur sechs Tagen vollständig und spurlos aufgelöst. Ich hatte nie zuvor realisiert, dass es so schmerzhaft sein konnte, nackter Emotion zu erlauben, durch den Körper zu wüten. Doch habe ich während dieser Tage gelernt, dass es dann, wenn man die Gefühle voll zulässt und sie willkommen heißt, keinen Schmerz gibt – egal wie tief –, der sich nicht genauso schnell auflösen kann. Ich blieb in einem Zustand des

Friedens zurück, der mich bis auf den heutigen Tag erfüllt.

Ich habe seither des Öfteren in spirituellen Kreisen gehört, dass alle Trauer sich in fünf bis sieben Tagen auflöst, wenn man sie rückhaltlos zulässt und sich ihr hingibt. Es gibt keine Trauer, und sei sie auch noch so groß, die länger als sieben Tage dauern muss. Das Gefühl der Trauer bleibt nur dann länger, wenn wir sie nicht voll zulassen und willkommen heißen, oder wenn wir sie ausdehnen, weil wir glauben, dass sie länger andauern muss.

So viel hatte stattgefunden und doch war die Präsenz der Liebe, in der ich ruhte, von diesen intensiven Gefühlen vollkommen unberührt geblieben. Selbst in der tiefsten Qual war die Liebe da. Es war, als ob der Körper durch diesen tiefen und starken Prozess des Loslassens gehen musste, obwohl »ich« gleichzeitig mit der Liebe selbst identifiziert war. Die Liebe blieb, nachdem alles andere verschwunden war.

Und so ging es im Laufe der nächsten Monate weiter – die Liebe war gegenwärtig, während das Drama des Lebens seinen Fortgang nahm. Schließlich kam der Zeitpunkt, an dem ich zu Don sagte: »Du musst dich entscheiden. Ich werde mich jeder Entscheidung fügen, die du triffst. Ich möchte nur etwas haben, auf das ich mein Leben ausrichten kann. Falls wir verheiratet bleiben sollen, dann will ich mich auf unsere Ehe konzentrieren, und wenn ich alleine bleiben soll, dann will ich alle meine Kraft darauf richten – doch bitte gib mir etwas, dem ich mich hingeben kann.«

Don erwiderte, er brauche Zeit, um sich in die Stille zurückzuziehen und wirklich Klarheit zu erlangen, da ich ihn dazu zwang, sich zu entscheiden, bevor er tatsächlich dazu bereit war. Er war auf dem Weg nach Hawaii zu einem Seminar und versprach, dass er sich während seines Aufenthalts dort zurückziehen und eine Entscheidung treffen würde.

Als er ging, blickte ich in seine schmerzerfüllten Augen. Es war klar, dass dies auch für ihn das Schwerste war, was er je in seinem Leben durchgemacht hatte, und leise sagte er: »Ich weiß, es hört sich beknackt an, doch ich habe bei alldem das hartnäckige, tiefe Gefühl, dass ich das alles für dich tue. Ich weiß nicht, was ich damit meine, doch kommt dieses Gefühl immer wieder in mir hoch.«

Ich erwiderte, dass er vielleicht Recht habe, und als er die Tür hinter sich schloss, wusste irgendetwas tief in meinem Innern, dass es wirklich so war. Ich wusste nicht, wie und warum, aber ich wusste, dass es stimmte.

Während Don in Hawaii war, ruhte ich weiterhin in reinem Bewusstsein und das Leben lief in einem Meer von Liebe ab. Mir war jedoch aufgefallen, dass ich seit jenem Tag des Zorns ein nagendes Gefühl in meinem Bauch verspürte. Jeden Morgen, wenn ich aufwachte, spürte ich ein unangenehmes Rumoren. Als ich mir schließlich die Frage stellte: »Was empfinde ich wirklich?«, hörte ich innerlich die einfache Antwort: »Verrat«. Die Trauer, der Verlust und der Schmerz hatten sich komplett aufgelöst, doch das Gefühl, hintergangen worden zu sein, quälte mich noch immer.

Also beschloss ich, nun doch meine Freundin Vicky anzurufen und ihr alles zu erzählen, was passiert war. Ich wusste, dass ich dringend einen Emotional-Journey-Prozess brauchte, und da ich noch immer an dem Thema des Verrats »festhing«, hoffte ich auf ihre Bereitschaft, mir zu helfen.

Als sie die Neuigkeiten hörte, sagte sie: »Natürlich, Brandon. Komm gleich heute zu mir. Bring die Anleitung mit. Ich habe mich eine Weile nicht damit beschäftigt und dein Thema ist ja wohl ziemlich heftig.«

Als wir einander gegenübersaßen, spürte ich wieder einmal Schmetterlinge in meinem Bauch, so wie jedes Mal, bevor ich mit einem Journey-Prozess beginne. Ich wusste nicht, was auftauchen würde. Ich war bei allen meinen Emotionen so präsent gewesen, hatte sie rückhaltlos willkommen geheißen und konnte mir einfach nicht vorstellen, warum dieses eine Gefühl weiterhin so an mir nagte.

In kürzester Zeit sank ich durch die einzelnen Schichten, und als wir zum Lagerfeuer kamen, fragte Vicki: »Ist es wirklich nötig, dass die siebenjährige Brandon mit Don redet, wenn es sich hier doch um ein gegenwärtiges Problem handelt? Die siebenjährige Brandon kannte Don doch überhaupt noch nicht.«

»Ich weiß nicht. Es muss einen Grund geben, warum sie hier ist. Ich nehme an, es kann nicht schaden.« Und dann kam die Überraschung: Es war gar nicht das gegenwärtige Ich, das sich verraten fühlte! Es war das *jüngere Ich*, das sich so aufregte. Ich hatte mir als siebenjähriges Mädchen geschworen, eines Tages meinen »Märchenprinzen« zu heiraten und mit ihm leidenschaftlich verliebt und glücklich bis zu unserem Tod miteinander zu leben. Das jüngere Ich war völlig verzweifelt, dass ihre Märchenbuch-Romanze ein vorzeitiges Ende gefunden hatte.

Ein tiefes Gefühl der Desillusionierung und des Verlustes kam hoch, als sie sich der Tatsache stellte, dass die Liebesgeschichte zu Ende war. Das jüngere Ich weinte, als sie ihren Traum aufgab, und sagte schließlich etwas völlig Unerwartetes: »Ich habe mich selbst verraten. Ich habe geglaubt, dass Märchen wahr werden können, und ich hasste dich dafür, dass du mir gezeigt hast, dass ich Unrecht hatte – dabei war ich es, die die Geschichte überhaupt erst erfunden hatte. Ich war diejenige, die es sich in dem Märchen bequem gemacht und es gelebt hat.«

Als sie verzieh, wusste ich, dass die Märchenbuch-Romanze endgültig abgeschlossen war. Ich blieb zurück in dem zärtlichen, süßen Gefühl der reinen Realität. Ich dachte: »Ist es nicht erstaunlich? Hier bin ich, in diesem Meer aus Liebe, und dennoch musste dieses alte Thema noch gelöst werden. Gott sei Dank gibt es den Journey-Prozess!« Als ich fertig war, fühlte ich mich vollkommen frei und bin es bis heute geblieben.

Nach wie vor sind Don und ich die besten Freunde. Er traf schließlich die Entscheidung, Karen zu heiraten. Jetzt war ich frei, mein Leben neu zu beginnen, nur hatte ich dieses Mal endlich das gelernt, was die Quelle mich hatte lehren wollen: Nichts, was wir tun, kann uns diese Liebe geben. Keine Karriere kann diese Liebe vermitteln und kein noch so hingebungsvoller Dienst am Nächsten; kein Geliebter oder Partner und keine Familie kann sie herbeizaubern, keine materiellen Besitztümer können sie kaufen. Nichts und niemand kann Ihnen diese Liebe geben, denn sie ist das, was Sie bereits sind. *Sie sind* die Liebe, die Sie immer gesucht haben.

Es stellte sich heraus, dass Don Recht gehabt hatte. Ich erkannte zunächst nicht, dass er derjenige sein würde, der meine innigsten, aus tiefstem Herzen kommenden Gebete wahr werden ließ. Zehn Jahre bevor diese ganze Geschichte begann, hatte ich an einem Seminar mit Tony Robbins teilgenommen und dabei meine Lebensaufgabe entdeckt. Diese Aufgabe prägte ich mir zutiefst ein und tat mein Bestes, sie täglich zu leben. Sie lautete: »Der Sinn meines Lebens ist es, reine Freude zu sein und mir selbst und anderen zu helfen, unsere innere Größe zu entdecken – unser göttliches Selbst.«

Jeden Tag begann ich mit dieser Intention und jetzt endlich war mein Gebet erhört worden – endlich war es Realität geworden. Ich hatte entdeckt, was *wahre* Freude ist, und endlich erfahren, was wahre Größe – das göttliche Selbst – ist. Don war lediglich ein Werkzeug gewesen, um mein Gebet Realität werden zu lassen.

Ich hatte selbst herausfinden müssen, was Liebe *ist* und was sie *nicht ist*, um wahre Größe erfahren zu können. Ich erkannte, dass er mir die Freiheit gegeben hatte, das zu tun, wozu ich auf die Welt gekommen bin, denn seit er gegangen ist, bin ich endlich in der Lage, mein ganzes Leben in den Dienst der Wahrheit zu stellen.

Früher hatte ich einen großen Teil meiner Energie und Hingabe auf Don und seine Karriere konzentriert. Jetzt war ich frei, meine ganze Liebe in den Dienst an der Menschheit zu stellen, damit sie zu der Freiheit und Liebe erwacht, die wir alle in Wirklichkeit sind. Heute sitze ich hier und bin in der Lage, dieses Buch zu schreiben, weil ich endlich die Freiheit habe, das zu tun, was so lange schon der tiefste Wunsch meines Herzens war. Ich erfülle meine Lebensaufgabe.

Ein Jahr nach meiner Trennung von Don nahm Kelley wieder Kontakt mit mir auf und kam zu einem Journey-Seminar nach London. Es gab viele Tränen der Freude und eine Erneuerung unserer tiefen Liebe füreinander, und ein Jahr später war es mir vergönnt, die Geburt unserer wunderbaren Enkelin Claire Grace mitzuerleben.

Seitdem bin ich auf der ganzen Welt unterwegs und habe zahllose Journey-Seminare veranstaltet. Als das Projekt immer weiter wuchs, wurde es erforderlich, mir einen Geschäftspartner zu suchen. Im Laufe der Zeit, sehr langsam und sanft, schlich sich auf Samtpfoten eine Romanze in mein Leben ein. Kevin und ich heirateten im Januar 1998 in Maui auf Hawaii.

Seine Ausrichtung auf die Wahrheit ist genauso rückhaltlos wie meine eigene und gemeinsam haben wir eine tiefe Erfüllung gefunden in dem Wissen, dass Liebe weder gegeben noch empfangen werden kann. Liebe ist das, was wir sind. Und doch ist es eine große Freude, das Leben in diesem Meer der Liebe gemeinsam zu feiern.

Letzten Endes ist das Leben die *wirkliche* Reise.

29

Die Werkzeuge

Wichtiger Hinweis

Sie müssen dieses Buch vollständig gelesen haben, bevor Sie mit dem Prozess arbeiten. Es ist wichtig, dass Sie die Arbeit insgesamt verstehen, bevor Sie mit Ihrem eigenen Prozess beginnen. Dazu dienen die entsprechenden Beispiele im Buch, die die verschiedenen Aspekte dieser Arbeit verdeutlichen.

Allgemeine Anweisungen für die Prozessarbeit

Wie Sie wissen, kann dieser Prozess zu tiefen Erfahrungen führen und das Herz öffnen. Daher ist es wichtig, dass Sie Ihren eigenen Prozess respektieren, indem Sie sich in einer ruhigen, angenehmen Umgebung mindestens zwei Stunden ungestört Zeit dafür nehmen. Stellen Sie das Telefon ab und schaffen Sie einen »heiligen Raum« für sich und Ihren Partner.

Am besten ist es, wenn Sie mit jemandem arbeiten, der dieses Buch bereits gelesen hat, eine positive Einstellung zu dieser Arbeit hat und darauf ausgerichtet ist, Ihnen nach besten Kräften bei Ihrem Prozess zur Seite zu stehen. Sie sollten sich beide mit dem Prozess vertraut machen, indem Sie den Text ein paar Mal durchlesen, damit es bei der Wortwahl oder dem Inhalt später keine Überraschungen gibt.

Dann sollten Sie mit einem stillen Gebet oder einer inneren Anrufung beginnen, wobei Sie sich und Ihren Partner als vollkommen sehen und sich darauf ausrichten, offen wie ein Kind zu sein und sich selbst wie auch dem Prozess zu vertrauen. Außerdem sollten Sie sich darauf einstellen, anschließend Ihren Partner mit der gleichen Liebe und dem gleichen Respekt zu unterstützen. Dann nehmen Sie sich ein paar Augenblicke Zeit, um gemeinsam in Stille zu sitzen.

Anweisungen für die Emotional Journey

Zunächst machen Sie sich mit den allgemeinen Anweisungen vertraut. Dann kopieren Sie die Arbeitsblätter auf ein separates Blatt Papier und legen einen Stift bereit.

Wenn Sie bei der Emotional Journey durch die einzelnen Schichten gehen, ist es wichtig, sich aus der äußeren Geschichte – aus den analytischen Gedanken – herauszuhalten und Ihre ganze Aufmerksamkeit und Bewusstheit darauf zu richten, DIE REINE, NACKTE EMOTION *IN IHREM KÖRPER* ZU FÜHLEN.

Geben Sie sich einfach völlig dem Gefühl hin, heißen Sie es willkommen, benennen Sie es und sinken Sie dann hinab zum nächsten Gefühl. Fühlen Sie auch dieses wieder vollständig, in seiner ganzen Intensität, und lassen Sie sich dann in die darunter liegende Emotion sinken. So lassen Sie sich von einem Gefühl ins nächste fallen, bis Sie schließlich die Quelle erfahren.

Bei diesem Prozess geht es *nicht* darum, auf das Geplapper des Verstandes zu lauschen oder Ihre Gefühle zu analysieren. Vielmehr handelt es sich schlicht um einen Prozess, bei dem Sie durch die emotionalen Schichten sinken, vergleichbar mit dem Schälen einer Zwiebel, um zum Kern Ihres Wesens zu gelangen, zur Quelle.

Auf den Arbeitsblättern wird empfohlen, bei den Pünktchen im Text (...) jeweils eine Pause einzulegen und Ihrem Partner »ausreichend« Zeit zu geben, die Antwort auf Ihre Frage zu erfahren. Ausreichend Zeit kann für manche Menschen zehn bis fünfzehn Sekunden bedeuten, für andere fünfundvierzig Sekunden bis eine Minute.

Wichtig ist, dass es bei diesem Prozess darum geht, die Emotionen intensiv zu fühlen und dann, nachdem jede voll ausgekostet wurde, sofort in die darunter liegende Schicht hinabzusinken. Es ist weder notwendig noch günstig, auf den einzelnen Stufen zu verweilen und sich in den Gefühlen zu »suhlen«. Auch ist es nicht ratsam, die Gefühle detailliert zu beschreiben und eine Geschichte dazu zu erzählen.

Um an die Gefühle heranzukommen, wenden Sie sich nicht an Ihren Kopf, sondern prüfen einfach innerlich Ihren Körper und stellen fest, wo das Gefühl am stärksten ist. Es zeigt sich zunächst vielleicht als ganz subtile Empfindung. Richten Sie Ihre Aufmerksamkeit darauf und bitten darum, dass das Gefühl sich intensiviert. Seien Sie bereit, es in seiner ganzen Intensität zu erfahren. Bleiben Sie dabei auf das Gefühl in Ihrem Körper ausgerichtet.

Dann fühlen Sie es einfach und lassen sich zur nächsten Schicht hinabsinken; fühlen Sie die neue Emotion und lassen sich dann zur nächsten Schicht hinabsinken.

Irgendwann nehmen Sie vielleicht wahr, dass keine Gefühle mehr auftauchen. Diesen Zustand werden Sie möglicherweise als ein Gefühl der Taubheit oder Verwirrung beschreiben, als »Nichtwissen«, als ein schwarzes Loch, eine Leere, als Nichts oder als das Gefühl, »festzustecken«.

DIESE ERFAHRUNG IST TEIL DES PROZESSES. JEDER GEHT DURCH DIESE SCHICHT DES »UNBEKANNTEN«. ICH NENNE DIES DIE »UNBEKANNTE ZONE«. SIE IST DAS TOR ZUR QUELLE.

Wenn Ihr Partner einen der genannten Begriffe erwähnt, erinnern Sie sich daran, dass es sich dabei lediglich um eine weitere Gefühlsschicht handelt. Ermutigen Sie den Betreffenden, sie voll zu erleben, sich zu entspannen und in die darunter liegende Schicht hinabzusinken.

Wenn Sie merken, dass Ihr Partner irgendwie mit dem schwarzen Loch, der Leere, dem Nichts kämpft, nehmen Sie die Seiten mit den »Tipps für Problemsituationen« zu Hilfe (Seite 251). Dort finden Sie Hinweise, wie Sie jemandem helfen können, der vor der »unbekannten Zone« Angst hat oder Widerstand leistet, um ihm das Hinabsinken in die nächste Schicht zu erleichtern. Da Ihr Partner dieses Buch gelesen hat, wird er erkennen, wo er ist, wenn Sie ihn daran erinnern.

Es ist ganz natürlich, sich vor dem Unbekannten zu fürchten, daher beruhigen Sie Ihren Partner und versichern ihm, dass er alles wunderbar macht, dass er sich entspannen, hingeben und einfach fallen lassen soll.

Sobald Ihr Partner durch die unbekannte Zone hinabgesunken ist, wird er sich in der Regel unbeschwerter fühlen und ein starkes Gefühl der Erleichterung wird sich nach und nach einstellen.

Es ist wichtig, dass Sie Ihren Partner durch die verbleibenden Schichten führen, bis er die Quelle erreicht. Sie wissen, dass er bei der Quelle angelangt ist, wenn er sich selbst als *sehr weit* empfindet, als eine Präsenz, die sowohl innerhalb als auch außerhalb des Körpers existiert – *überall*.

Es ist wichtig, diesen Punkt zu beachten, da es oft vorkommt, dass jemand, der durch die unbekannte Zone gesunken ist, anfängt, Begriffe der Quelle wie Liebe, Frieden, Lachen, Freude, Licht, Zufriedenheit, Freiheit zu benutzen, unter Umständen jedoch immer noch das Gefühl hat, diese Empfindungen seien irgendwo *im Innern* seines Körper lokalisiert.

Erst wenn das Gefühl sehr expansiv wird, sehr weit – so als sei man eins mit allem oder ein Teil von allem –, handelt es sich um eine wirkliche Erfahrung der Quelle. Wenn das Gefühl sehr weit wird, verwandelt es sich von einer einfachen Emotion in einen Zustand reinen Bewusstseins.

Sobald Ihr Partner diese unendliche Weite fühlt, können Sie ihn ungefähr dreißig Sekunden dort verweilen lassen. Dann folgen Sie wieder dem Text und bringen die Quelle nacheinander durch jede Schicht nach oben.

Wo im Prozess Ihres Partners zum ersten Mal andere Personen auftauchten, werden Sie Ihre Markierung (*) finden. Das ist die Stufe des Lagerfeuer-Prozesses. Falls beim Hinabsinken durch die Schichten nirgendwo andere Personen auftauchten, wählen Sie die stärkste Emotion vor der unbekannten Zone (abgesehen von der Ausgangsschicht) und beginnen den Lagerfeuer-Prozess auf dieser Ebene.

Sobald Sie am Lagerfeuer sind, achten Sie darauf, dass Ihr Partner die Dinge sagt, die *wirklich* gesagt werden müssen. Das Lagerfeuer ist da, damit unsere jüngere Version sich vollständig von all den Gefühlen befreien kann, die zum damaligen Zeitpunkt empfunden, doch in der Regel nicht ausgedrückt wurden. Sorgen Sie also dafür, dass alles, was gesagt werden muss, laut ausgesprochen wird. Es ist wichtig, dass das jüngere Selbst sich alles von der Seele redet.

Wenn Ihr Partner alles ausgesprochen und sich vollständig von den alten Emotionen befreit hat, fragen Sie ihn, ob er bereit ist zu vergeben. Um authentisch vergeben zu können, muss ein Mensch wirklich leer sein, befreit von den Gefühlen, die ihn gequält haben.

Falls Ihr Partner sich aus irgendeinem Grund nicht bereit fühlt zu vergeben, fragen Sie den Mentor: »WAS MUSS GESCHEHEN, DAMIT VERGEBUNG STATTFINDEN KANN?« Normalerweise wird der Mentor aus einer höheren Weisheit heraus die Antwort geben, die für den Betreffenden angebracht ist. In den meisten Fällen ist es einfach so, dass das jüngere Selbst sich noch nicht alles von der Seele geredet hat und ein paar weitere Dinge zum Ausdruck bringen muss.

Der Mentor ist da, um bei allen Fragen zu helfen, die auftauchen können. Die eigene Weisheit Ihres Partners weiß genau, was geschehen muss. WENN SIE ALSO ZWEIFEL HABEN, FRAGEN SIE DEN MENTOR.

Wenn der Lagerfeuer-Prozess abgeschlossen ist, gehen Sie mit Ihrem Partner durch die Zukunfts-Integration. Sie müssen nicht alles aufschreiben. Es genügt, es einfach nur zu lesen. Auf diese Weise können Sie und Ihr Partner prüfen, ob die Heilung im Laufe der Zeit weiter fortschreiten wird. Nach sechs Monaten oder spätestens einem Jahr sollte das Ausgangsproblem für den Betreffenden leichter geworden sein. Es ist nicht erforderlich, dabei tatsächlich die Zukunft zu »sehen«, es genügt, einfach ein Gefühl dafür zu haben.

Falls aus irgendeinem Grund keine Veränderung einzutreten scheint, ist das normalerweise ein Hinweis darauf, dass beim Lagerfeuer-Prozess irgendetwas nicht abgeschlossen wurde. Das ist jedoch kein Problem. Führen Sie Ihren Partner einfach direkt zum Lagerfeuer zurück und fragen Sie den Mentor, was noch gesagt werden muss, um die Geschichte zu Ende zu bringen. Generell kann man sagen, dass das Problem sich auflöst, wenn der Prozess der Vergebung wirklich vollständig abgeschlossen ist. Wenn Sie dann mit dem zweiten Lagerfeuer-Prozess fertig sind, nehmen Sie erneut die Zukunftsintegration vor.

Wenn der Prozess vollständig beendet ist, geben Sie Ihrem Partner ein Blatt Papier und einen Stift und fordern ihn auf, einen Brief an sich selbst zu schreiben und sich so viel Zeit dafür zu nehmen wie nötig. Vielleicht bringen Sie ihm dazu ein Glas Wasser oder eine Tasse Tee. Schlagen Sie vor, den fertigen Brief irgendwo aufzubewahren, wo er ihn jeden Tag lesen kann.

Wenn Sie möchten, ist dann der Augenblick zum Wechseln gekommen.

Wenn Sie beide mit Ihrem jeweiligen Prozess fertig sind, ist es gut, sich ein wenig Zeit zu lassen, damit die Arbeit integriert werden kann. Nehmen Sie ein Bad, essen Sie eine Kleinigkeit, zum Beispiel eine heiße Suppe, oder ruhen Sie sich einfach aus.

Es kann sein, dass Sie sich nach Abschluss des Prozesses, während die Heilung im Innern des Körpers beginnt, sehr zart und verletzlich fühlen, vielleicht sogar etwas desorientiert. Es ist wichtig zu erkennen, dass dies ein *positives Signal* ist und anzeigt, dass Heilung stattfindet.

Sollten Sie tatsächlich ein leichtes Gefühl der Desorientierung oder Benommenheit haben, ist es am besten, weder Auto zu fahren noch sonst etwas Anstrengendes zu tun, das Konzentration erfordert. Geben Sie sich die Zeit, die Sie brauchen, um sich von dem Prozess zu erholen.

Häufig kommt es vor, dass in den darauf folgenden Tagen Bilder mit ähnlichen Erinnerungen aufblitzen oder sogar intensive Gefühle wie aus dem Nichts auftauchen. Das ist wunderbar! Machen Sie sich bewusst, dass es sich dabei lediglich um emotionale Überbleibsel handelt, die ausgeschwemmt werden, und lassen Sie es einfach zu. Es ist ein Zeichen, dass die Heilung im Gang ist. Falls intensive Gefühle auftauchen, lassen Sie diese einfach hochkommen und durch sich hindurchfließen. Gehen Sie mit diesen Emotionen genauso um, wie Sie es mit physischen Giften tun würden. Wenn Sie etwas Giftiges erbrechen, würden Sie es schließlich auch nicht auseinander nehmen, analysieren und wieder in sich hineinstopfen.

Ebenso sollten Sie diese alten Emotionen nicht berühren, wenn sie hochkommen. Lassen Sie sie einfach zu und los. Bei den Seminaren empfehle ich den Teilnehmern immer, bei jeder Emotion einfach *innezuhalten, zu atmen und präsent zu sein* – dann wird sie auftauchen und sich wieder auflösen.

Achten Sie sich selbst und Ihren Prozess und geben Sie Ihrem Körper ausreichend Zeit, sich selbst zu heilen. Vertrauen Sie sich und dem Prozess. Er hat bereits Tausenden von Menschen geholfen, sich selbst von hartnäckigen emotionalen Problemen zu befreien.

Wichtiger Hinweis

Durch die emotionalen Schichten zu gehen, kann weder Ihnen noch Ihrem Partner schaden. Das Schlimmste (oder Beste), was passieren kann, ist, dass wir tatsächlich die intensiven Emotionen fühlen, die in unserem Körper gespeichert sind. Selbst wenn Sie mittendrin abbrechen, wäre nichts weiter passiert, als dass Sie die Augen öffnen, nachdem Sie ein paar starke Emotionen gefühlt haben – das ist alles!

Alle reinen Emotionen kommen und gehen einfach. Eine Emotion bleibt nur dann, wenn wir anfangen, uns selbst eine Geschichte dazu zu erzählen, wenn wir sie zu analysieren versuchen oder auf das Geschnatter im eigenen Kopf hören.

KEIN GEFÜHL KANN LÄNGER ALS EIN PAAR MINUTEN DAUERN, WENN SIE WIRKLICH AUTHENTISCH SIND. Haben Sie jemals ein Baby beobachtet, wenn ihm etwas nicht passt? In einem Augenblick schreit es, dann kommt jemand und schüttelt eine Rassel und im nächsten Moment lacht und gurgelt es vor Wonne. Ein Baby empfindet nicht die Notwendigkeit, an einem Gefühl festzuhalten, um Beständigkeit zu beweisen. Es muss sich selbst nicht beweisen, wie wichtig oder bedeutend die Emotion ist. Es fühlt sie einfach und geht dann zum nächsten Moment über.

Seien Sie also versichert, dass Ihnen nichts passieren kann und es absolut sicher ist, durch die Schichten hinabzusinken – um welche Emotion es sich auch handelt und wie intensiv sie auch sein mag. Wenn Sie wirklich authentisch sind, wird sie kommen und gehen.

Manche Menschen sagen: »Ich habe Angst, schlafende Hunde zu wecken.« Der einzige schlafende Hund, den Sie wecken können, ist Ihr Verstand, der Ihnen eine Geschichte über Ihre Gefühle verkaufen will. Gefühle an sich sind gesund. Sie fühlen zu können ist ein gesunder und natürlicher Teil des Menschseins. Nicht natürlich dagegen ist es, auf Ihren Verstand zu hören, der analysiert, Schuld zuspricht und Geschichten über die Gefühle erfindet.

Also machen Sie sich bewusst, dass es ein Zeichen von Gesundheit ist, Gefühle zu empfinden. Bei jedem Gefühl halten Sie einfach inne, atmen Sie und seien Sie präsent. Das Gefühl wird kommen und es wird wieder gehen.

Anweisungen für die Physical Journey

Lesen Sie zuerst die allgemeinen Anweisungen sowie die Anweisungen für die Emotional Journey. Dann lesen Sie ein paar Mal die Anleitung für die Physical Journey durch, um sich mit dem Prozess vertraut zu machen.

Es ist empfehlenswert, die Physical Journey erst dann zu machen, wenn man bereits eine Emotional Journey hinter sich hat, da sie von der Annahme ausgeht, dass man bereits eine direkte persönliche Erfahrung der Quelle gemacht hat.

Die Physical Journey ist sehr einfach und kann fast wie ein Märchen oder eine geführte Meditation vorgelesen werden. Achten Sie darauf, ausreichend Zeit zu lassen und den Prozess nicht zu schnell vorzulesen. Legen Sie jeweils eine kurze Pause ein, wenn Sie Pünktchen im Text (...) sehen.

Außerdem kann es sehr hilfreich sein, im gleichen Rhythmus zu atmen wie Ihr Partner. Am besten ist es, in einem leisen und sanften Tonfall zu sprechen, während Sie Ihren Partner durch den Prozess führen.

Manche Menschen haben Schwierigkeiten mit dem Visualisieren. Das ist völlig in Ordnung. Es reicht, ein Gefühl oder ein Wissen davon zu bekommen, wie es in ihrem Innern aussieht. Manche Menschen sehen tatsächliche anatomische Details, während bei anderen eher metaphorische Bilder auftauchen. Manche sehen überhaupt nichts, sondern fühlen oder wissen einfach nur, wie es in ihrem Körper aussieht. Andere hören Worte, die beschreiben, was in ihrem Körper los ist. Jeder Mensch ist einzigartig, also lassen Sie Ihren Partner seine ureigene Erfahrung machen.

Wenn Sie zum »Prozess zur Veränderung der Erinnerung« gelangen, finden Sie eine Stelle im Text, an der Sie Ihren Partner bitten, ein paar »emotionale Ressourcen« zu aktivieren. Oft kommt es vor, dass Ihr Partner so tief in seinen Prozess versunken ist, dass ihm nicht auf Anhieb emotionale Ressourcen einfallen. Es ist hilfreich, wenn Sie ihm an diesem Punkt Vorschläge machen können. Benutzen Sie Ihren gesunden Menschenverstand und vertrauen Sie darauf, dass Sie in der Lage sind, brauchbare Vorschläge zu machen. Es gibt ein paar emotionale Ressourcen, die ich beinahe stets in solchen Situationen benutze: Selbstwertgefühl, kreative Kommunikation, Weisheit, Unbeschwertheit, Humor, die Fähigkeit, etwas durchzustehen, die Fähigkeit, angemessen zu handeln, die Fähigkeit, um Hilfe zu bitten, Selbstliebe, Selbstvertrauen und eine Kristallkuppel, an der die negativen Emotionen anderer einfach abprallen. Vielleicht sind einige dieser Hilfsmittel auch für Ihren Prozess von Nutzen.

Der Lagerfeuer-Prozess gleicht dem bei der Emotional Journey, daher lesen Sie bitte die Anleitung dafür aufmerksam durch, bevor Sie diesen Prozess beginnen.

Wenn Sie fertig sind, geben Sie Ihrem Partner ausreichend Zeit, um die Transformation in seinem Körper zu erleben. Das kann eine ganz außergewöhnliche und wunderbare Erfahrung sein.

Und schließlich: Vertrauen Sie sich selbst und vertrauen Sie dem Prozess. Er ist ein wunderbares Abenteuer.

Anweisungen für die Arbeit mit Kindern

Lesen Sie zunächst *alle* vorangegangenen Anweisungen.

Wenn Sie mit Kindern im Alter von bis zu vierzehn Jahren arbeiten, empfehle ich, ausschließlich die Physical Journey zu benutzen. Für die meisten Kinder wird diese sich wie ein Märchen anhören und sie empfinden es als ein Spiel, das ihnen Spaß macht.

Bevor Sie anfangen, sollten sie mit Ihrem Kind über die inneren Qualitäten sprechen, die einen Helden ausmachen – Eigenschaften wie Liebe, Mitgefühl, innere Kraft, Humor, die Fähigkeit, sich auszudrücken, oder Ehrlichkeit. Auf diese Weise wird Ihr Kind sich einiger hilfreicher innerer Qualitäten bewusst sein, bevor der Prozess beginnt.

Bei der Arbeit mit Kindern ist es wichtig, zu wissen, dass sie leichten Zugang zu ihrer Vorstellungskraft und ihren kreativen Fähigkeiten haben, sodass sie den Prozess sehr schnell durchlaufen und Ihnen möglicherweise einfach davonrennen. Vielleicht laufen sie die Treppe hinunter, springen in ihr Raumschiff und befinden sich im nächsten Moment schon im Innern ihres Körpers, bevor Sie noch zu Ende gesprochen haben. Achten Sie also darauf, mit ihrem Tempo mitzuhalten!

Wenn wir mit Kindern arbeiten, rufen wir keinen Mentor zu Hilfe, sondern einen Helden, da alle Kinder wissen, was ein Held ist und sie der Kraft und Weisheit des Helden vertrauen.

Kinder sehen meist sehr lebendige Bilder vom Innern ihres Körpers. Es ist eine Wonne, ihnen Zeit zu geben und zuzuhören, wie sie das, was sie sehen, in allen Einzelheiten beschreiben.

Im Prozess zur Veränderung der Erinnerung können Sie dem Kind ruhig innere Ressourcen vorschlagen, die es in seine Ballons stecken kann. Zudem wird Ihr Kind sich an die Eigenschaften des Helden erinnern, die Sie vor dem Prozess mit ihm besprochen haben, und vielleicht einige davon benutzen.

Viele kleine Kinder wissen noch nicht, was das Wort »Vergebung« bedeutet, daher können Sie es auffordern zu sagen: »Es tut mir Leid und es ist okay«, und es dann hinzufügen lassen: »Ich verzeihe dir«, falls das Kind die Bedeutung dieser Worte versteht.

Wenn der Lagerfeuer-Prozess abgeschlossen ist, geben Sie dem Kind ausreichend Zeit zu beobachten, wie sich die Dinge in seinem Körper verändern und verwandeln. Kinder lieben diesen Teil des Prozesses und beschreiben die Vorgänge oft sehr anschaulich.

Danach werden sie meist ungeduldig und wollen möglichst schnell in ihr Raumschiff und zurück zur Tür und oft rennen sie die Treppe hinauf, als könnten sie es nicht erwarten, spielen zu gehen. Auch hier sollten Sie es dem Kind überlassen, das Tempo zu bestimmen.

Die Reise der meisten Kinder dauert nur etwa zehn bis zwanzig Minuten, da Kinder den Prozess schnell begreifen, sofort bereit sind, ihre alten Probleme loszulassen, leicht vergeben und es meist kaum erwarten können, den

Prozess zu beenden. Lassen Sie das Kind also immer in seiner eigenen Geschwindigkeit vorgehen.

Vertrauen Sie Ihrem Kind und vertrauen Sie dem Prozess. Die meisten Kinder lieben ihn und zeichnen gern Bilder, wie sie sich vorher und nachher gefühlt haben.

30

Arbeitsblätter

Emotional Journey – Überblick

- Achten Sie darauf, *ausreichend Zeit zu lassen* – geben Sie Ihrem Partner die Möglichkeit, das Gefühl voll zu identifizieren und zu erleben, bevor Sie weitergehen.
- Vertrauen Sie darauf, dass alles, was Ihr Partner sagt, *richtig* ist.
- Und vor allem: *Vertrauen Sie sich selbst und dem Prozess.*

Ziel des Prozesses ist es, durch unsere verschiedenen Schichten bis zur Quelle unseres Seins hinabzusinken, diese Quelle durch alle Schichten nach oben zu bringen und auf diese Weise die verschiedenen Ebenen zu erleuchten.

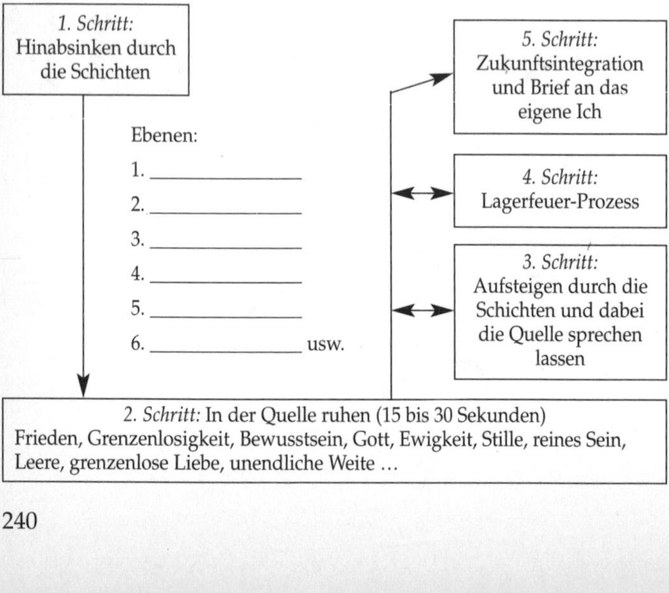

Lesen Sie langsam und sorgfältig. Wann immer Sie … sehen, halten Sie kurz inne und geben Ihrem Partner genügend Zeit, um die reine, nackte Emotion voll zu fühlen.

Fragen Sie Ihren Partner zunächst, was sein emotionales Problem ist. Notieren Sie die Antwort auf ein Arbeitsblatt, das Sie nach dem Muster im Buch (Seite 250) vorbereitet haben.

1. *Sagen Sie dann zu ihm:*
   »Empfinde das Gefühl total …«
   »Wo fühlst du es in deinem Körper?«
   »Atme in das Gefühl hinein … erlebe es total … lass zu, dass es noch intensiver wird …«

Achten Sie darauf, dass Ihr Partner genügend Zeit hat, das Gefühl VOLL zu erleben, doch lassen Sie es nicht zu, dass er darin verweilt – sobald er es voll empfunden hat, GEHEN SIE WEITER.

   »Bleib offen und frage dich … Was liegt darunter? …«
   »Erlaube dir einfach hindurchzufallen …«
   »Und was fühlst du jetzt? … (vielleicht ist es nicht das, was du erwartet hast)«
   Achten Sie darauf, dass Ihr Partner das neue Gefühl BENENNT.

Fragen Sie AUF JEDER EBENE: »Gibt es irgendwelche Personen, die mit diesem Gefühl verbunden sind?« Machen Sie ein Sternchen (*) bei der Ebene, auf der zum ersten Mal Person(en) erscheinen, und notieren Sie, wer auftaucht. Anschließend stellen Sie diese Frage nicht mehr – Sie haben jetzt die Ebene des LAGERFEUERS festgelegt.

2. Lassen Sie Ihren Partner in die nächste Schicht hinabsinken und immer so weiter, bis er an seine Quelle gelangt. Lassen Sie ihn dort zirka fünfzehn bis dreißig Sekunden lang verweilen.

Die Quelle lässt sich mit vielen Begriffen beschreiben, doch ist sie stets grenzenlos und besitzt Qualitäten wie: Freiheit, Stille, grenzenloser Frieden, Ewigkeit, Gott, grenzenlose Liebe, Bewusstsein, Wachheit, Leere, Weite.

3. *Dann sagen Sie:* »Sei dir bewusst, dass du diese Weite, diese Stille, diese reine Liebe, diese ____________ *(Begriff des Betreffenden für die Quelle)* bist; wenn diese ____________ *(Begriff für die Quelle)* etwas zu ____________ *(jeweilige Schicht)* sagen könnte, was würde sie sagen?«
   Warten Sie, bis Ihr Partner antwortet …
   Dann sagen Sie: »Erlaube dieser ____________ *(Begriff für die Quelle)*, die Ebene von ____________ *(jeweilige Schicht)* einfach rein zu waschen.«
4. Wiederholen Sie Frage 3 und führen dabei die Quelle Ihres Partners durch die einzelnen Schichten empor, bis Sie die Ebene des Lagerfeuers erreichen *(die Ebene, die Sie mit einem Sternchen markiert haben)*.
5. Beginnen Sie mit dem Lagerfeuer-Prozess *(siehe nächstes Arbeitsblatt)*. Wenn Sie fertig sind, gehen Sie weiter zu Punkt 6.
6. Nach Beendigung des Lagerfeuer-Prozesses führen Sie die Quelle weiter nach oben durch die letzten Schichten, indem Sie Frage 3 wiederholen und die Quelle alles rein waschen lassen, bis Sie die Ebene erreichen, auf der Ihr Partner begonnen hat.
7. Lesen Sie langsam die Zukunftsintegration. Es ist dabei nicht notwendig, irgendetwas aufzuschreiben *(siehe Arbeitsblatt Integrationsprozess, Seite 246 ff.)*.

8. Geben Sie Ihrem Partner dann einen Stift und ein Blatt Papier, damit er einen Brief an sich selbst schreiben kann. Lassen Sie ihm so viel Zeit zum Schreiben, wie er braucht. Begleiten Sie Ihren Partner beim Schreiben weiter mit Ihrer Präsenz und Ihrem stillen Segen.

9. Danken Sie einander mit Respekt und Liebe dafür, dass Sie diesen Prozess gemeinsam durchgeführt haben. Vielleicht möchten Sie ein Glas Wasser trinken. Bleiben Sie in der Energie und wechseln Sie die Rollen.

Emotional Journey – Der Lagerfeuer-Prozess

Lesen Sie langsam und sorgfältig. Wann immer Sie … sehen, halten Sie kurz inne und geben Ihrem Partner genügend Zeit, die Antwort auf Ihre Frage voll zu erfahren.

Stell dir ein Lagerfeuer vor … ein Feuer ewiger Stille und bedingungsloser Liebe. Stell dir dein JÜNGERES ICH vor, das an diesem Feuer sitzt … Dann stell dir dein GEGENWÄRTIGES ICH vor, das am Feuer sitzt … Außerdem sitzt dort ein MENTOR, dessen göttlicher Weisheit du vertraust – es kann jemand sein, den du kennst oder gerne kennen würdest, ein Heiliger, ein Weiser oder jemand, der deiner Vorstellung entspringt, jemand, in dessen Gegenwart du dich sicher fühlst … Nun hole die einzelnen Personen dazu, die mit deinem Thema verbunden sind … wer sollte noch bei diesem Lagerfeuer anwesend sein? … *(lassen Sie Ihren Partner antworten).*

Kannst du das Lagerfeuer sehen? … Kannst du dein JÜNGERES ICH sehen? … Dein GEGENWÄRTIGES ICH? … Den MENTOR? … Wer ist sonst noch da? … *(lassen Sie Ihren*

Partner antworten und schreiben Sie die Namen auf, damit Sie später darauf zurückgreifen können, zum Beispiel Mutter, Vater, Geschwister, Partner etc.). Frag nun das JÜNGERE ICH, zu welchen EIN ODER ZWEI PERSONEN es gerne sprechen möchte ... *(Falls es sich um zwei Personen handelt, fragen Sie: Mit wem möchtest du zuerst sprechen?)*

Gehen Sie nun für die ERSTE PERSON, mit der Ihr Partner sprechen möchte, alle Fragen durch (1 bis 11).

1. Alle sitzen nun in der schützenden Gegenwart dieses Feuers bedingungsloser Liebe beisammen. Dein JÜNGERES ICH hat vielleicht in der Vergangenheit viel Schmerz erfahren. Lass das jüngere Ich nun aus diesem vergangenen Schmerz heraus sprechen und sagen, was gesagt werden muss, damit ____________ (*Mutter, Vater, Geschwister, Partner etc.*) hören kann, was gehört werden muss ... *(ausreichend lange Pause).*
2. In dem Wissen, dass ____________ *(Mutter, Vater, etc.)* wahrscheinlich das Beste getan hat, das ihm/ihr damals möglich war, lass ihn/sie antworten ... *(Pause für die Antwort).*
3. Was hat dein JÜNGERES ICH darauf zu erwidern? .... *(warten Sie auf die Antwort).*
4. Wenn ____________ *(Mutter, Vater etc.)* nicht aus der Sicht der Persönlichkeit, sondern aus der Sicht der Seele antworten würde, was würde er/sie sagen? ... *(warten Sie auf die Antwort).*
5. Was erwidert dein JÜNGERES ICH darauf? ... *(fahren Sie damit fort, bis alles gesagt und abgeschlossen ist).*
6. Hat der MENTOR dem Gesagten noch irgendetwas hinzuzufügen? ... *(warten Sie auf die Antwort).*
7. Was hat dein GEGENWÄRTIGES ICH zu ____________ *(Mutter, Vater etc.)* zu sagen? ... *(fahren Sie damit fort, bis alles gesagt und abgeschlossen ist).*

8. Was würde ______________ *(Mutter, Vater etc.)* aus der Sicht der Seele erwidern? … *(warten Sie auf die Antwort).*
9. Möchte irgendjemand dem Gesagten noch etwas hinzufügen? … *(lassen Sie das Gespräch fortsetzen, bis alles gesagt ist).*
10. Wenn dein JÜNGERES ICH bereit ist, frage es: »Auch wenn dieses Verhalten auf keinen Fall akzeptabel gewesen sein mag und du es in keiner Weise gutheißen kannst, bist du dennoch bereit, rückhaltlos und vollständig aus der Tiefe deines Herzens zu vergeben?« … *(warten Sie auf die Antwort).* Dann vergib ihm/ihr … *(warten Sie auf die Vergebung).*
11. Wenn dein GEGENWÄRTIGES ICH bereit ist, frage es: »Auch wenn dieses Verhalten auf keinen Fall akzeptabel gewesen sein mag und du es in keiner Weise gutheißen kannst, bist du dennoch bereit, rückhaltlos und vollständig aus der Tiefe deines Herzens zu vergeben?« … *(warten Sie auf die Antwort).* Dann vergib ihm/ihr … *(warten Sie auf die Vergebung).*

Falls eine ZWEITE PERSON angesprochen werden soll, wiederholen Sie nun für diese die Fragen 1 bis 11, damit alles gesagt und gehört werden kann. Wenn Ihr Partner damit fertig ist, sagen Sie Folgendes:

Vergib ihnen allen und segne sie. Erlaube ihnen, mit dem Feuer zu verschmelzen, das die Quelle allen Lebens ist …

Dann wende dich deinem JÜNGEREN ICH zu und sage ihm: »Ich verspreche dir, dass du diesen alten Schmerz nie wieder erleben musst. Ich vergebe dir für allen Schmerz, der verursacht wurde, weil dir damals einfach nicht die Ressourcen zur Verfügung standen, die ich heute habe, und ich verspreche dir, dass du immer Zugang zu diesen Ressourcen haben wirst, wenn du möchtest.

Ich liebe dich und werde dich immer beschützen.« … Dann umarme dein jüngeres Ich, lass euch beide verschmelzen und erlaube dem jüngeren Ich, mit dieser Vergebung im Innern heranzuwachsen …

Jetzt wende dich dem MENTOR zu und bedanke dich …

Und nun komm zurück in die Gegenwart und wir werden durch die noch verbliebenen Schichten nach oben steigen.

Bei jeder verbliebenen Schicht fragen Sie: »Sei dir bewusst, dass du diese Weite, diese Stille, diese reine Liebe, diese ________________ *(Begriff des Betreffenden für die Quelle)* bist; wenn diese ________________ *(Begriff für die Quelle)* etwas zu ________________ *(jeweilige Schicht)* sagen könnte, was würde sie sagen?«

Warten Sie, bis Ihr Partner antwortet …

Dann sagen Sie: »Erlaube dieser ______________ *(Begriff für die Quelle)*, die Ebene von ______________ *(jeweilige Schicht)* einfach rein zu waschen.«

Sobald alle Schichten durchlaufen und abgeschlossen sind, gehen Sie weiter zur Zukunftsintegration (folgend, Der Integrationsprozess).

Emotional Journey – Der Integrationsprozess

Lesen Sie in mäßigem Tempo weiter. Wann immer Sie … sehen, halten Sie kurz inne und erlauben Ihrem Partner, den Prozess zu erleben. Es ist nicht nötig, etwas aufzuschreiben.

»Sieh dich jetzt mit dem, was du gelernt und erfahren hast – sieh dich einen Tag später … Wie geht es dir? …

Was tust du? … Was sagst du? … Was fühlst du? … Wie fühlst du dich in Bezug auf dich selbst? …

Und jetzt sieh dich eine Woche später. Wie siehst du aus? … Welche Dinge sagst du dir selbst? … Welche Schritte unternimmst du? … Was tust du? … Was fühlst du? …

Jetzt sieh dich einen Monat später – wie fühlst du dich in deinem Körper? … Fühlst du dich frei, zuversichtlich und leicht? … Was sagst du dir selbst? … Was tust du? … Wie fühlt sich dein Körper an? … Was wäre, wenn das alte Thema wieder auftauchen würde? … Was würde ______________ *(Begriff des Betreffenden für die Quelle)* dazu sagen? … Wie gehst du damit um? …

Und jetzt sieh dich selbst sechs Monate in der Zukunft – wie fühlst du dich? … in Bezug auf dich selbst? … in Bezug auf das Leben? … Weißt du, dass sich zu diesem Zeitpunkt bereits siebzig Prozent deiner Zellen komplett erneuert haben? … Du bist dabei, ein völlig neuer Mensch zu werden … Was wäre, wenn das alte Thema wieder auftauchen würde? … Wie gehst du jetzt damit um?

Jetzt sieh dich selbst ein Jahr später – wie siehst du aus? … Welche Gefühle hast du in Bezug auf dich selbst? … Ist dir bewusst, dass nicht ein einziges der Moleküle, die dich ein Jahr vorher ausgemacht haben, mehr in dir ist? … Du bist buchstäblich erneuert … Kannst du dir vorstellen, dass das alte Verhalten wieder auftaucht? … Was würde ______________ *(Begriff des Betreffenden für die Quelle)* dazu sagen? … Ist es überhaupt noch ein Thema für dich?

Jetzt sieh dich selbst fünf Jahre in der Zukunft – wie fühlst du dich? … Taucht das alte Verhalten überhaupt noch auf? … Wie fühlt sich dein Körper an? … Wie fühlst du dich in Bezug auf das Leben?

Nun sieh dich selbst zehn Jahre in der Zukunft – fühlst du dich so frei von deinem alten Muster, dass es dir überhaupt nicht mehr real erscheint? … Wie gehst du mit den Dingen um? … Welche Gefühle hast du über dich selbst und über das Leben? …

Jetzt bleibe mit deinem zukünftigen Selbst, deiner Quelle, in zehn Jahren verbunden – welchen Rat würdest du aus dieser Sicht deinem gegenwärtigen Ich geben? … Welche Glaubenssätze würden dir gegenwärtig am meisten helfen? … Was solltest du am besten unternehmen? … Was sind die alltäglichen Dinge, die du tun und dir selbst sagen könntest? …

Öffne nun sanft die Augen und bleib mit deinem zukünftigen Ich verbunden. Lass das zukünftige Ich einen Brief an das gegenwärtige Ich schreiben, in dem es praktische Ratschläge gibt, wie du dich verhalten solltest … was du glauben solltest … was du tun solltest … was du dir selbst sagen kannst … was du anderen sagen kannst … was du in deinem Alltag tun kannst … LASS DICH JETZT VON DEINEM FREIEN, WEISEN, ZUKÜNFTIGEN ICH LEITEN! Wenn du so weit bist, kannst du langsam die Augen öffnen.«

Emotional Journey – Brief an das eigene Ich

Öffne sanft die Augen und bleib mit deinem zukünftigen Ich verbunden. Lass das zukünftige Ich einen Brief an das gegenwärtige Ich schreiben, in dem es praktische Ratschläge gibt, wie du dich verhalten solltest … was du glauben solltest … was du tun solltest … was du dir selbst sagen kannst … was du anderen sagen kannst … was du im Alltag tun kannst …

LASS DICH JETZT VON DEINEM FREIEN, WEISEN, ZUKÜNFTIGEN ICH LEITEN!

Liebes Ich,

Emotional Journey – Arbeitsblatt

Arbeitsblatt für: (Name)

Fragen Sie auf jeder Ebene: »Gibt es irgendwelche Personen, die mit diesem Gefühl in Beziehung stehen?« Sobald jemand auftaucht, machen Sie auf der betreffenden Ebene ein Sternchen (*); danach stellen Sie diese Frage nicht mehr. Sie haben

Gefühl	Wo im Körper?	Was sagt die Quelle zu der jeweiligen Schicht auf dem Weg nach oben?
m		i
m		i
m		i
m		i
m		i
m		i

Begriff für die Quelle: ____________________

Emotional Journey – Tipps für Problemsituationen

1. FESTSTECKEN

> Falls Ihr Partner sagt, dass er »feststeckt« (oder »nicht weiterweiß«), machen Sie sich bewusst, dass Feststecken (oder Nichtwissen) einfach eine weitere Schicht ist.

Sagen Sie zu Ihrem Partner:

Wunderbar! Das ist ein Muster, das du bereits kennst. Du bist in deinem Leben schon mal an diesem Punkt gewesen …

Lass dich das Gefühl des Feststeckens (oder Nichtwissens) vollkommen fühlen …

Atme in dieses Gefühl des Feststeckens (oder Nichtwissens) hinein …

Wo in deinem Körper spürst du dieses Gefühl des Feststeckens (oder Nichtwissens)? …

Lass zu, dass dieses Gefühl des Feststeckens (oder Nichtwissens) dich vollkommen ausfüllt …

Ich frage mich, was wohl passieren würde, wenn du über das Gefühl des Feststeckens (oder Nichtwissens) lächeln und dich entspannen würdest …

Das ist das Tor zu dem, der du in Wahrheit bist … Was befindet sich darunter? …

Bleib offen und neugierig wie ein Kind – es mag etwas ganz anderes sein, als du erwartest …

Erlaube dir einfach, durch dieses Gefühl zu fallen, dich hindurchführen zu lassen …

2. SCHWARZES LOCH/LEERE

> Gratulieren Sie Ihrem Partner! Beruhigen Sie ihn und versichern Sie ihm, dass alles in Ordnung ist, setzen Sie ihn niemals ins Unrecht!

Sagen Sie zu Ihrem Partner:

Wunderbar! Du hast dein ganzes Laben damit verbracht, diesen Ort zu vermeiden!

Ich frage mich, was wohl passieren würde, wenn du lächeln und dich in das schwarze Loch/die Leere hinein entspannen würdest? …

Dies ist der Ort, den du dein ganzes Laben lang gemieden hast – jetzt hast du den Mut, dich ihm zu stellen …

Ich frage mich, was hinter der Dunkelheit leuchtet – was scheint durch die Ritzen oder Löcher? … Was sickert in die Dunkelheit? …

Achte sehr genau auf das, was dort leuchtet …

Bleib offen und neugierig wie ein Kind – es kann etwas völlig anderes sein, als du erwartest …

Nach ein paar Sekunden sagen Sie:

Was passiert jetzt gerade in deinem Körper? …

Dieses Gefühl kann so leise sein wie ein Flüstern …

Was ist dieses Gefühl? …

3. PROBLEME, DIE EMOTIONEN ZU FÜHLEN

> Falls Ihr Partner Probleme hat, seine Gefühle zu fühlen, und zu viel redet, fordern Sie ihn auf innezuhalten – denn er befindet sich jetzt in seinem Kopf, nicht in seinem Körper. Bitten Sie ihn, nach innen zu gehen und sich auf das zu konzentrieren, was er *in seinem Körper fühlt.*

Sagen Sie zu Ihrem Partner:

Lass das Gefühl in deinem Körper intensiver werden …

Fühle es total – wo in deinem Körper spürst du es? …

Atme in das Gefühl hinein …

Dieses Gefühl kann so leise sein wie ein Flüstern …

Was passiert jetzt gerade in deinem Körper? … Achte genau darauf – es kann sehr subtil sein …

Was ist dieses Gefühl? …

DAS WICHTIGSTE: Vertrauen Sie sich selbst und dem Prozess, entspannen Sie sich, lächeln Sie und genießen Sie es!

Physical Journey – Überblick

Lesen Sie langsam und sorgfältig. Wann immer Sie … sehen, halten Sie inne und geben Ihrem Partner ausreichend Zeit, Ihre Frage voll zu erfahren und zu beantworten.

1. Führen Sie Ihren Partner zur QUELLE.
2. Gehen Sie mit dem Mentor auf eine ENTDECKUNGSREISE IM KÖRPER.
3. ERFORSCHEN Sie die Umgebung.
4. Decken Sie die Gefühle und die damit zusammenhängenden ERINNERUNGEN oder Personen auf.
5. Führen Sie Ihren Partner durch den ERINNERUNGSPROZESS.
6. Führen Sie Ihren Partner durch den LAGERFEUER-PROZESS.

7. Beobachten Sie, wie sich die Umgebung VERÄNDERT hat.
8. Fahren Sie mit dem Raumschiff
   a) zurück zum Ausgangspunkt,
   b) zu einem anderen Teil des Körpers.
9. Falls Sie zu einem anderen Teil des Körpers reisen, wiederholen Sie die Schritte 2 bis 8.
10. Führen Sie Ihren Partner zurück in sein WACHBEWUSSTSEIN.

Danken Sie Ihrem Partner und erzählen Sie Ihr Erlebnis während des Prozesses. Stehen Sie auf, gehen Sie ein wenig herum, trinken Sie ein Glas Wasser – und dann tauschen Sie die Rollen, wenn Sie möchten.

Physical Journey – Der Weg zur Quelle

Lesen Sie langsam und sorgfältig. Wann immer Sie … sehen, halten Sie inne und geben Ihrem Partner ausreichend Zeit, Ihre Frage vollständig zu erfahren und zu beantworten.

Mach es dir bequem, und wenn du bereit bist, schließe die Augen … Fühle, wie du auf dem Stuhl sitzt … nimm die Geräusche im Raum wahr … spüre deinen Atem, wie er sanft ein und aus geht …, und fange an, dich immer mehr zu entspannen … während du dem Klang meiner Stimme lauschst und deinen Rücken an der Lehne des Stuhles ruhen fühlst … wirst du vielleicht mit jedem Atemzug, den du machst, bemerken, dass du dich mehr und mehr entspannst … tiefer und tiefer … in deine innerste Quelle hinein.

Stell dir vor deinem inneren Auge eine abwärts führende Treppe vor ... sie hat zehn Stufen ... Kannst du sie sehen? ... *(lassen Sie Ihrem Partner Zeit zum Antworten)* ... Gut ... Nun stell dir vor deinem geistigen Auge vor, wie du deinen Fuß auf die zehnte Stufe setzt, die oberste ... Nun tritt auf die nächste Stufe hinunter – die neunte ... und jetzt die achte ... Mit jedem Schritt, den du machst, zieht es dich tiefer und tiefer in deine Quelle ... Nun setze deinen Fuß auf die siebte Stufe ... die sechste ... die fünfte ... Erlaube dir einfach, dich mit jedem Schritt, den du machst, immer tiefer zu entspannen ... jetzt bist du auf der vierten Stufe ... der dritten ... du spürst, wie du dich ausdehnst und dir erlaubst, dich immer tiefer zu entspannen ... jetzt kommt die zweite Stufe ... und jetzt, während du dich bereitmachst, auf die unterste Stufe zu treten, die erste, erlaube dir, dein Bewusstsein weit nach vorne auszudehnen ... lass zu, dass sich dein Bewusstsein unendlich nach allen Seiten ausdehnt ... dass der Raum unter dir sich ausdehnt ... dass dein Bewusstsein sich nach oben ausbreitet ... Ruhe einfach in diesem Erlebnis sich immer weiter vertiefender Grenzenlosigkeit ... lass dein Selbst still und ruhig werden in dieser sich immer mehr vertiefenden Weite ... du bist auf der ersten Stufe angelangt ... Ruhe im Bewusstsein deines Selbst als Quelle ... (*lassen Sie Ihren Partner hier ungefähr fünfzehn bis dreißig Sekunden ruhen*).

Physical Journey – Die Fahrt mit dem Raumschiff

Nun stell dir ein Messgerät im Boden vor, mit einer Skala von eins bis zehn. Eins ist die größte Tiefe, in die du dich begeben kannst, und zehn steht für frisches, klares Wachbewusstsein. Auch wenn du das Messgerät nicht genau sehen kannst, ist das völlig in Ordnung ... Kannst du ein Gespür dafür bekommen, dass es da ist? ... *(geben*

Sie Ihrem Partner Zeit zum Antworten) ... Sei dir einfach bewusst, dass es existiert ... Wenn also eins die maximale Tiefe deiner Quelle anzeigt und zehn das volle, klare Wachbewusstsein, kannst du dann ein Gespür dafür bekommen, wo du dich auf der Skala des Messgeräts befindest? ... Vielleicht hörst du eine Zahl in deinem Innern oder siehst, wie das Messgerät eine bestimmte Höhe anzeigt, oder du hast einfach ein Gefühl oder ein inneres Wissen, wo du dich auf der Skala befindest ... Wo bist du also auf dem Messgerät? ... *(warten Sie auf die Antwort)* ... Kannst du dich einen halben Punkt steigen lassen? ... (*warten Sie auf die Antwort*) ... Kannst du dich einen Punkt fallen lassen? ... *(warten Sie auf die Antwort)* ... Gut ... Jetzt, da du genau weißt, dass du die Kontrolle darüber hast – welche Zahl soll das Messgerät anzeigen? ... Du kannst einfach erlauben, dass sich der richtige Punkt auf der Skala einpendelt, während du in dem Wissen, dass es geschehen wird, zulässt, dass sich die Grenzenlosigkeit in alle Richtungen ausdehnt ...

Nun stell dir eine Tür vor, die sich direkt vor dir befindet ... hinter der Tür ist reines Licht ... das Licht deines wahren Seins – deine eigene Quelle ... die Natur dieses Lichts ist grenzenlose Liebe ... Hinter dieser Tür wartet außerdem dein Mentor – jemand, dessen Weisheit du vertraust und in dessen Gegenwart du dich sicher und beschützt fühlst ... Wenn du so weit bist, kannst du durch diese Tür in dein eigenes Licht eintreten und deinen Mentor begrüßen ... *(geben Sie Ihrem Partner ausreichend Zeit)* ... Bist du durch die Tür gegangen? ... Gut ... Hast du deinen Mentor begrüßt? ... Gut.

Jetzt stell dir ein Raumschiff vor ... Dieses Raumschiff ist ein ganz besonderes Fahrzeug ... Es kann dich zu jedem Teil deines Körpers befördern, egal wie klein oder groß, und es weiß genau, wohin es gehen muss … Es kann sich problemlos, elegant und sicher in deine Organe begeben, in deine Blutgefäße, deine Muskeln oder dein Gewebe … Nun betrete mit deinem Mentor das Raumschiff … Bist du drinnen? … Gut … Wenn du bereit bist, drücke den grünen Knopf und lass dich von dem Raumschiff an dein erstes Ziel bringen – es mag etwas anderes sein, als du erwartet hast –, erlaube einfach dem Raumschiff, dein Führer zu sein. Es wird von der Weisheit deines eigenen Körpers angetrieben … also lass dich von der Weisheit deines Körpers dorthin bringen, wo sie es möchte, und wenn du ankommst, zieh die Handbremse an und gib mir Bescheid … *(warten Sie auf die Antwort)* …

Physical Journey – Der Entdeckungsprozess

Hast du ein Gespür dafür, wo du dich befindest? … *(warten Sie auf die Antwort – Ihr Partner weiß es vielleicht noch nicht und auch das ist okay)* … Wunderbar … Jetzt nimm eine starke Taschenlampe und verlasse mit deinem Mentor das Raumschifff … Wie sieht es draußen aus? … Wie fühlt es sich unter deinen Füßen an? … Kannst du die Umgebung beschreiben? … Hast du das Gefühl, dass du dich in einem Organ oder außerhalb davon befindest? … *(falls sich Ihr Partner außerhalb eines Organs befindet, lesen Sie folgende Anleitung*: »Stell dir irgendwo eine kleine Tür vor und lass dich und deinen Mentor direkt ins Innere dieses Organs/Muskels/Gewebes eintreten«) … Schalte jetzt deine Taschenlampe ein … Wie sieht es hier aus? … Gibt es irgendwelche Dinge, die dir auffallen oder die sich vom Rest der Umgebung unterscheiden? … Lass dir Zeit … gehe umher und betrachte genau, wie es da drinnen aussieht … Du musst es nicht wirklich *sehen* … es reicht, wenn du einfach nur ein Gefühl dafür hast oder ein inneres Wissen … *(lange Pause)* … Gibt es irgendeinen Bereich oder Teil, der deine Aufmerksamkeit auf sich zu lenken scheint? … Wie sieht es dort aus? … Begib dich direkt dorthin und stell dich daneben … Welches Gefühl vermittelt dir dieser Bereich? … Wenn von dieser Stelle ein Gefühl ausstrahlen würde, was wäre es? … *(warten Sie auf die Antwort)* … Wenn diese Stelle dir vermitteln würde, wie sie sich fühlt, und du dieses Gefühl benennen müsstest, wie würdest du es bezeichnen? … Erlaube dir, das Gefühl voll zu empfinden … *(lassen Sie Ihrem Partner Zeit, das Gefühl zu benennen)* … Atme in dieses Gefühl hinein …

Stell dir selbst die Frage: »Wann habe ich mich schon einmal so gefühlt?« Um diese Frage zu beantworten, blicke mit deinem geistigen Auge hinunter auf deine Füße und prüfe, welche Art von Schuhen du trägst, wenn überhaupt … Schau dir deine Beine und deine Kleidung an … Bekomme ein Gespür dafür, wie alt du bist und wo du dich aufhältst … Wer ist sonst noch da? … Ruft die Person/die Personen eine bestimmte Erinnerung oder eine Reihe von Erinnerungen wach? … *(lassen Sie Ihrem Partner Zeit zum Antworten)* … Wunderbar …

Falls eine bestimmte Erinnerung oder eine Reihe von Erinnerungen auftauchen, gehen Sie zur Arbeitsvorlage »Erinnerungsprozess« über (folgende Seite). Sollte keine bestimmte Erinnerung auftauchen, wiederholen Sie den letzten Abschnitt noch einmal. Kommt immer noch keine Erinnerung hoch, gehen Sie direkt zur Arbeitsvorlage »Lagerfeuer-Prozess« (Seite 260 ff.) und laden Sie dazu die Personen ein, die direkt mit diesem Gefühl verbunden sind. Dann machen Sie normal weiter.

Jetzt, da du eine Erinnerung oder eine Reihe von Erinnerungen aufgedeckt hast ... geh weiter und verlege die ganze Szene auf eine große Filmleinwand, doch lass die Leinwand momentan noch dunkel – in dem Wissen, dass du jederzeit Zugang zu der Erinnerung hast ... Ist die Szene auf der Leinwand? ... Gut ... Hast du die Leinwand dunkel werden lassen? ... Wunderbar.

Und nun stell dir vor, dass du mit deinem Mentor an einem Lagerfeuer sitzt – genau hier an der Stelle, wo du dich in diesem Organ befindest. Dieses Feuer repräsentiert bedingungslose Liebe und Frieden – die Quelle selbst ... Du und dein Mentor sind von der Liebe und dem Frieden deiner eigenen Quelle erfüllt, während ihr hier neben dem Feuer sitzt und euch darauf vorbereitet, die Szene oder die Szenen zu betrachten, die auf der Leinwand ablaufen werden ... Wenn du bereit bist, lass die Szene ablaufen. Wenn sie vorbei ist, lass die Leinwand dunkel werden und gib mir Bescheid ... *(lassen Sie Ihrem Partner viel Zeit)* ...

Wärest du bereit, mir zu beschreiben, was in der Szene vorgefallen ist? ... *(warten Sie auf die Antwort)* ... Nun lass das jüngere Ich, das die Szene durchlebt hat, von der Leinwand heruntersteigen und zum Lagerfeuer kommen und sich dort neben deinem gegenwärtigen Ich und dem Mentor niederlassen.

Jetzt, da ihr alle friedlich am Lagerfeuer versammelt seid, frage dein gegenwärtiges Ich oder deinen Mentor, welche Art hilfreicher Ressourcen du in dieser Szene gerne zur Verfügung gehabt hättest ... *(lassen Sie Ihrem Partner Zeit zur Beantwortung dieser Frage – ermutigen Sie ihn ... lassen Sie ihn die Ressourcen benennen und schreiben Sie sie auf)* ...

Nun gib deinem jüngeren Ich in der Szene einen Strauß bunter Ballons, angefüllt mit diesen hilfreichen

Ressourcen oder Qualitäten, und dann verlagere die Szene auf die Filmleinwand und beobachte, *wie die Situation abgelaufen wäre, wenn du Zugang zu diesen hilfreichen Ressourcen gehabt hättest* … Wenn die Szene vorbei ist, lass die Leinwand dunkel werden und gib mir Bescheid … *(geben Sie Ihrem Partner ausreichend Zeit)* …

Wie hat sich die Szene abgespielt? … Möchtest du mir eine kurze Beschreibung geben? … Gut.

Jetzt möchte ich dein jüngeres Ich und die andere(n) Person(en) in der Szene bitten, von der Leinwand herunterzukommen. Dein jüngeres Ich verspürt vielleicht das Bedürfnis, ein paar Dinge zu sagen, die damals nicht gesagt wurden und die die andere(n) Person(en) aus der Erinnerung hören müssen.

Physical Journey – Der Lagerfeuer-Prozess

> Lesen Sie langsam und sorgfältig. Wann immer Sie … sehen, halten Sie inne und geben Ihrem Partner genügend Zeit, um Ihre Anweisung oder Frage voll zu erleben und zu beantworten.

Stell dir ein Lagerfeuer vor … direkt hier im Innern des Organs oder Gewebes … Dieses Feuer repräsentiert ewige Stille und bedingungslose Liebe. Du und dein Mentor sind anwesend … Nun bring diejenigen Menschen in den Kreis, die mit deinem Thema zu tun haben … Gibt es noch andere Personen, die bei diesem Lagerfeuer anwesend sein müssen? … *(warten Sie auf die Antwort).*

Kannst du das Lagerfeuer sehen? … Kannst du dein jüngeres Ich sehen? … dein gegenwärtiges Ich? … den Mentor? … Wer ist sonst noch da? … *(warten Sie auf die Antwort und notieren Sie alle Namen, damit Sie sich später darauf beziehen können).*

Von den Personen, die mit deinem Thema in Beziehung stehen, wähle EINE oder ZWEI, mit denen du gerne reden möchtest … in dem Wissen, dass jeder der Anwesenden hören wird, was gehört werden muss … Mit wem möchtest du zuerst sprechen? … *(warten Sie auf die Antwort).*

Gehen Sie für jede Person, zu der Ihr Partner sprechen möchte, alle Fragen durch (1 bis 11).

1. Alle sitzen nun in der schützenden Gegenwart dieses Feuers bedingungsloser Liebe beisammen. Dein JÜNGERES ICH hat vielleicht in der Vergangenheit viel Schmerz erfahren. Lass das jüngere Ich nun aus diesem vergangenen Schmerz heraus sprechen und sagen, was gesagt werden muss, damit ____________ *(Mutter, Vater, Geschwister, Partner etc.)* hören kann, was gehört werden muss … *(ausreichend lange Pause).*
2. In dem Wissen, dass ____________ *(Mutter, Vater etc.)* wahrscheinlich das Beste getan hat, das ihm/ihr damals möglich war, lass ihn/sie antworten … *(Pause für die Antwort).*
3. Was hat dein JÜNGERES ICH darauf zu erwidern? … *(warten Sie auf die Antwort).*
4. Wenn ____________ *(Mutter, Vater etc.)* nicht aus der Sicht der Persönlichkeit, sondern aus der Sicht der Seele antworten würde, was würde er/sie sagen? … *(warten Sie auf die Antwort).*
5. Was erwidert dein JÜNGERES ICH darauf? … *(warten Sie auf die Antwort).*
6. Hat der MENTOR dem Gesagten noch irgendetwas hinzuzufügen? … *(warten Sie auf die Antwort).*
7. Was hat dein GEGENWÄRTIGES ICH zu ____________ *(Mutter, Vater etc.)* zu sagen? … *(warten Sie auf die Antwort).*

8. Was würde ______________ *(Mutter, Vater etc.)* aus der Sicht der Seele erwidern? … *(warten Sie auf die Antwort).*
9. Möchte irgendjemand dem Gesagten noch etwas hinzufügen? … *(lassen Sie das Gespräch fortsetzen, bis alles gesagt ist).*
10. Wenn dein JÜNGERES ICH bereit ist, frage es: »Auch wenn dieses Verhalten auf keinen Fall akzeptabel gewesen sein mag und du es in keiner Weise gutheißen kannst, bist du dennoch bereit, rückhaltlos und vollständig aus der Tiefe deines Herzens zu vergeben?« … *(warten Sie auf die Antwort).* Dann vergib ihm/ihr … *(warten Sie auf die Vergebung).*
11. Wenn dein GEGENWÄRTIGES ICH bereit ist, frage es: »Auch wenn dieses Verhalten auf keinen Fall akzeptabel gewesen sein mag und du es in keiner Weise gutheißen kannst, bist du dennoch bereit, rückhaltlos und vollständig aus der Tiefe deines Herzens zu vergeben?« … *(warten Sie auf die Antwort).* Dann vergib ihm/ihr … *(warten Sie auf die Vergebung).*

Wenn Ihr Partner mit zwei Personen sprechen möchte, wiederholen Sie die Fragen 1 bis 11 auch für die zweite Person, damit alles gesagt und gehört werden kann. Wenn dieser Prozess abgeschlossen ist, sagen Sie Folgendes:

Und nun vergib all diesen Menschen und segne sie. Erlaube ihnen, mit dem Feuer zu verschmelzen, das die Quelle allen Lebens ist …

Dann wende dich deinem JÜNGEREN ICH zu und sage ihm: »Ich vergebe dir für allen Schmerz, der verursacht wurde – du hattest damals einfach keinen Zugang zu den Ressourcen, die mir heute zur Verfügung stehen, doch von jetzt an kannst du dich ihrer bedienen, wann immer du möchtest. Ich verspreche dir, dass du so etwas nie mehr erleben wirst, weil ich dich liebe und immer beschützen werde.« … Dann umarme dein jüngeres Ich, lass euch beide verschmelzen und erlaube dem jüngeren Ich, mit dieser Vergebung und diesen Ressourcen im Innern heranzuwachsen.

Jetzt lass das Lagerfeuer verschwinden … Nur du und dein Mentor sind noch anwesend … schaltet eure Taschenlampen an und schaut euch um … Was seht ihr? … Wie verändern sich die Dinge? … *(warten Sie auf die Antwort)* … Wunderbar … Gibt es etwas Abschließendes, was das Organ oder Gewebe selbst sagen möchte? … *(geben Sie Ihrem Partner Zeit für die Antwort).*

In dem Wissen, dass das Organ oder Gewebe ganz natürlich und von allein heilen wird und dass der Teil von dir, der dafür verantwortlich ist, dass dein Herz schlägt, deine Augen sehen und deine Zellen sich vermehren, den Heilungsprozess auf vollkommene Weise fortsetzen wird, ohne dass du darüber nachdenken musst – so wie er es immer tut, ganz natürlich, während du schläfst –, können du und dein Mentor diesen Ort nun mit dankbarem Herzen verlassen.

Gehen Sie nun zum Arbeitsblatt »Heimreise« (folgende Seite).

Physical Journey – Die Heimreise ins Wachbewusstsein

Nachdem du deine Heilungsreise für heute abgeschlossen hast, besteige nun erneut dein Raumschiff und lass dich gemeinsam mit deinem Mentor zu der Tür zurückbringen, durch die du am Anfang gekommen bist. Nun tritt aus dem Raumschiff heraus und danke deinem Mentor aus ganzem Herzen in dem Wissen, dass du diese innere Reise jederzeit antreten kannst, wenn dir danach zumute ist … Nun gehe durch die Tür … dort wirst du das im Boden steckende Messgerät vorfinden … Hast du ein Gefühl dafür, bei welcher Zahl auf der Skala du dich befindest? … Wunderbar …

Nun betritt die erste Stufe … und während wir von 1 bis 10 zurückzählen, wirst du fühlen, dass du immer erfrischter, lebendiger und freudiger wirst … 2 … 3 … 4 … du kannst dich strecken und spüren, wie dein Körper sich mit Energie füllt … 5 … 6 … 7 … du bist entspannt, erfrischt, bereit, in dein volles Wachbewusstsein zurückzukehren – dir selbst dankbar für diese innere Reise durch deinen Körper … 8 … du fühlst dich wunderbar lebendig … 9 … und du kannst deine Augen öffnen, *sobald* alle Teile von dir voll integriert und bereit sind, den Heilungsprozess natürlich und von selbst fortzusetzen … 10 … wenn du möchtest, kannst du jetzt die Augen öffnen.

Nehmen Sie sich ein paar Minuten Zeit und atmen Sie tief durch. Vielleicht möchten Sie ein wenig umhergehen, ein Glas Wasser trinken, sich strecken und anschließend mit Ihrem Partner über ihr gemeinsames Erlebnis sprechen.

Nachwort

Zahlreiche Menschen kommen mit körperlichen Beschwerden und Erkrankungen zum Journey-Prozess, wie zum Beispiel chronischer Müdigkeit, multipler Sklerose, Tumoren, Krebs, Arthritis, chronischen Rücken- oder akuten Knieschmerzen. Manche leiden unter Schlaflosigkeit, chronischer Depression oder Erschöpfung und Lethargie. Wieder andere kommen mit emotionalen Problemen, wie beispielsweise lähmender Wut, geringer Selbstachtung oder einer Überempfindlichkeit gegenüber Kritik. Einige nehmen an den Seminaren teil, weil sie sich gehemmt fühlen, weil sie unangenehme Aufgaben immer vor sich her schieben oder weil sie unter Ängsten und Stress leiden. Manche kommen, weil sie Probleme mit Zigaretten, Alkohol oder sonstigen Suchtmitteln haben. Wieder andere entscheiden sich für ein Journey-Seminar, weil sie einen Verlust nicht bewältigen können oder unter einer sexuellen Blockade leiden, die es ihnen unmöglich macht, Intimität zuzulassen.

Sehr viele Menschen kommen zu den Journey-Seminaren, weil sie wissen, dass sie große Dinge leisten und erreichen könnten, es aber etwas in ihrem Innern gibt, was sie zurückhält – irgendeine versteckte Blockade scheint sie davon abzuhalten, die Art von Fülle zu erreichen, von der sie einfach wissen, dass sie sie erreichen könnten.

In all diesen Fällen ist es den Betreffenden gelungen, zum eigentlichen Kern ihres Problems vorzustoßen, sei es nun emotional oder physisch, und sie alle konnten sich erfolgreich befreien. Sie haben aktiv an ihrem eigenen Heilungsprozess teilgenommen.

Doch das, was sie mit nach Hause nehmen, ist so viel tiefer und kostbarer als Heilung. Sie gehen mit dem Wissen darüber nach Hause, *wer sie wirklich sind.* Sie erkennen, dass all diese emotionalen und körperlichen Herausforderungen sich tatsächlich als die größten Geschenke ihres Lebens herausgestellt haben, da sie ihnen als Weckruf dienten. Und das, zu dem sie erwachen, ist die immense Schönheit ihrer eigenen Seele. Sie erwachen zu der Präsenz von Liebe, die seit jeher in ihrem Herzen verborgen war. Sie kommen, um Heilung zu finden, und sie kehren mit der Erkenntnis, mit dem Wissen, mit der Sicherheit zurück, dass das Königreich Gottes tatsächlich in ihrem Innern lebt.

Ich bete von ganzem Herzen, dass auch Ihnen dieses Buch als Weckruf gedient hat. Ich hoffe, dass die vielen inspirierenden Geschichten der Selbstentdeckung eine Flamme der Sehnsucht in Ihrem Herzen entzündet haben und Sie dazu veranlassen, sich auf Ihre eigene spirituelle Reise zu begeben.

Vielleicht werde ich eines Tages die Freude haben, Sie kennen zu lernen. Oder vielleicht fühlen Sie sich inspiriert, dieses Buch an einen Freund weiterzugeben, damit jedes menschliche Herz sich seiner eigenen Größe bewusst werden kann.

Mögen Sie die Gegenwart der Liebe entdecken, die Ihr eigenes wahres Selbst ist, und Ihr Leben als wahren Ausdruck von Freiheit gestalten.

In tiefer Liebe, Brandon

Hinweis der Autorin

Dieses Buch wurde geschrieben, um Sie dazu zu inspirieren, die Größe zu erkennen und zu entdecken, die in uns allen liegt. Und um darauf hinzuweisen, dass die aktive Reise zu unserer Heilung ein Geschenk ist, das wir uns selbst machen können. Dadurch können wir zu der Freiheit und Ganzheit erwachen, die seit jeher in unserem Innern existieren.

Dieses Buch ist *nicht* darauf ausgerichtet, Sie von einem Heilungs- oder Gesundheitsprogramm abzuhalten, für das Sie sich entschieden haben – sei es nun im Bereich konventioneller oder alternativer Medizin. Es soll vielmehr den von Ihnen gewählten Prozess unterstützen und mehr Wachstum ermöglichen. Sie können diese Arbeit problemlos mit jeder Heilmethode verbinden – was immer Ihr Weg zur Heilung sein mag.

Auf dem Feld der Heilung gibt es keine Garantien und so viele Wege, wie es Menschen gibt. Ich hoffe, dass die in diesem Buch vorgestellten Prozesse Sie auf Ihrem Pfad inspirieren und unterstützen, unabhängig davon, wofür Sie sich entschieden haben.

Möge Ihre Reise erfüllt sein von der Freude der Selbstentdeckung und der Ganzheit und mögen Sie die außerordentliche Schönheit Ihrer eigenen Seele erkennen.

Danksagung

Es wäre mir nicht möglich, die Namen all der Menschen aufzuführen, die zu diesem Buch beigetragen haben, doch möchte ich gerne einigen der Personen meinen Dank aussprechen, die eine *besondere* Rolle bei meiner Reise zur Gesundheit gespielt haben – meine engen Freunde, die unermüdlich an mich geglaubt und mich unterstützt haben: Debra Angeletti, Skip Lackey, Catherine Curry, »Kabir« Jeremy Geffen und Mark und Elaine Thomas. Mein tief empfundener Dank geht an Don, meinen früheren Ehemann, der mich stets in meiner spirituellen Entfaltung unterstützt hat, an meine Tochter Kelley für ihre Weisheit und ihr Vertrauen und an meine lieben Freunde Tony und Becky Robbins, die den sicheren Glauben daran aufrechterhielten, dass ich gesund werden würde. Mein besonderer Dank geht an David Marshall für seine großzügige und konstante Unterstützung als Freund und für seinen fachmännischen Rat bei der Entwicklung der Journey-Seminare sowie an seine Frau Neidda für ihre liebevolle Fürsorge, während ich dieses Buch schrieb.

Ganz besonders danke ich Vicki St. George – nicht nur dafür, dass sie als gute Freundin immer für mich da ist, sondern auch für ihre großzügige Hilfe beim ersten Redigieren dieses Buches. Und ich danke Carole Tonkinson, die die perfekte Lektorin für die erste Ausgabe dieses Buches war. Einen besonderen Dank auch an Nada, Catherine und Peter Whitfield sowie an Marlisse Karlin für ihre freundliche Hilfe beim Start der ersten Journey-Seminare.

Mein Dank an meine Mutter, dass sie an mich geglaubt und ihre große Liebe zur Schönheit und Natur an mich weitergegeben hat.

Von ganzem Herzen möchte ich den Lehrern und Therapeuten danken, die mich inspiriert haben, vor allem Surja Jessup.

Dieses Buch würde jedoch zu einer Enzyklopädie von Namen ausarten, würde ich all jene auflisten, die eine tiefe Wirkung auf mein Leben wie auch auf diese Arbeit hatten.

Jeder meiner Lehrer hat mir in den Bereichen von NLP (neurolinguistisches Programmieren), NAC (neuroassoziatives Konditionieren), Irisdiagnostik, Akupressur, Kräuterkunde, Ernährungskunde, Kinesiologie, Hypnose, Psychoneuroimmunologie, Psychologie und persönlichem Wachstum ein Juwel besonderer Art geschenkt. Es gibt jedoch einen Mann, den ich unbedingt erwähnen muss – Dr. Deepak Chopra. Durch seine umfangreichen Forschungen hat er Millionen von Menschen mit dem sicheren Wissen inspiriert, dass Heilung auf der zellulären Ebene möglich ist. Meinen Dank auch an Candace Pert für ihre bahnbrechenden Untersuchungen im Bereich der zellulären Heilung.

Mehr Menschen, als ich je namentlich aufführen könnte, haben geholfen, die Journey-Botschaft bekannt zu machen. Ein besonderer Dank geht an Lipi und Darren Bagshaw, Ross Marlow und Shirley Roche, Teresa Curren, Jonathan Austin, Nick Williams, Carol Marples-Kemble, Suzy Greaves and Mark und Elizabeth Riminton für ihren Einsatz; anderen auf ihrem Weg zu innerem Wachstum zu helfen. Ein besonderes Dankeschön auch an Melanie Boyd und Tim Forbess von der National Foundation of Alternative Medicine für ihre außerordentlichen Bemühungen um *The Journey*.

Mein tief empfundener Dank geht an Anne Edelstein für ihre Integrität, Begeisterung und Sensibilität bei ihrem Engagement für dieses Buch. Meine Liebe und

Dankbarkeit für das »Journey-Team« – Gaby, Cliff, Trish, Debs, Laurie, Nicky und Paul – für ihre fortwährende Liebe und Hilfe.

Ich bin jenen erleuchteten Lehrern zutiefst dankbar, die mich zur Wahrheit dessen erweckten, wer ich bin, die ihr Leben dem Dienst an der Wahrheit gewidmet und immer auf die Größe in uns allen hingewiesen haben: Krishnamurti, Gangaji, Catherine Ingram und Ramana Maharishi. Mein tiefster Dank an Gurumayi für mein erstes Erwachen. Und für alle Zeit werde ich HWL Poonja dafür Dank schulden, dass er das Konzept der separaten Identität in mir zerstört hat und mir auf diese Weise die direkte Erkenntnis des Selbst zuteil werden ließ – die Essenz dieses Buches.

Möge mein Leben ein nie endendes Gebet des Dankes im Dienst für das sein, was in ihrer aller Gegenwart enthüllt wird.

Aus der Tiefe meines Herzens danke ich meinem Partner Kevin, dessen eigene Hingabe an die Wahrheit mich während des Schreibens und Redigierens dieses Buches unterstützt hat. Er glaubte leidenschaftlich an die Botschaft des Buches, und in seinem Wunsch, der Menschheit zu dienen, achtete er darauf, dass es in allem dem höchsten Standard von Reinheit und Aufrichtigkeit entspricht.

Dank auch den vielen tausend Menschen, die den Journey-Prozess eingesetzt haben, um ihr Leben zu transformieren, und den mutigen und großzügigen Seelen, deren inspirierende Geschichten die Seiten dieses Buches füllen (einige ihrer Namen wurden geändert, um ihre Privatsphäre zu schützen).

Und mein allergrößter Dank geht an die Wahrheit selbst, die mich zu der Liebe und Größe in meinem Innern erweckt hat.

Wenn Sie mehr über die Arbeit von Brandon Bays erfahren möchten, wenden Sie sich bitte an THE JOURNEY™:

Tel.: 00 44-16 56-89 04 00
E-Mail: info@thejourney.com
Website: www.thejourney.com